Französische Poetiken

Teil I

Texte zur Dichtungstheorie vom 16. bis zum
Beginn des 19. Jahrhunderts

Herausgegeben von
Frank-Rutger Hausmann,
Elisabeth Gräfin Mandelsloh
und Hans Staub

PHILIPP RECLAM JUN. STUTTGART

Universal-Bibliothek Nr. 9789 [4]
Alle Rechte vorbehalten. © Philipp Reclam jun. Stuttgart 1975
Gesetzt in Petit Garamond-Antiqua. Printed in Germany 1975
Herstellung: Reclam Stuttgart
ISBN 3-15-009789-4

Einleitung

Die vorliegende Anthologie trägt den Titel »Französische Poetiken. Texte zur Dichtungstheorie vom 16. bis zum Beginn des 19. Jahrhunderts« und umfaßt somit den Zeitraum von der Renaissance bis zur Romantik. Einer solchen Gliederung haftet vielleicht etwas Willkürliches an, doch ist dieser Zeitraum insgesamt dadurch gekennzeichnet, daß die aristotelischen Regeln weitgehend ihre Gültigkeit bewahrten und auch in der Pflege der Gattungen eine gewisse Kontinuität sichtbar wird. Victor Hugos Vorrede zu »Cromwell« (*Préface de Cromwell*) vom Jahr 1827 bezeichnet in dieser Hinsicht einen Umschwung, da hier vom Dichter verlangt wird, das allgemein Wahre, die Wahrscheinlichkeit, durch ein umfassendes Bild der Wirklichkeit zu ersetzen. Mit ihr soll deshalb ein zweiter Band beginnen, der dem 19. und dem beginnenden 20. Jahrhundert gewidmet ist.

Wie der Titel der Anthologie andeutet, wurden vor allem Texte aus Poetiken ausgewählt, jedoch auch einige sprachtheoretische Passagen aufgenommen, weil man sich zu Beginn des 16. Jahrhunderts unter dem Einfluß des italienischen Humanismus und der damit erfolgten Rezeption der klassisch-lateinischen Antike die Frage vorlegte, in welcher Sprache – Latein oder Französisch – Dichtungen abgefaßt werden sollten, und später, nachdem diese Frage zugunsten des Französischen entschieden worden war, wie dieses Französisch auszusehen habe. Zum andern behandeln einige Poetiken metrische Probleme: auch hier sind Dichtungslehren und Sprache eng miteinander verknüpft.

Literaturkritik, d. h. die Sichtung und Wertung der Literatur und die dafür gültigen Maßstäbe, ist nicht Gegenstand dieser Auswahl, doch ist Literaturkritik nicht immer genau von den Dichtungslehren zu trennen, zumal im 18. Jahrhundert, wo ästhetisch-kritische Fragestellungen in das

Zentrum des Interesses rücken. Auch ist zu bedenken, daß die Literaturkritik aus den Kommentaren der italienischen und französischen Humanisten zu den Poetiken des Aristoteles und Horaz hervorgegangen ist.

Die vorliegende Auswahl erhebt keineswegs den Anspruch der Vollständigkeit. Sie will ein *Lesebuch* sein, das das für diesen Problemkreis Wichtige, wo es zum erstenmal auftritt und soweit es für einen ganzen Zeitabschnitt bedeutsam ist, oder das Einmalige, soweit es nachgewirkt hat, aufzeigt. Bei der Textauswahl wurden deutsche Übersetzungen benutzt, vorzugsweise solche, die in nicht allzu großem zeitlichem Abstand vom Original entstanden sind, was ihnen einen gewissen ursprünglichen Reiz verleiht, vom Leser jedoch erhöhte Aufmerksamkeit und Verständnis für älteres Deutsch fordert. Die übrigen Texte wurden von den Herausgebern übersetzt, wobei versucht wurde, dem jeweiligen Sprachstand des Französischen auch im Deutschen gerecht zu werden. Immer dem Charakter eines Lesebuchs folgend, wurde auf eine Bibliographie und ausführliche Angaben zu einzelnen Autoren und ihren Werken verzichtet: die Texte sollen selber sprechen. Deshalb wurden Anmerkungen nur da gesetzt, wo es für das Verständnis eines Abschnitts unbedingt notwendig schien. Die folgende knappe Einleitung soll aus den gleichen Gründen auch keine Gesamtschau liefern, sondern in den Problemkreis einführen und vor allem einige wichtige Grundbegriffe erläutern.

Wenn man von der Tatsache ausgeht, daß zahlreiche französische Poetiken im 16. Jahrhundert, der Zeit der Hochblüte des französischen Humanismus, geschrieben wurden, dann liegt es nahe, die Einleitung zur vorliegenden Auswahl mit den aus der Antike übernommenen Grundlagen zu beginnen. Der antike Ausdruck »Poetik« bezeichnet alles, was mit Dichtung zu tun hat. Der Name ist jedoch im Lauf der Jahrhunderte einem Wandel unterworfen: einmal ist Poetik Unterweisung im Dichten, ein anderes Mal bindender Regelkanon mit normativem Anspruch.

Schon für die Antike vor Aristoteles war der Begriff der *Mimesis*, der Nachahmung der Wirklichkeit, von großer Bedeutung. Aristoteles greift ihn in seiner *Poetik* (Περὶ ποιητικῆς) auf und will in diesem Werk zeigen, worin das Wesen der Dichtung als einer Art der Mimesis besteht. Außerdem handelt er von den einzelnen Gattungen der Dichtkunst, stellt jedoch nur Tragödie und Epos dar, wobei die Tragödie den Hauptgegenstand bildet. Sie erregt ἔλεος und φόβος, Mitleid und Furcht, mit dem Ziel, die Seele später von diesen Affekten zu reinigen, und zwar vermittels einer in der Folgezeit immer wieder anders gedeuteten Läuterung, der *Katharsis*. Wichtigster Teil der Tragödie ist die Handlung, die kohärent sein, d. h. nach den Gesetzmäßigkeiten der Wahrscheinlichkeit (εἰκός) ablaufen muß, die in der Dichtung die historische Wahrheit ersetzt. Die Dichtung beschreibt also nicht, was geschehen ist, sondern was hätte geschehen können. – In der Antike und im Mittelalter hat die aristotelische Poetik keinen sehr großen Nachhall gefunden.

Im Bereich der römischen Literatur ist die ohne Kenntnis der aristotelischen Schrift entstandene, in Hexametern abgefaßte Epistel des Horaz an die Pisonen mit dem Titel *Ars poetica* die bedeutendste Poetik. Sie gliedert sich in drei Teile. Der erste behandelt die Wahl des Gegenstandes, der zweite Form- und Gattungsfragen, der dritte die Aufgaben des Dichters. Leitgedanke im zweiten Teil ist die Angemessenheit (πρέπον, *decorum*) der einzelnen formalen Teile (Genus, Versart) einer Dichtung gegenüber dem Dichtungsganzen. Im dritten Teil fordert Horaz, der Dichter solle Angenehmes mit Nützlichem mischen (*prodesse et delectare*).

In Spätantike und Mittelalter konkurrierte die Poetik mit der Rhetorik an Wichtigkeit. Die Rhetorik beinhaltete ursprünglich die Regeln der Redekunst, vor allem der Gerichtsrede, bei der es darauf ankam, die Richter gewogen zu machen und die Gegenpartei zu überzeugen. Später wurden die Regeln der Rhetorik nicht allein auf die nur für einen Zuhörerkreis bestimmte Rede, sondern generell auf alle Arten des Schreibens übertragen. Am nachhaltigsten wirkten Ciceros *De inventione* und eine anonyme *Rhetorica ad Herennium*, die Cicero fälschlich lange Zeit zugeschrieben wurde. Als die Gerichts- und Staatsreden schon kaum mehr eine Rolle spielten, verfaßte Marcus Fabius Quintilian seine *Institutio oratoria* (92–96 n. Chr.), die dem Redner Richtlinien an die Hand geben sollte, einen möglichst großen Publikumserfolg zu erzielen. Quintilian behandelt systematischer als seine Vorgänger im einzelnen die Stofffindung (*inventio*), die Gliederung (*dispositio*), die stilistische Ausgestaltung (*elocutio*), die Aneignung (*memoria*) und den Vortrag (*pronuntiatio sive actio*). Wenngleich Quintilians Werk genau wie die aristotelische Poetik im Mittelalter unbekannt war und erst von den Humanisten wiederentdeckt wurde, wirkte die antike Rhetorik, wie sie Quintilian systematisiert hatte, durch die Vermittlung der Spätantike und der Patristik lange Zeit nach. Die Rhetorik trug sogar den Sieg über die Poetik davon, die im mittelalterlichen Lehrsystem der Sieben freien Künste (*septem artes liberales*) als unselbständiger Teil zur Grammatik gerechnet wurde, vor allem, soweit sie metrische Fragen betraf. Die Werke der Dichter wurden jetzt besonders unter dem Gesichtspunkt gelesen, ob man daraus lernen konnte, was vollkommene Rede sei. Da sowohl die Rhetorik als auch die Grammatik Lehrstoff der Schulen waren, entstanden im Verlauf des endenden 12. und des 13. Jahrhunderts unter dem Namen von Poetiken zahlreiche Verslehren (*artes versificatoriae*), die die traditionellen Lehrgegenstände der Rhetorik wie Stoffindung, Einleitung, stilistische Ausgestaltung usw. für die Dichtung behandelten und in diesem Zusammenhang ausführlich über Beginn und Ende eines Werkes, Wahl und Ausweitung des Gegenstandes, Anleitung zur Schilderung einzelner Personen und anderes mehr handeln, aber mit den Poetiken der Antike nur den Namen gemein haben. Sie haben aber nicht nur auf das lateinische Schrifttum des Mittelalters, sondern auch auf die Volkssprache besonders Frankreichs, wo sie zumeist entstanden, Auswirkungen gehabt. Zu nennen sind die *Ars versificatoria* des Matthäus von Vendôme, die *Ars versificatoria* des Gervais von Melkley, die *Poetria nova* des Galfried von Vinsauf, die *Poetria* des Johannes von Garlandia und der *Laborintus* von Eberhard dem Deutschen.

Die italienischen Humanisten, die ihr Hauptinteresse auf die griechische und lateinische Literatur des Altertums richteten, entdeckten dabei zu Beginn des 16. Jahrhunderts auch wieder die Poetik des Aristoteles, die sie eifrig studierten, und beschäftigten sich erneut mit Horaz, den Lodovico Dolce 1535 in die Volkssprache übersetzte. Bereits um 1350 hatte Petrarca Quintilian wiederentdeckt. Im Jahr 1508 lag die Aristotelische *Poetik* im Urtext gedruckt vor, 1548 schrieb Robortello den ersten dazugehörigen Kommentar und fand zahlreiche Nachahmer, die auch andere antike Poetiken mit einbezogen. Zu einer Durchdenkung der antiken poetischen Theorien kam es demnach erst, als der Humanismus seinen Zenit bereits überschritten hatte und zahlreiche Werke der volkssprachlichen Literatur geschrieben waren. Große Nachwirkungen hatten vor allem zwei Renaissance-Poetiken: die Reimpoetik des Albaner Bischofs Marco Girolamo Vida (*De arte poetica*) und die in Frankreich erschienene, aber von dem Italiener J. C. Scaliger verfaßte Poetik *Poetices libri septem* (1561). Letztere war eine umfassende systematische Darstellung, die auch die Bereiche der Dichtung behandelte, die bei Aristoteles und Horaz zu kurz gekommen waren, sich aber vor allem auf das Epos, die Lieblingsgattung der Renaissancedichter, konzentrierte. In ihrem Gefolge entstanden andere Dichtungslehren, die auch in Frankreich gelesen wurden. Während in Italien die Poetiken mehr Wert auf die Behandlung ästhetischer Probleme legten, war dieser Vorgang in Frankreich genau umgekehrt: hier überwogen zu Beginn metrische und rhetorische Fragen. Dennoch lieferte das italienische Cinquecento die Quellen und Grundlagen für die späteren französischen Poetiken, vor allem des 16. Jahrhunderts.

Es hatte aber bereits vorher in Frankreich Poetiken gegeben, die zumeist nur die metrischen und rhetorischen Vorschriften zusammenfaßten, die schon das lateinische Mittelalter gekannt hatte, z. B. die 1392 von Eustache Deschamps verfaßte Schrift *L'Art de dictier et de fere chançons, balades, virelais et rondeaux* und andere. Ein Umschlag kündete sich in dem 1521 veröffentlichten *Grand et vrai Art de pleine Rhétorique* von Pierre Fabri an, den zwar vor allem die technischen Aspekte des Dichtens interessierten, der sich auch um Gattungsfragen noch nicht kümmerte, aber bereits vorschlug, das französische Vokabular durch das Lateinische zu bereichern.

Bis zu diesem Zeitpunkt waren die Ideen des italienischen Humanismus in Frankreich jedoch nur bruchstückhaft aufgenommen worden. Dies blieb einem Kreis gebildeter junger Männer, der sich um Joachim Du Bellay und Pierre Ronsard scharte, nicht verborgen. Sie erkannten vor allem die Eigenbedeutung des Kunstschönen und wandten sich gegen die mittelalterliche Auffassung, derzufolge Dichtung fast ausschließlich in formalistischem Raffinement und ausgefeilter metrischer Technik bestanden hatte. Eine genaue Lektüre griechischer Lyrik und die Beschäftigung mit Cicero und Quintilian riefen bei ihnen das Verlangen wach, den Alten nachzueifern und auch in französischer Sprache etwas ihnen Vergleichbares zu schaffen, sie sogar zu übertreffen. Gleichzeitig orientierten sie sich an den Werken der italienischen Nachbarn, bei denen der Petrarkismus hochstehende dichterische Leistungen in der Volkssprache hervorgebracht hatte.

Alle diese Gedanken faßte der Wortführer dieser Gruppe, die man die Pléiade nennt, Du Bellay, in einem *Deffence et*

Illustration de la Langue Françoyse (1549) betitelten Manifest zusammen. Es handelt sich bei diesem Werk um eine Schrift mit zwiefacher Zielsetzung: um eine Polemik, die beim Dichten für die Verwendung der Volkssprache, welche sich dabei an klassisch-antiken Vorbildern orientieren soll, eintritt, gleichzeitig aber auch um den skizzenhaften Versuch einer Dichtungslehre, die die antiken Genera als vorbildlich hinstellt. – Der zweite Theoretiker der Pléiade ist Jacques Peletier du Mans, der 1544 die Horazische *Ars poetica* ins Französische übersetzt hatte, 1555 mit einem eigenen *Art Poëtique* hervortrat und darin bereits eine etwas weniger polemische Position als Du Bellay bezog. Auch Ronsard selber hatte sich verschiedentlich in Vorworten und Einleitungen zu seinen Gedichtbänden zu Grundfragen der Lyrik geäußert. Du Bellay hatte sich zwar an Horaz und Vida ausgerichtet, kannte aber wahrscheinlich Aristoteles nicht, der erst 1555 von Guillaume Morel ediert wurde. Hand in Hand mit dem immer größeren Bekanntwerden Aristoteles' geht auch der Einfluß Scaligers, obgleich sein Werk nie in Paris gedruckt wurde.

Im Jahr 1548 hatte der Pariser Parlamentsadvokat Thomas Sebillet, für die gelehrte Welt ein Außenseiter, einen *Art poétique françoys pour l'instruction des jeunes studieus & encor peu auancéz en la Poésie Françoyse* veröffentlicht, der bereits viele Theorien der Pléiade beinhaltete. Sebillets Poetik war aber keine sehr große Nachwirkung beschieden, wahrscheinlich, weil er selber nicht zur Pléiade gehörte.

Das Werk der Pléiade hat François de Malherbe vollendet, der versuchte, ihren gelehrten Klassizismus zu einem gemeinverständlichen zu machen. Zwar übernahm er die von der Pléiade gepflegten dichterischen Formen, lehnte jedoch ihren sprachlichen Eklektizismus ab. Er schrieb der poetischen Sprache Regeln und Gesetze vor, die sich an der Pariser Umgangssprache orientierten. Und er wirkte fast ausschließlich durch seine Persönlichkeit, wobei ihm zugute kam, daß er lange am Hof in einflußreicher Stellung tätig war. Theoretische Schriften hat er nicht hinterlassen, sieht man von den handschriftlichen Randbemerkungen (1609) zu den »Œuvres« des Dichters Philippe Desportes ab, die sich auf den Sprachstil und die poetischen Ausdrucksformen beziehen. – Eine Synthese der Ideen, die Frankreich im 16. Jahrhundert aufgenommen hatte, vollzog Vauquelin de la Fresnaye in seinem 1605 veröffentlichten *Art poétique*, der bereits 1574 begonnen worden war.

Auch die Zeit des Hochbarock (etwa 1640 bis 1680), die mit der französischen Klassik (âge classique) zusammenfällt, hat eine Fülle von dichtungstheoretischen Schriften hervorgebracht: Zu nennen sind vor allem Pierre de Deimier, ein Vorläufer der Klassik, mit seiner Schrift *L'Academie de l'Art Poëtique* (1610), in der die Bedeutung der Vernunft und der Wahrscheinlichkeit als Kontrollorgane der Dichtung richtungweisend für das ganze Jahrhundert festgelegt wird, das Vorwort zu *Silvanire* (1631) von Jean de Mairet, der von allen Forderungen spricht, die wenig später zur sog. »Regel von den drei Einheiten« zusammengefaßt wurden, weiterhin zahlreiche Einzelschriften Jean Chapelains, des eigentlichen Schöpfers der *doctrine classique*, der oft verkannt wurde. Wichtig sind auch Hippolyte-Jules de la Mesnardière (*La poëtique*, 1640) und François Hédelin Abbé d'Aubignac, der mit seiner *Pratique du théâtre* (1657) eine gute Zusammenfassung aller Theorien liefert. Seine Abwendung von Corneille, den er zu diesem Zeitpunkt noch als Musterautor verehrte, erfolgte erst später und braucht deshalb hier nicht berücksichtigt zu werden. Die bisher genannten Autoren behandeln vor allem die Tragödie, erst Pierre le Moyne und Pierre-Daniel Huet übertragen die anhand des Werks von Aristoteles erarbeiteten Kriterien auch auf andere Gattungen, vor allem das Epos und den Roman. Aus Raumgründen können diese Theoretiker hier nicht alle zu Wort kommen.

Gemeinsam ist diesen Poetiken ihr normativer Charakter. Sie setzen Ordnungsprinzipien und spiegeln damit in gewisser Weise die politische Situation des absolutistischen Staates und der Gegenreformation wider. Die Individualität des dichterischen Schaffens wird einem System von Regeln untergeordnet. Diese Theoretiker interessieren sich fast ausschließlich für die Tragödie, für die die Einheit von Ort, Zeit und Handlung als übergreifendes Ordnungsprinzip wirksam wurde und die durch einen ständischen Personenkreis gekennzeichnet ist. Wichtig ist die bereits genannte Lehre von der Katharsis, die der Dichtung einen moralisch-pädagogischen Charakter verleiht.

Auf dieser moralisierenden Basis bauen alle Hauptthemen der *doctrine classique* auf: Ziel der Dichtung ist ein Nutzen (*utilité*), der sich dann ergibt, wenn sie das Gefallen (*plaisir*) des Publikums zu erwecken versteht. Dieses Gefallen muß sich an den Geboten der Vernunft (*raison*) orientieren, die zufriedengestellt wird, wo der Dichter die Natur wiedergibt (*imitation de la nature*), diese jedoch nicht kopiert, sondern stilisiert und idealisiert, wie es die Wahrscheinlichkeit (*vraisemblance*) und besonders die Angemessenheit (*bienséance*) verlangen.

Es ist dabei kein Verstoß gegen die Vernunft, wenn Aristoteles unumstrittenes Vorbild und Lehrmeister ist, da er die Vernunft schlechthin verkörpert. Pierre Corneille ist der einzige, der es in diesem Jahrhundert wagt, Aristoteles zu relativieren und die Kriterien der *doctrine classique* vor allem dem Ziel der Publikumswirksamkeit unterzuordnen. Dennoch galt Aristoteles am Ende des 17. Jahrhunderts als kanonisch, man konnte ihm nichts mehr hinzufügen, höchstens die Gattungen behandeln, die er vernachlässigt hatte, oder aber seine Ideen zusammenfassen, eine Arbeit, die vor allem der Jesuit René Rapin (*Réflexions sur la Poëtique d'Aristote, et sur les origines des Poëtes anciens et modernes*) und Nicolas Boileau gen. Despréaux (*Art poétique*; beide Werke um 1674) leisteten. Diese Autoren setzen einen Schlußpunkt hinter die Entwicklung des Hochbarock und der in dieser Epoche angestellten poetologischen Reflexionen. Sie fassen aristotelisches bzw. antikes Gedankengut zusammen, nehmen Vereinfachungen vor und vulgarisieren diesen Stoff, wobei sich bei Boileau bemerkenswerterweise sogar häufiger wörtliche Anklänge an Horaz als an Aristoteles finden. Beide vermitteln, Boileau vor allem unter dem Einfluß der Lektüre des Pseudo-Longinos (*Über das Erhabene*), eines unbekannten Autors des ersten nachchristlichen Jahrhunderts, auch Kategorien zur Beurteilung dichterischer Größe (*le sublime, le merveilleux*), Gedanken, die bereits auf die beginnende Auflösung der klassischen Doktrin hinweisen. Das gleiche gilt vom Begriff des Geschmacks (*goût*) als Maßstab des künstlerischen Schaffensprozesses, der sich vorwiegend an der Publikumswirksamkeit ausrichtet und in der Folgezeit immer mehr an Bedeutung gewinnt.

Der Zerfall des literarischen Aristotelismus hängt dabei auch mit dem Streit zwischen den Anhängern der Antike, den Alten, und den Neuerern (*les Anciens et les Modernes*) zusammen, die nicht mehr an einen ewigen Wert der Dichtung glauben und konsequenterweise die eigene Dichtung nicht mehr an die griechisch-römische Antike anschließen, sondern ihr eine eigene Kraft und Gesetzmäßigkeit zubilligen. Charles Perrault hat dies in der *Parallele des Anciens et des Modernes* (1688) am deutlichsten zum Ausdruck gebracht.

Im 18. Jahrhundert finden wir im Vergleich zu den vorangehenden Epochen weniger und anders geartete Poetiken. Dies hat vor allem zwei Gründe: Die Gedankenwelt des 18. Jahrhunderts machte einen normativen *Art poétique* nahezu unmöglich. Wenn es wirklich Regeln für die Abfassung von Dichtung gibt, so ist ihr Wert relativ; sie können nur für kleine Geister gelten und keine Allgemeingültigkeit für sich beanspruchen, denn wie z. B. die Anhänger der allgemein verbreiteten Klimatheorie (Fontenelle, Abbé Dubos, Montesquieu u. v. a.) dargelegt haben, bringt jedes Klima andere Menschen und Talente hervor. Regeln gelten also nur für ein bestimmtes Territorium und nur für einen begrenzten Zeitraum. Aber auch der Geniebegriff, wie ihn besonders der Abbé Dubos in seinen zuerst 1719 anonym erschienenen *Réflexions critiques sur la Poésie et la Peinture* darlegt, Individualität und individuelles Schaffen verherrlichend, kennzeichnet den Übergang von einer Nachahmungs- zu einer Schöpfungstheorie, die kein Zwangskorsett von Regeln duldet.

Doch diese Theorien blieben hinter der Wirklichkeit zurück. Die aristotelischen Kategorien wurden zwar theoretisch, nicht jedoch praktisch in Frage gestellt. In keinem Jahrhundert der französischen Literatur kam es beim Schreiben so sehr auf Routine an wie gerade im 18. Jahrhundert. Immerhin wurde der Dogmatismus früherer Poetiken durchbrochen, der Tonfall änderte sich. Es gab dabei auch immer noch Anhänger der Alten wie Fénelon, einen undogmatischen Befürworter der Regeln (*Lettre à l'Académie*, 1714), den vor allem das Problem interessierte, was die Gegenwart noch mit den Alten verbinde, und der die Meinung vertrat, ein Kampf zwischen beiden Richtungen könne der Literatur nur dienlich sein und befruchtend auf sie wirken. Ähnliche Gedanken äußert dann am Ende dieses Jahrhunderts noch einmal André Chénier (*Essai sur les causes et les effets de la perfection et de la décadence des lettres et des arts; L'Invention*).

Der zweite Grund für den oben angedeuteten Wandel liegt in einer veränderten Fragestellung. Unter dem Einfluß des Kartesianismus und der englischen Sensualisten verlagert sich das Interesse vom Gegenstand und seiner Beschaffenheit auf die Organe des Menschen, die diesen Gegenstand und seine »schöne« Beschaffenheit wahrnehmen. Dem Geschmack und seiner Ausprägung wird dabei ein wichtiger Platz eingeräumt. Der Geschmack zielt aber nicht mehr allein auf einzelne Gegenstände ab, sondern auf das Schöne überhaupt. Das Schöne umfaßt alle Erscheinungsformen des Kosmos. Waren bisher Traktate über Poesie, Rhetorik,

Malerei, Architektur und Musik getrennt, so werden sie jetzt zusammengefaßt. Zwar werden in den Poetiken auch noch die einzelnen literarischen Gattungen beschrieben (z. B. Batteux, *Les Beaux-Arts réduits à un même Principe*, 1746; Marmontel, *Poétique Françoise*, 1763), doch konzentrieren sie sich vorwiegend auf die ästhetische Perzeption. Batteux schaltet dem Schönen (*le beau*), das Gegenstand des Gefühls (*sentiment*) und damit des Geschmacks (*goût*) ist, die Kategorie des Wahren (*le vrai*), die nur von der Intelligenz (*raison*) erkannt werden kann, vor. Die Kunst hört damit auf, Gefühle zu erwecken, zur Katharsis hinzuführen, sie wendet sich vielmehr einseitig an den Verstand und nimmt den Platz einer Wissenschaft ein: sie klärt auf, aber sie begeistert nicht. Batteux modifiziert die aristotelische Mimesis. Die Kunst soll zwar die Natur immer noch nicht so schildern, wie sie ist, sondern wie sie sein oder wie man sie verstehen könnte, gleichzeitig wird ihre Autonomie aber eingeschränkt: die Kunst soll bei Detailschilderungen nicht Gegenstände zum Leben erwecken, sondern sie erkennen und zeigen, wie sie sind.

Batteux wird damit zu einem Wegbereiter Diderots, der die Erziehung als die wichtigste Aufgabe des ästhetischen Schaffens betrachtete. In den seinen beiden Theaterstücken *Le Fils naturel* (1757) und *Le Père de famille* (1758) beigefügten theoretischen Ausführungen beschreibt er fünf Haupttypen der dramatischen Kunst, von denen er aber nur drei empfiehlt, die nicht idealisieren, sondern die Wirklichkeit, die Zeitgenossen und ihre Lebensumstände, schildern sollen, um dadurch am ehesten ihr moralisches Ziel zu erreichen.

Neben diesen zusammenhängenden theoretischen Abhandlungen gibt es im 18. Jahrhundert eine große Zahl aphoristischer Aussagen zur Poetik und Sprache (Vauvenargues, Rivarol, Joubert, de Sade u. a.), die auf den ersten Blick zufällig und inkohärent erscheinen mögen, aber eher der zeitgemäßen Abwendung vom Dogmatismus entsprachen

und besser geeignet waren, lehrhafte Inhalte wiederzugeben als normative Poetiken. Auch sie enthalten scharfsinnige poetologische und sprachtheoretische Beobachtungen, die so aussagekräftig sind, daß sie hier nicht fehlen dürfen.
Im Jahr 1810 bzw. 1813/14 erschien Mme de Staëls Buch *De l'Allemagne,* in welchem die Unterschiede zwischen Norden und Süden, zwischen deutscher und französischer Geisteshaltung, dargestellt werden und die deutsche Literatur als Literatur der Innerlichkeit erklärt wird. Ähnlich wie das bereits 1800 erschienene Werk *De la littérature considérée dans ses rapports avec les institutions sociales* derselben Autorin, das im Geist Montesquieuscher Geschichtsphilosophie Beziehungen zwischen Staat, Gesellschaft und Literatur herstellte, trug auch *De l'Allemagne* zur »Befreiung der Kunst« bei, die das Schlagwort der nachfolgenden Generation der französischen Romantik wurde.

Frank-Rutger Hausmann

Die Texte

Eustache Deschamps (um 1346 bis um 1407)

L'Art de dictier (1392)[1]
Lehre von der Kunst des Dichtens

Über die Musik

Die Musik ist die höchste der VII Künste und der Medizin zu vergleichen; denn wenn Tatkraft und Geist der Menschen, die nach der Kenntnis der anderen ... Künste streben, ermattet sind und ihrer Mühe überdrüssig, singt ihnen die kunstreiche und melodische Stimme der Musik, mit ihren in Terzen, Quinten und Oktaven erklingenden VI Tönen[2], ihre erquickenden und wohlgefälligen Lieder ... in solcher Weise, daß ... sie Herz und Geist derer, die ... geplagt, müde und verdrossen waren, heilt und erfrischt und sie wieder fähiger macht, ihre Studien und Arbeiten auf den Gebieten der anderen VI Künste zu betreiben.

Man muß nun aber wissen, daß wir zwei Arten von Musik haben, deren eine *künstlich* und die andere *natürlich* ist.

Die *künstliche* ist die soeben erwähnte; sie wird so genannt, weil sie durch Kunst geregelt ist; denn mit ihren VI Tönen, die *ut re mi fa sol la* heißen, und mit Notenzeichen, Schlüsseln und Linien kann man den unkundigsten Menschen der Welt lehren, sowohl allein und mit anderen im Einklang als in Oktaven, Quinten und Terzen zu singen und die untere oder die obere Stimme vorzutragen, oder ihn wenigstens, sollte er keine für den Gesang geeignete Stimme haben, dazu bringen, mit aller Fertigkeit, die diese Kunst lehrt, konsonante und dissonante Akkorde zu erkennen ...

Die andere Musik wird die *natürliche* genannt, weil man sie niemand lehren kann, der nicht von Natur, aus eigenem Antrieb, sich ihr zuwendet; und sie ist eine vom Munde erzeugte Musik, welche aus Wörtern besteht, die zu Versen verbunden sind und einmal Lais, ein anderes Mal »ballades«, einfache oder doppelte »rondeaux« ... ergeben ... Und ob nun diese natürliche Musik, der Liebe dienend, zum Lob der Frauen geschaffen wird oder anderer Art ist, je nach der Wahl der Gegenstände und den Empfindungen derjenigen, die sich mit dieser Musik befassen, und sei es weiter, daß ihre Schöpfer die künstliche Musik nicht beherrschen und dem, was sie machen, nicht, mittels der Tonkunst, eine singbare Melodie hinzufügen, so wird doch dieses natürliche Können Musik genannt, weil ja ihre Gedichte oder die in Versen geschriebenen Bücher laut gelesen werden, mit einer nicht singenden Stimme, derart, daß die lieblichen, in dieser Weise vorgetragenen Worte alle erfreuen, die sie hören ...

Und es stimmen auch diese beiden Arten von Musik so gut in ihrem Klang überein, daß eine jede von ihnen mit Recht Musik genannt werden kann, wegen der Lieblichkeit sowohl des Gesanges als auch der Worte, welche alle mit wohllautender Stimme und geöffnetem Munde ausgesprochen und recht betont werden; und durch das Hinzutreten der Kunst vollzieht sich zwischen den beiden etwas wie eine Ehe: so beim Gesang, der durch das Wort und die Beredsamkeit der Gedichte edler wird und wohlgefälliger, als er für sich allein wäre. Und ebenso werden die Werke der natürlichen Musik angenehm gemacht und verschönt durch die Melodie und die in höheren und tieferen Lagen singenden Stimmen der künstlichen Musik. Und dennoch ist eine jede von ihnen für sich allein erfreulich zu hören. So kann die eine kunstvoll gesungen werden, ohne Worte; und ebenso können die Worte der Lieder mancherorts vorgetragen werden, wo man sie sehr gern hört, es aber nicht immer möglich wäre, künstliche Musik erklingen zu lassen: bei vertraulichem Zusammensein von Herren und Damen, wo die natürliche Musik von einem einzelnen gesprochen werden kann, oder bei einem Kranken, dem man solche hübschen Dinge aus einem Buche vorliest, und in ähnlichen Fällen, in denen nicht gesungen werden kann wegen des lauten Klangs der künstlichen Musik und weil die Dreiheit der Stimmen es notwendig macht, daß der musikalische Satz, um vollkommen zu sein, von zwei oder drei Personen vorgetragen wird.

Über diese natürliche Musik nun ... will ich hier an erster Stelle sprechen und dabei einige Regeln aufführen und lehren, die für jene bestimmt sind, denen die Natur ein Verlangen nach dieser natürlichen Musik gegeben hat oder geben wird, damit sie die Formen und Strophen der Lais, die Arten der »ballades, chansons, rondeaux« ... erkennen lernen; und welche Buchstaben *Vokale*, welche *Liquide* und *Konsonanten* bezeichnen; und wie im Vers zwei aufeinanderfolgende Vokale die Hälfte einer Silbe verstummen lassen; welche Reime *assonierend* und welche *leoninisch* sind, und welche *äquivok* ...

Hier wird nun die Form der »ballades« besprochen und beschrieben

Zuerst muß man wissen, daß es »ballades« mit achtzeiligen Strophen gibt, deren Refrain den gleichen Reim hat wie der vorangehende Vers; und wenn das letzte Wort des ersten Verses der »ballade« drei Silben hat, soll der Vers elfsilbig [= weiblich endend] sein, wie im nachfolgenden Beispiel zu sehen ist; und wenn das letzte Wort des zweiten Verses nur eine oder zwei Silben hat, soll dieser Vers zehnsilbig [= männlich endend] sein; und wenn es in der Strophe einen fünfsilbigen Kurzvers gibt, soll der folgende Vers zehn Silben haben ...

Beispiel für das oben Gesagte
Achtzeilige Balladen-Strophe mit Kurzvers

Je hez mes jours et ma vie dolente,
Et si maudis l'eure que je fus nez,
Et a la mort humblement me presente
Pour les tourmens dont je suy fortunez.
Je hez ma concepcion
Et si maudi ma constellacion
Ou Fortune me fist naistre premier,
Quant je me voy de touz maulx prisonnier...

Ich hasse meine Tage und mein kummervolles Leben / und verwünsche die Stunde, in der ich geboren wurde, / und dem Tode, demütig, biete ich mich dar / wegen der Qualen, die mir auferlegt sind. / Daß ich gezeugt worden bin, erfüllt mich mit Abscheu, / und ich verwünsche die Stellung der Gestirne, / unter der das Schicksal mich zur Welt kommen ließ, / da ich mich als Gefangener aller Übel sehe / ...

Beispiel einer Ballade mit zehn- und elfsilbigen Strophen

Beim Schreiben einer Ballade soll man, wenn möglich, darauf achten, daß die Verse nicht die gleiche Silbenzahl haben, sondern sie sollen, nach dem Belieben des Verfassers, IX [Schreibfehler für XI?] oder X, VII oder VIII oder IX Silben haben und nicht alle gleich lang sein, denn hierbei wäre die Ballade nicht so gefällig und wohlgebaut...

Äquivoke, retrograde und leoninische Ballade

Dies sind die Balladen, die dem Dichter die größte Mühe machen, denn hier muß die letzte Silbe eines jeden Verses am Anfang des folgenden Verses wieder aufgenommen werden, zu anderem Dienst und in anderer Bedeutung als im vorangehenden Vers. Und deshalb werden solche Wörter äquivok und retrograd genannt, denn bei gleicher Aussprache und gleicher Schreibung geben sie etwas ganz anderes zu verstehen als das, was die am Versende erscheinenden Reimwörter bedeuten, wie es deutlich wird in der hier folgenden Strophe:

> Lasse, lasse, maleureuse et dolente!
> Lente me voy, fors de soupirs et plains.
> Plains sont mes jours d'ennuy et de tourmente;
> Mente qui veult, car mes cuers est certains,
> Tains jusqu'a mort et pour celli que j'ains;
> Ains mais ne fu dame si fort ataincte;
> Tainte me voy quant il m'aime le mains.
> Mains, entendez ma piteuse complainte.

Ach, ach, ich Unselige und Schmerzbeladene! / Ohne Kraft bin ich (sehe ich mich), außer für Seufzer und Klagen. / Voll sind meine Tage von Kummer und Pein; / Lüge wer will und sage, daß mein Herz gefestigt sei, / Verwandelt ist es, und um dessentwillen, den ich liebe; / nie zuvor wurde eine Frau so tief verletzt; / erblaßt sehe ich mich, wenn er mich weniger liebt. / Frühe Morgenstunden, hört mein schmerzliches Klagen. /

[Die zitierten Texte geben jeweils die erste Strophe einer »ballade« von E. Deschamps wieder. – Es folgen Beispiele anderer Gedichte in fester Form mit Erklärungen.]

... Auf diese Weise wird nun jeder, der edlen Sinns sich über die natürliche Musik unterrichtet hat, mit der Hilfe der vorliegenden Poetik und seines edlen Geistes, fähig sein, alle Arten von »ballades, rondeaux, ... virelais« und

Pastorellen zu schreiben und Fehler zu verbessern, wofür die oben gegebenen Beispiele und Darlegungen dienen sollen und andere, die man hierfür überall bei jenen finden kann, die kundiger sind als ich, der ich ungelehrt und schwerfälligen Geistes bin ...

François Rabelais (um 1494 bis 1553)

Pantagruel (1532)[3]

Achtes Kapitel

Wie Pantagruel, während er in Paris war, von seinem Vater Gargantua einen Brief erhielt, und wie derselbe lautete

Wie sich von selbst versteht, studierte Pantagruel mit großem Eifer und ausgezeichnetem Erfolg, denn er hatte einen aufgeweckten Kopf und ein enormes Gedächtnis, das gewiß so groß war wie zwölf Weinschläuche und ebensoviel Ölfässer zusammengenommen. Eines Tags erhielt er von seinem Vater einen Brief folgenden Inhalts:
»Sehr geliebter Sohn! Von all den Gaben, Gnadengeschenken und Vorrechten, womit der erhabene Schöpfer, Gott der Allmächtige, die menschliche Natur von Anbeginn an gesegnet und geschmückt hat, erscheint mir keins so wunderbar und vortrefflich als dieses: daß *sie*, die sterbliche, dennoch eine gewisse Unsterblichkeit erlangen und im vergänglichen Leben ihren Namen wie ihren Samen verewigen kann, welches durch Fortpflanzung in rechtmäßiger Ehe geschieht. So ist uns gewissermaßen wiedererstattet, was uns durch die Sünde unserer Ureltern verlorenging, von denen geschrieben steht, daß sie starben, weil sie dem Gebot Gottes, ihres Schöpfers, zuwiderhandelten, darob die herr-

liche Bildung, zu der sie erschaffen worden waren, dem vernichtenden Tod anheim fiel...

»Nicht ohne Grund und Ursache danke ich also Gott, meinem Erhalter, daß er mich schauen läßt, wie mein graues Alter in Deiner Jugend neu erblüht. Denn wenn dereinst nach seinem Willen, der alles lenkt und bestimmt, meine Seele diese irdische Wohnung verläßt, so darf ich mich dennoch getrösten, nicht völlig zu sterben, sondern nur von einem Ort zum anderen zu gehen, da Du als mein sichtbares Abbild in dieser Welt zurückbleibst, lebend, schauend und mit Ehrenmännern, die meine Freunde waren, verkehrend, wie ich zu tun pflegte...

»Indes, bliebest Du hier nur als mein leibliches Abbild zurück, aber Deine Seele wäre nicht ein Spiegel der meinigen, so würdest Du nicht als ein Hort und Hüter der Unsterblichkeit unseres Namens gelten können, und meine Freude darob wäre klein, da dann nur das geringere Teil von mir, welches das leibliche ist, nachbliebe, das bessere aber, die Seele, um dessentwillen unser Name unter den Menschen in gesegnetem Andenken dauert, entartet und verderbt wäre. Was ich nicht sage, weil ich Mißtrauen in Deine Tugend setzte, von welcher Du mir bereits hinreichende Beweise gegeben hast, sondern um Dich anzufeuern, immer mehr an Deiner Vervollkommnung zu arbeiten. Und so habe ich bei diesem meinem Schreiben nicht sowohl Deinen gegenwärtigen tugendhaften Wandel im Auge als vielmehr das eine, daß Du Freude daran findest, so zu leben und gelebt zu haben, und den mutigen Entschluß fassest, auch fortan so zu leben. Dazu wird Dir nützlich und heilsam sein, wenn Du Dich daran erinnerst, daß ich nichts an Dir gespart, wohl aber alles, was in meinen Kräften stand, für Dich getan habe, als hätte ich kein anderes begehrenswertes Gut auf Erden außer dem *einen*, noch mit meinen sterblichen Augen Dich vollkommen und tüchtig in jeder Tugend, in Redlichkeit, Biederkeit und in allem nützlichen und ehrbaren Wissen zu sehen und Dich nach meinem Tode zurückzulassen als einen Spiegel, der meine, Deines Vaters, Persönlichkeit zurückstrahlen wird: – ein Bild, nicht so rein vielleicht, als ich wohl wünschte, aber doch voll eifrigen Strebens, es zu werden.

»Obgleich mein Vater Grandgousier, gesegneten Andenkens, keine Mühe und Kosten scheute, damit ich mich ausbilden und mir alle nötigen Kenntnisse zu eigen machen könnte, auch mein Fleiß und mein Eifer seinen Wünschen entsprachen, ja wohl noch darüber hinausgingen, so war doch die damalige Zeit, wie Du leicht begreifen wirst, den Wissenschaften noch nicht so günstig als die gegenwärtige, und ich hatte nicht eine so große Anzahl von Lehrern, wie Du gehabt hast. Damals lag noch alles in der Finsternis und litt an der Unfruchtbarkeit und Barbarei der Goten, welche alle gute Literatur vernichtet hatten. Aber durch göttliche Gnade wurden während meiner Lebenszeit der Wissenschaft Licht und Würde zurückgegeben, und sie nahm einen solchen Aufschwung, daß ich, der ich als junger Mann nicht mit Unrecht doch für einen der Gelehrtesten meiner Zeit galt, jetzt kaum in die kleine Klasse der ABC-Schüler aufgenommen würde. Was ich nicht aus eitler Ruhmredigkeit sage, obgleich ich dies, gestützt auf die Autorität des Marcus Tullius [Cicero] in seinem Buch: ›Vom Alter‹, und nach dem Ausspruch Plutarchs in dem Buch: ›Wie man sich, ohne Anstoß zu erregen, selbst loben darf‹, in diesem Brief an Dich füglich tun könnte, sondern vielmehr, um Dich anzutreiben, immer höher zu streben.

»Jetzt sind alle Disziplinen wiederhergestellt, die Sprachen neu belebt: Griechisch, ohne welches heutzutage niemand auf den Namen eines Gelehrten Anspruch machen kann, Hebräisch, Chaldäisch und Lateinisch. Schöne und korrekte Drucke sind überall im Gebrauch, deren Herstellung erst zu meiner Zeit durch göttliche Eingebung erfunden wurde, wie umgekehrt die Feuerwaffen durch satanische. Überall findet man eine Menge gelehrter, hochstudierter Professoren, reiche Bibliotheken, und meiner Meinung nach hat es weder zu Platons noch zu Ciceros, noch zu Papinians Zeiten solche Gelegenheit gegeben, etwas Tüchtiges zu lernen, wie jetzt. Bald wird niemand in irgendeiner Gesellschaft mehr am Platze sein, der sich nicht in Minervas Werkstatt geübt hat; Räuber, Henker, Abenteurer und Stallknechte sind heutzutage gelehrter als die Doktoren und Prediger zu meiner Zeit.

»Ja, was soll ich sagen? Frauen selbst und Mädchen streben nach dem Ruhm und himmlischen Manna der Gelehrsamkeit. So habe auch ich mich, trotz meines Alters, gemüßigt gesehen, noch Griechisch zu lernen, was ich bis dahin nicht etwa, wie Cato, verachtet hatte, aber wozu mir in meinen jungen Jahren die Gelegenheit nicht geboten worden war. Und hoch ergötze ich mich daran, die ›Moralien‹ des Plutarch und die ›Altertümer‹ des Athenäos zu lesen, bis es Gott, meinem Schöpfer, gefallen wird, mich von dieser Erde abzurufen.

»Darum, mein Sohn, ermahne ich Dich, daß Du Deine Jugend wohl anwendest, um an Wissenschaft und Tugend zu wachsen. Du bist in Paris und hast Deinen Erzieher Epistemon; dort findest Du anregende mündliche Unterweisung, bei ihm Belehrung durch löbliches Beispiel. Ich setze voraus und will, daß Du die Sprachen gründlich erlernst; erstlich das Griechische, wie Quintilian es verlangt; zweitens das Lateinische, ferner das Hebräische, der Heiligen Schrift wegen, und so das Chaldäische und Arabische gleicherweise. Deinen Stil im Griechischen bilde nach Platon, im Lateinischen nach Cicero. Die Historie mußt Du ganz und vollständig im Gedächtnis haben, wozu Dir die Kosmographien derer, die darüber geschrieben, von Nutzen sein werden. Für die freien Künste, für Geometrie, Arithmetik und Musik habe ich Dir bereits Geschmack beigebracht, als Du noch ein kleiner Bube von sechs Jahren warst. Setze das nun weiter fort und erlerne die Astronomie aus dem Grunde. Aber um die wahrsagerische Astrologie, um die Kunst des Lullius, welche nichts als Irrwahn und Torheit ist, bekümmere Dich nicht. Vom Zivilrecht will ich, daß Du die trefflichen Texte auswendig wissest und sie philosophisch zu analysieren verstehst.

»Es ist mein Wunsch, daß Du Dich mit den Dingen der Natur eingehend beschäftigst, so daß es kein Meer, keinen Fluß, kein Bächlein gebe, von dem Du die Fische nicht kenntest. Kein Vogel der Luft, kein Baum oder Strauch, keine Staude, kein Kraut des Feldes, kein Metall im Schoß der Erde, kein Edelstein des Morgen- oder Mittaglandes darf Dir unbekannt bleiben.

»Sorgfältig durchforsche die Schriften der griechischen, arabischen und lateinischen Ärzte und vernachlässige auch nicht die Talmudisten und Kabbalisten. Durch häufige Übungen in der Anatomie erwirb Dir eine vollkommene Kenntnis der kleinen Welt, Mensch genannt. Jeden Tag wende einige Stunden dazu an, die Heilige Schrift zu studieren, zuerst in griechischer Sprache das Neue Testament und die apostolischen Briefe, dann in hebräischer Sprache das Alte Testament. In Summa, mache Dich zu einem Abgrund des Wissens, denn bist Du erst älter und ein Mann geworden, so ist es mit dem ruhigen und friedlichen Studium für Dich vorbei, und Du mußt dann das Rittertum und das Waffenhandwerk erlernen, damit Du Dein Haus verteidigen und unseren Freunden in ihren Kämpfen gegen die Angriffe Übelgesinnter beistehen könnest. Und – um es kurz zu sagen – ich will, daß Du auch zeigest, was Du gelernt hast, welches nicht besser geschieht, als wenn Du öffentlich mit und gegen jedermann disputierst und mit den gelehrten Leuten sowohl in Paris als an anderen Orten lebhaften Verkehr unterhältst.

»Aber da, wie der weise Salomo sagt, ›die Weisheit nicht kommt in eine boshaftige Seele‹ und Wissen ohne Gewissen nur der Seele Verderb ist, so ziemt es Dir, Gott zu dienen und ihn zu fürchten, und alle Deine Gedanken und Deine Hoffnung auf ihn zu stellen und im innigen Glauben ihm verbunden zu bleiben, so daß keine Sünde Dich jemals von ihm scheiden kann. Hänge Dein Herz nicht an die Eitelkeit dieser Welt, denn dieses Leben ist vergänglich, aber Gottes Wort währet ewiglich. Ehre Deine Lehrer, fliehe die Gesellschaft derer, denen Du nicht gleichen möchtest, und mißbrauche die Gaben nicht, welche Gottes Gnade Dir verliehen hat. Und wenn Du zu der Einsicht gekommen sein wirst, daß Du alles gelernt hast, was Du dort lernen konntest, so kehre heim zu mir, damit mein Auge Dich noch einmal sehe und ich Dir meinen Segen gebe, bevor ich sterbe.

»Geliebter Sohn! Der Friede und die Gnade des Herrn, unseres Gottes, seien mit Dir, Amen! Utopien, den siebzehnten des Märzmondes. Dein Vater Gargantua.«

Jacques Peletier du Mans (1517–82)[4]

L'Art Poëtique d'Horace traduit en vers François (1544/45)

Vorrede zur Poetik des Horaz, in französische Verse übertragen

... Wenn man die Sprache der Schriftsteller der heutigen Zeit recht aus der Nähe betrachtet ... wird man klar erkennen, daß sie nicht jene ungestüme Kraft und gefällige Angemessenheit hat, die in den Schriften der Alten aufleuchten. Und doch wäre es unverständig zu sagen, daß dieses so sei, weil es an großer Begabung fehle: denn wenn wir die Zahl der bedeutenden Männer bedenken, die vor unserer Zeit Großes hervorgebracht haben oder jetzt hervorbringen, sehen wir, daß unser Zeitalter in dieser Hinsicht der Antike wenig nachsteht. Der wichtigste Grund

– und der offensichtlichste – dafür, daß wir das Verdienst wahren Ruhms nicht erringen, ist, meiner Meinung nach, die Verachtung und Geringschätzung unserer Muttersprache, die wir beiseite schieben um der griechischen und lateinischen Sprache willen, mit deren Erlernung wir all unsere Zeit verbringen. Weshalb wir oft sehen, daß so manche ansonsten sehr begabte und gelehrte Leute, da sie ungeübt und gleichgültig sind, schwere und unverzeihliche Fehler nicht nur beim täglichen Sprechen machen, sondern auch, wenn sie französisch schreiben, so daß es scheint, als hätten sie besondere Freude daran, ihre eigene und erste Sprache zu vergessen. Ich müßte mit Recht als schamloser Verleumder angesehen werden und als jeglicher Vernunft bar, wenn ich das Griechische und das Lateinische herabmindern wollte, diese beiden so berühmten und verehrungswürdigen Sprachen, denen wir unbestreitbar – und besonders der griechischen – all unsere Kenntnis über die Gebiete des Lehrens verdanken und den größten Teil unseres Wissens von bemerkenswerten Dingen der Vergangenheit. Und so weit entfernt davon bin ich, solches zu wollen, daß ich es für unmöglich erkläre, daß man unsere Sprache gut sprechen und fehlerfrei schreiben kann, ohne die beiden gelernt zu haben oder – damit ich nicht als ein zu strenger Sachwalter gelte – wenigstens die lateinische. Denn abgesehen davon, daß unser Satzbau und unsere gewöhnlichen Wörter zu einem großen Teil aus den genannten Sprachen stammen, und gar erst die Gedankenfindung und die Anordnung, welche zu meistern man nur durch viel Übung und unaufhörliches Lesen erlernen kann, ist es allgemein anerkannt und gewiß, daß ein Mensch nichts schreiben kann, was ihm zur Ehre gereicht und ihm das Lob der Nachwelt einbringt, ohne die Hilfe und Stütze der griechischen und lateinischen Bücher... Was aber die angeht, die sich ganz und gar einer fremden Sprache verschreiben und ausliefern..., so können sie nicht, wie mir scheint, jene schlichte Vollkommenheit der Alten erreichen noch auch die Kunst, die Natur wiederzugeben, wie nahe sie ihr auch zu kommen glauben. Deshalb kann ich jene edlen Geister unserer Zeit nicht genug loben für ihre Bemühung, unserer französischen Sprache Geltung zu verschaffen, welche vor kurzem begonnen hat, sich zu einem höheren Rang zu erheben, dank den *Illustrations de Gaule et singularités de Troie* von Jean Le Maire de Belge, diesem hervorragenden französischen Historiographen, der mehr wert ist, gelesen zu werden, als irgendeiner, der bisher geschrieben hat. Und jetzt nimmt sie einen schönen und gewaltigen Aufschwung dank unserem allerchristlichsten König Franz, der sich mit seiner die Musen begünstigenden Großzügigkeit darum bemüht, jenes glückselige Zeitalter des Augustus und Maecenas wiedererstehen zu lassen, in welchem mit Vergil, Horaz, Ovid, Tibull und anderen lateinischen Autoren in Rom die Dichtung blühte; und solches hat er bewirkt, daß wir, angesichts ihres heutigen Aufblühens, es als gewiß annehmen können, daß unsere Sprache, wenn weiter so gute Fortschritte gemacht werden, bald zu rechter Reife gelangen wird und die italienische und die spanische überflügelt, besonders da die Franzosen, was Religion und gute Sitten angeht, die anderen Nationen überragen. Und an erster Stelle kann das vollführt und erreicht werden mittels unserer französischen Dichtung, um welche sich in dieser Zeit einige Männer so kühn bemüht haben, daß es ihnen leicht gewesen wäre, ans Ziel zu kommen, wären sie nicht der Überzeugung gewesen, schon am Ziel zu sein. Es gibt nun kein besseres Mittel, dahin zu gelangen, als das, die Fehler zu kennen, um sie zu vermeiden, und die Schönheiten, um sie zu beachten. Wobei man sich aber in gewisser Weise auf das eine beschränken kann: denn wenn eine der beiden gegensätzlichen Möglichkeiten erkannt wird, erkennt man schnell die andere. Hierauf scheint sich unser hier [in Übersetzung] erscheinender Autor gegründet zu haben, denn er hat in Wahrheit weniger das Gute und Angemessene aufgeführt als das Fehlerhafte und Mißliche, welches er ganz und gar deutlich gemacht hat in diesem Buch, das so sehr viel größer an Wert als an Umfang ist. Und wer es ganz auskosten und befolgen will, wird seine Schriften nicht voreilig dem Licht des Tages aussetzen, ohne sie zuvor mit reiflicher Sorgfalt und Umsicht geprüft zu haben. Deshalb habe ich, in der Hoffnung, mir Wohlwollen zu erwerben und denen, die sich mit Eifer unserer Dichtung annehmen, dienlich zu sein, dieses *Ars poetica* genannte Buch übersetzt und gesucht, es auf unsere französische Dichtkunst anwendbar zu machen, soweit mir das, ohne Verfälschung seines Sinns, möglich war.

L'Art Poëtique (1555)

Poetik

Erstes Buch

Kap. II. Über Natur und Kunst

Die Frage, ob der Dichter höher zu schätzen sei wegen seiner natürlichen Anlage als wegen seiner Bemühung und seiner Kunstfertigkeit, ist sehr alt. Demokrit nennt laut Horaz die Natur glücklich und die Kunst armselig. Und Plato scheint dieser Meinung zu sein, da er jene Raserei so rühmt, welche eine bestimmte, sich des menschlichen Geistes bemächtigende Verzückung und ungestüme Erregung ist: so als ob er das Dichten für eine Art von Weissagen hielte, welches, wenn dabei Können eine Rolle spielt, Menschliches spüren läßt, also Vorwitz und Künstelei. Und daraus ist das verbreitete Wort entstanden, welches sagt, daß wir als Dichter geboren werden und uns zu Rednern machen. Wenn man hier jedoch Natur ganz weit begreift, als die große Schaffende, deren Wirken sich auf alles erstreckt, was auf der Welt ist, und auf alles, was im Denken der Menschen vor sich geht, und sogar die Dinge mit einschließt, die wir widernatürlich nennen, und auch die übernatürlichen, dann wäre gewiß nur Natur im Dichter, da es ja auf der Welt nur Natürliches gäbe. Und auf diese Weise gesehen hätte auch die Kunst Natürlichkeit, so wie man von der natürlichen Ordnung spricht und der natürlichen Redeweise. Aber wenn wir Natur enger verstehen und in ihr nur das sehen, was in uns hineingelegt ist, ohne Mühe und Bestreben unsererseits, und wir für den Augenblick jene Lehre beiseite lassen, der zufolge das, was wir wissen, nichts anderes als Erinnerung sei; kurz, wenn wir bejahen wollen, daß wir uns gewisse Dinge von außen her aneignen können, durch Gewöhnung, Nachahmung und Fleiß, dann werden wir gewiß meinen, daß die Kunst für den Dichter eine große Macht darstellt. Es ist aber gleichfalls gewiß, daß die natürliche Anlage dem Menschen eine große Überlegenheit gibt. Denn wir sehen, daß bei einigen ganz von selbst gute und wertvolle Dinge erstehen, die andere nur mit großer Mühe erreichen, wie wir bei Homer, in dem, wenn je in einem Dichter auf der Welt, dieses Natürliche aufleuchtet, so viel Gefälliges und eine so große Zahl an Feinheiten und erlesenen Einfällen finden, die die eingeborene Begabung spüren lassen; Dinge, die alle – gleichsam herbeigerufen und sorgsam aufgesucht – auch bei Vergil erscheinen, welcher mit größerer Sorgfalt gearbeitet hat als je ein anderer Dichter dieser Welt. Denn dank der guten Veranlagung seines Geistes hat er diese Naturbegabung Homers erkannt und bewundert und hat, ihn nachahmend, sich bemüht, es ebenso zu machen – und noch etwas mehr zu sagen... Kurz, die Natur braucht gewiß die Hilfe einer kunstfertigen Hand; und die Kunst vermag nichts ohne die natürliche Gabe, denn die Musen lassen sich nicht mit Gewalt herbeizwingen. Man muß warten, daß der Gott komme, man muß ausspähen nach jener heiligen Glut. Wie oft ist nicht der Dichter ganz erstarrt, ganz ohne Kraft, unfähig, seinem Willen zu gehorchen, kurz: gar nicht er selbst, obwohl es ihm nicht an Stoff fehlt, und seine Aufgabe, wie es ihm scheint, klar vor ihm liegt? Der Dichter soll darum die Natur nachahmen und wie sie Jahreszeiten haben. Sein Studium ist sein Winter, das Finden von Gedanken [inventio] sein Frühling, das Schreiben sein Sommer, und sein Ruhm ist sein Herbst; und jedes davon das ganze Jahr hindurch. So wird die Natur sein ganzes Werk durchdringen und die Kunst mit all dem ihm Natürlichen vermischt sein. Wir haben es hier unternommen zu lehren, was die Kunst vermag, und dem jungen, wohlveranlagten Menschen mit unseren Ratschlägen den Weg zu weisen. Es ist uns nicht gegeben, noch wäre es dienlich, alles zu sagen, denn einiges muß dem Glück überlassen bleiben ...

Kap. III. Vom Gegenstand der Dichtung ...

... Hier fühle ich mich veranlaßt zu sagen, daß unsere französische Dichtung noch nicht ihre volle Größe erreicht hat, und dieses, weil sie bisher der gewöhnlichen Sprache zu nahe geblieben ist; ja, wir lassen uns sogar noch so vom Urteil des Volkes bestimmen, daß uns der Wert einer Dichtung abzuhängen scheint von ihrer Nähe zur gewöhnlichen Redeweise: ein Beweis für die Unreife und Unvollkommenheit unserer Kunst. Deshalb rate ich unseren Dichtern, etwas kühner zu werden und weniger dem Volke gefällig zu sein, freilich mit Vernunft ... Dies wird in der Heroischen Dichtung geschehen können, und nicht eher ...

Kap. V. Von der Nachahmung

Ein großer Teil des menschlichen Handelns ist Nachahmung, denn die erste und natürlichste Neigung des Menschen besteht darin, das machen oder sagen zu wollen, was andere gut machen oder gut sagen. Die Musiker ahmen die Stimme der Lehrer nach, die Maler ihre Vorbilder, die Bauern und Seeleute, was durch Erfahrung erprobt ist. Und da es in allen Dingen nur ein Gutes und unendliche Arten des Schlechten gibt, ist die erste und schwierigste Aufgabe, zwischen dem Guten und dem Schlechten unterscheiden zu lernen. So übe sich also der Dichter zuerst an Homer und Vergil (denn alles, was ich anführe, soll dem heroischen Werk [Epos] dienen, von welchem ausgehend die übrigen Gattungen verständlich werden); und er nehme sie ganz in sein Gedächtnis auf als wichtigstes Fundament und stets gegenwärtiges Muster, so daß er fähig ist, wenn er mit dem Lesen der anderen Dichter beginnt, es der beglückenden Vollkommenheit, die er zuvor eingesogen hatte, anzuverwandeln, in der Weise der hervorragenden Weine, die nicht mit dem gleichen Wein, wenn es den nicht mehr gibt, aufgefüllt werden, sondern mit dem besten, den man sich verschaffen kann; denn da das Faß gut durchtränkt ist, gleicht sich der zugegossene Wein schnell dem Geschmack des an Güte überlegenen an. Doch darf der um Vortrefflichkeit bemühte Dichter sich nicht ganz und für immer der Nachahmung verschreiben. Er muß entschlossen sein, nicht nur Eigenes hinzufügen, sondern sogar hier und da Besseres bringen zu können. Er bedenke, daß der Himmel einen vollkommenen Dichter erschaffen kann, daß er es aber bisher noch nicht getan hat; er bedenke, daß höchstes Gelingen nicht darin besteht, gleich zu sein; und besser noch: er bedenke, daß es leichter ist, vortrefflicher zu sein als gleich gut. Denn die Natur der Dinge läßt niemals Vollkommenheit im Ähnlichen zu. Durch Nachahmung allein entsteht nichts Großes: Trägheit ist es und Mangel an Mut, immer hinter einem anderen herzugehen. Der wird stets der Letzte sein, der stets den Spuren anderer folgt. So habe also der Dichter vor allem einen lebendigen Geist, Kühnheit, Würde und Geschick – kurz, was die Natur geben kann. Auch darf er nicht daran zweifeln, daß es ihm gelingen kann, der Größte zu werden. Die Aufgabe des Dichters besteht darin, den alten Dingen Neuheit, den neuen Geltung, den rauhen Schönheit, den dunklen Licht, den angezweifelten Gewißheit und allen das ihnen Natürliche zu geben und dieses in allen seinen Zügen darzustellen. Er schaue sich um nach dem, der dieses schon getan hat, und wenn es noch nicht getan worden ist, frage er sich, woran es liegt. Er befasse sich mit dem Allgemeinen und dem Besonderen, prüfe die Abschnitte mit belehrenden Betrachtungen, die Kunst des Erzählens in ihrer Vielfalt: welche Tiefe, welche Schönheit und Angemessenheit! Wenn er Schwächen findet, so vermeide er sie, was einfach ist; dem Guten suche er gleichzukommen, was möglich ist, oder er übertreffe es, was ihm Ehre bringt...

Kap. VI. Von den Übersetzungen

Die klarste Art der Nachahmung ist die Übersetzung. Denn Nachahmen ist nichts anderes als das tun wollen, was ein anderer tut. So macht es der Übersetzer, der nicht nur dem Gedanken [inventio] eines anderen gehorcht, sondern auch dem Aufbau, und dazu noch der Redeform, soweit es ihm möglich ist und die Natur der Sprache des Übersetzers es erlaubt. Denn die Trefflichkeit eines Werks beruht oft auf der Eigenart der Wörter und Redewendungen: wenn diese fehlt, ist der Autor um die Schönheit und die Aussagekraft seines Werkes betrogen. So ist das Übersetzen eine Aufgabe, deren Mühe größer ist als das ihr gezollte Lob. Denn wenn du gut und getreu übersetzt, wird dir nur dafür Achtung zuteil, daß du die erste Ausführung nachgezeichnet hast, während die größere Ehre dem Original verbleibt. Wenn du dich schlecht ausdrückst, fällt aller Tadel auf dich, denn sogar wenn der Text schlecht geschrieben sein sollte, giltst du als unklug, weil du keinen guten gewählt hast.

Kurz, ein Übersetzer wird nie als Autor angesehen. Will ich aus diesem Grund aber den Übersetzern die Lust nehmen? Keineswegs! und weniger noch will ich sie um das ihnen zukommende Lob bringen: denn ihnen ist es zu einem Teil zu verdanken, daß Frankreich begonnen hat, Geschmack an Gutem zu finden. Und es verbleibt ihnen sogar ein Gewinn: wenn sie nämlich Gutes gut übersetzen, wird der Name des Autors den ihren überleben lassen. Und es ist gewiß nicht von geringem Wert, seinen Namen dort hingeschrieben zu haben, wo er in angesehener Gesellschaft ist ... Weiter können Übersetzungen, wenn sie gut gelungen sind, viel zur Bereicherung einer Sprache beitragen. Denn der Übersetzer kann einen schönen lateinischen oder griechischen Ausdruck zu einem französischen machen und seinem Land, zugleich mit der Gewichtigkeit der Gedanken, die Würde der Perioden und Feinheiten der fremden Sprache schenken: zwei sehr willkommene Dinge, weil sie den allgemeinen Ideen nahekommen. Was aber Einzelheiten angeht, so sollte der Übersetzer, meiner Meinung nach, ein wenig zaghaft sein, zum Beispiel mit neuen Wörtern, die so auffallend sind und Argwohn erwecken. Wenn ein Übersetzer nicht schon an anderer Stelle etwas Selbstgeschaffenes hat sehen lassen, findet er bei den Lesern kein Wohlwollen, wenn es sich um Wörter handelt, obwohl er gerade hierfür dessen am meisten bedürfte. Und deshalb wird das Übersetzen weniger geschätzt. Wenn allerdings der Autor vortrefflich ist (und der Umsichtige hüte sich davor, jemals andere zu übersetzen), dann darf er ganz neue Wörter gebrauchen, falls er sicher ist, daß es keine anderen dafür gibt. In diesem Fall wird es ihm zur Ehre gereichen; denn immer wieder Periphrasen, also Umschreibungen beim Übersetzen zu verwenden, ist gar zu verdrießlich und bringt die geistige Arbeit des Autors um ihren Wert. Räumen wir also den Übersetzungen den ihnen gebührenden Platz ein in unserer Kunst, da sie mit Kunst gemacht werden. Ja, so groß ist die dafür nötige Kunstfertigkeit, daß deren Gebote nur von wenigen begriffen werden ... Zu unserem Gegenstand noch dieses: Wort für Wort wiedergebende Übersetzungen sind nicht befriedigend. Nicht weil sie regelwidrig wären, sondern weil zwei Sprachen niemals die gleichen Ausdrucksformen haben. Gedanken und Vorstellungen sind allen Menschen gemeinsam, aber Wörter und Redeweisen sind jedem Volk eigentümlich ... Dort jedoch, wo beide Sprachen übereinstimmen, soll er [der Übersetzer] nichts von den Redewendungen verlorengehen lassen noch auch von der ganz persönlichen Verwendung von Wörtern des Autors, dessen Begabung und Einsicht sich oft gerade hierin zeigen. Und wer nun den ganzen Vergil in französische Verse übersetzen könnte, Wendung für Wendung und Wort für Wort, das wäre eine unschätzbare Ruhmestat. Denn wie könnte ein Übersetzer seine Aufgabe besser erfüllen, als wenn er dem Autor, dem er sich unterordnet, immer so nahe bleibt, wie es ihm möglich ist? Und bedenke, wie erhebend es wäre, eine zweite Sprache in allem der Erlesenheit der ersten sich angleichen zu sehen und dazu noch mit den Mitteln der eigenen. Aber, wie ich gesagt habe, das kann es nicht geben ...

Schlußbemerkungen zum Werk, und von welcher Art der Dichter sein muß

Dieses also hatten wir ... zur Unterrichtung über die Dichtkunst zu sagen; womit wir alle die erfreuen wollten, die in Frankreich zur Zunft gehören. Denn wenn es welche gibt, die mit den hohen Eigenschaften, die wir unserem Dichter gegeben haben, schon vertraut sind, so wird, da sie in sich selbst diese Glut und diesen ungestümen Drang des Herzens erkennen, die Übereinstimmung ihrer Denkweise mit der unseren sie befriedigen. Den anderen, bei denen der Funke noch klein und Größe erst eine Hoffnung ist, werde ich dadurch einen ausgezeichneten Dienst erwiesen haben, daß ich sie von der gewöhnlichen Dichtung zur wahren musikalischen Harmonie hingeführt und sie gelehrt habe, zuerst Dichter und dann erst französische Dichter sein zu wollen, das heißt, mit dem Geist aufzunehmen und dann Worte zu finden, kurz, daran zu denken, daß die Sprachen groß werden durch ihre Gedanken, denen sie gehorchen, und daß die Gedanken ihre Erhabenheit aus der Gesinnung erhalten, die wir wahrlich in ihrer ganzen Größe für die dargestellt zu haben glauben, die mit einer edlen Neigung zum Guten zur Welt gekommen sind, und das, indem wir ihnen die der Nachahmung würdigsten Meister genannt und auf das Beste im Werk hingewiesen haben, und mit solchem Eifer, daß manche uns vielleicht für zu streng in unseren Vorschriften halten werden. Aber sie müssen bedenken, daß jeder Lehrende von den am weitesten vordringenden Möglichkeiten sprechen muß, die er sich vorstellen kann, damit keines Menschen Fähigkeit eingeschränkt wird. Um große Höhe zu erreichen, muß man nach dem Äußersten streben. Mir ist am Erstehen dessen, den ich hier darstelle, also des Dichters, so viel gelegen, und es scheint mir so sehr aller Mühe wert zu sein, daß ich ihn davon überzeugen möchte, daß es auf der Welt nichts, und sei es auch das Schwierigste, gibt, was er nicht von sich fordern und, als notwendig zum Erlangen des delphischen Lorbeers, sich nicht vornehmen sollte... Wir nennen hier einige der wichtigsten Forderungen, die wir, die Verhaltensweise unseres Dichters betreffend, stellen, nicht nur, um sein Bild zu vollenden, sondern auch, weil er ohne ihre Erfüllung die von uns hier dargebotenen Gaben nicht aufnehmen kann oder, sollte er sie doch erlangt haben, sie ihm unnütz wären. So wisse also derjenige, der sich dem Dienst der Musen weihen möchte, daß ihre heiligen Stätten von niemandem betreten werden können, der nach anderem begehrt als Ehre. Doch darf dieses Begehren nichts von Ehrgeiz spüren lassen. Der Ruhm

ist solcher Art, daß er die meidet, die ihn zu eifrig
suchen... Es sei dem Dichter ein und dasselbe: Ehre zu
begehren und sie zu verdienen. Er erkenne, daß derjenige
den kleinsten Teil von etwas besitzt, der alles zu haben
glaubt. Er habe ein reich gefülltes Herz, nicht eines, das
einmal stark ist, dann aber, im Lauf der Zeit, ermüdet; und
einen Geist, der nicht alt wird und dem die Dinge, die er
gesehen hat, immer gegenwärtig sind. Er bedenke, daß,
wenn er einmal etwas Gutes gemacht hat, ihn dies nur zu
Besserem verpflichtet und daß er die Bürde, die er mit dem
erworbenen Ansehen sich aufgeladen hat, nicht nur weiter
tragen muß, so wie sie ist, sondern daß er sich vornehmen
muß, sie gewichtiger zu machen und selber beim Vorwärtsgehen an Kraft zuzunehmen. Er richte sein Herz auf die
Ewigkeit, er sehe nicht eine Zukunft von tausend oder
zweitausend Jahren, sondern alle Zeiten einbegreifend bis
ins Unendliche. Er sei streng mit sich selbst. Er sei mit dem,
was er an Gutem hervorbringt, spät erst und nach größt-
möglicher Mühe zufrieden. Er bedenke, daß ihm kein Fehler vergeben wird... Er erzürne sich nicht, wenn er ge-
tadelt wird, auch wenn es zu Unrecht geschieht, denn ein
Tadel dient immer als Warnung. Er wisse zu unterscheiden
zwischen dem, der aufrichtig lobt, und dem, der schmeichelt. Einem Ruhm, den er sich ganz plötzlich erwirbt,
traue er nicht, und – um die Wahrheit zu sagen – er hüte
sich besonders davor, sich auf das Urteil von uns Franzosen
zu verlassen, die wir alle auf Neues begierig und schnell
bereit sind zu bewundern und ebenso schnell unsere Meinung ändern: eine Schwäche, die ich sogar bei unseren
Dichtern finde, die ohne Anlaß loben, um dann ohne Bedenken die Namen derer, die sie gelobt hatten, auszu-
löschen. Er lasse sich nicht von Gefühlen leiten, er ergreife
nicht Partei, er lebe mit den Dichtern seiner Zeit ohne
Mißgunst; denn nichts steht den Jüngern der Musen besser
an als Arglosigkeit. Und groß sei sein Eifer, sich die Lehren
der Kundigen nutzbar zu machen: er wähle den gewichti-

gen Ernst des einen, das gelehrte Wissen des anderen; er lerne die Kunst zu belehren von diesem, verständiges Urteilen von jenem, und Angemessenheit und Fleiß von allen ... Und hier nehmen wir nun Abschied von unserem Dichter, doch nicht ohne ihn zuvor noch zu ermahnen, über die Rolle nachzudenken, die er zu spielen unternimmt: die nämlich der bedeutendsten Gestalt auf der Bühne. Und diese Bühne ist das Universum.

Thomas Sebillet (1512–89)

Art poétique françoys (1548)

Französische Poetik

An den Leser

Was du hier lesen wirst, Leser, dir zum Nutzen geschrieben über vieles, was die französische Verskunst angeht, ist nichts anderes als die Bekundung meines redlichen Wunsches, eines Wunsches, sage ich, den ich seit langem in hohem Maße habe: daß es entweder eine weniger große Zahl von Reimschreibern bei uns geben möge oder mehr französische Dichter. Da ich diese gering geschätzt sehe und gleichsam begraben unter der trüben Schar von Schreiberlingen, konnte ich dem Drang, dieses zu schreiben, nicht widerstehen: auf daß die feinen Reimschmiede, nachdem sie durch meine Ausführungen Kenntnis davon erlangt haben könnten, was Kunst ist, sich fortan davor hüten zu schreiben, weil sie erkennen werden, wie fern sie ihr sind, oder sich, sollten sie weiterhin schreiben, um Kunst bemühen. Wenn ich mit ein wenig Gunst und Wohlwollen deinerseits nur eines dieser beiden Ziele erreiche, würde ich

mich genug belohnt sehen für alle bisher geleistete und für
jede weitere noch um ein gutes Maß größere Mühe.

Paris, am siebenundzwanzigsten Juni.
Im Jahre des Heils 1548.

Buch I, Kap. I

Vom Alter der Dichtkunst und von ihrer Vortrefflichkeit

Alle Künste sind derart verbunden mit jener göttlichen
Vollkommenheit, die wir Virtus [bewirkende Kraft] nennen, daß sie nicht nur, wie auf einem festen Sockel, auf ihr
gegründet sind, sondern sich auch ihre kraftkündende Benennung von ihr geliehen haben[5]. Darum haben diejenigen,
die der Meinung waren, daß Virtus [Wirkungskraft] und
Künste aus der gleichen Quelle strömen – aus jenem tiefen
Urgrund des Himmels also, wo die Gottheit wohnt –, mit
Recht gesagt, daß die glückliche Fähigkeit, die Dinge zu
erkennen, und jene andere, sie vollkommen zu erschaffen,
von der gleichen Ursache bewirkt werden. Denn auch das,
was wir Wissen nennen – Mutter wahrlich und Amme des
schöpferischen Werks –, ist der Gottheit zu eigen; und diesem Wissen ist die Kunst so nahe und verschwistert, daß,
wer das eine für das andere nähme, kaum fehlgehen würde.
Wie nun bei jeglichem kunstvollen Tun dieser Funke göttlichen Feuers, sobald er sich dem ihm artgleichen Geiste
nähert, Licht erzeugt und sich damit klar zu erkennen gibt,
so leuchtet er auch zu lebendigstem und sichtbarstem
Glanze auf in der Dichtkunst (es sei mir erlaubt, Kunst zu
nennen, was ich richtiger als göttliche Eingebung bezeichnen sollte). Denn einzig und allein angetrieben von der
Kraft seines Geistes und dem göttlichen Atem, der ihm
Eingebung schenkt, singt der wahre Dichter seine Verse und
Lieder. Deshalb nannte Plato die Dichter Göttersöhne,

Vater Ennius nannte sie heilig, und alle weisen Männer haben sie immer als göttlich und unserer besonderen Schätzung wert bezeichnet, wegen ihrer göttlichen Begabung und des ihnen vom Himmel verliehenen Vorrangs, welche sich deutlich kundtun in den Zahlen, die die Dichter für die Maße ihrer Verse verwenden, Zahlen, deren Vollkommenheit und Göttlichkeit das wunderbare Getriebe dieses Universums und das, was es umschließt, tragen und erhalten. Wie aber könnte man mit Vernunft behaupten, daß die Dichtung natürlichen Ursprungs und kein Ergebnis von Studium, Theorie und Regeln sei, wenn sie nicht von Gott gegeben ist? Denn was in der Dichtung Kunst genannt wird und was wir in diesem kleinen Werk als Kunst behandeln, ist nichts anderes als bloße Rinde, welche künstlich den natürlichen Saft und die göttlich geborene Seele der Poesie umhüllt. Und über diese wird dir nun hier, von ihrem Ursprung und erstem Auftreten an und ihrem Fortschreiten bis in unsere gegenwärtige Zeit, alles so klar berichtet werden, daß du, solltest du ihre göttliche Herkunft ableugnen, einsehen wirst, daß du dir selbst größeres Unrecht antust als ihr ...

Buch I, Kap. II

Was der Franzose »Reim« nennen soll

Die frühere Armut unserer französischen Sprache oder die Unwissenheit unserer Väter hat dazu geführt, daß das, was der Römer in der Blütezeit seiner Sprache »carmen« oder »versus« und vor ihm der Grieche »métron« nannte – angemessen und wohlbedacht alle beide –, von französischen Dichtern und ihren Lesern bisher meist als Reim (ryme) bezeichnet worden ist: soweit noch gerechtfertigt, daß es geduldet werden kann, doch nicht genügend angesichts dessen, was das Wort »ryme« (von dem wir zugeben müssen, daß es vom griechischen »rhythmós« stammt) seiner Bedeutung nach zuläßt und was die Reinheit unserer jetzt so glanzvoll gewordenen Sprache erlaubt. Dem Griechen, der es »métron«, also Maß nennt und hierbei die meßbare Ausdehnung der Rhythmen und Versfüße vor Augen hat, kann nur bezeugt werden, daß er klug gesprochen hat; der Römer, der es »carmen«, also Lied, und »versus«, also das Gewendete nennt, betrachtet in dem einen Fall die Form des ganzen Gedichts, die diesem einst in dieser besonderen, für den Gesang geeigneten Weise gegeben wurde; im anderen Fall den Baustoff des Gedichts, welcher, durch die wechselnde Folge der Wörter und die wiederkehrende Gestalt, Takt und Klang der Verse gefällig macht; so wird – mit »versus« und »carmen« – einmal die Eigenheit des Baustoffs, einmal die Feinheit der Form gezeigt. Der Franzose aber, der »rime« sagt, hat damit zwar eines der wichtigsten Kennzeichen der Dichtung zu erfassen gesucht, jedoch hat er sich hier etwas unangemessen für seinen Gebrauch angeeignet, was er in anderen Fällen geschickt fremdem Reichtum entlehnt hat. Denn obwohl es im Gedicht Harmonie und Modulation gibt, welche der Grieche mit dem Wort »rhythmós« bezeichnete, kann darum weder das einzelne französische Gedicht noch die gesamte französische Versdichtung »rime« genannt werden, da es ja richtiger ist zu sagen, daß Klang und Bewegung Schmuck und Gestaltungsmittel sind, die dem Gedicht dienen, dieses aber nicht selbst so genannt werden kann. Dieses hatte der Römer erkannt, da er mit dem Wort Rhythmus nicht die Verse oder Satzperioden bezeichnete, sondern die Takte und Zeitmaße, denen er sorgfältigste Beachtung schenkte. Dagegen kann das, was sonst üblicherweise im Französischen Reim genannt wird, diese Bezeichnung mit größerem Recht erhalten: ich meine hier jene Angleichung, Ähnlichkeit und Übereinstimmung der Endsilben französischer Verse, welche die anderen Sprachen dem Versende ihrer Gedichte nicht gegeben haben, wenngleich sie sie als

Schmuck ihrer ungebundenen Rede zuließen, dort wo es
dem Ohre gefiel. Der Grieche nannte es »homoiotéleuton«,
der Römer »similiter desinens«, also Gleich- oder Gleich-
artig-Endendes, wohlangemessen beide. Der Franzose hat es
»ryme« benannt, was eine durch Auslassung des th ver-
unstaltete Form des Wortes »rhythmós« ist, und weniger
angemessen, denn ein anderes ist der »rhythmós« der
Griechen, ein anderes der Reim der Franzosen, wie wir
schon gezeigt haben. Doch kann es noch geduldet werden,
wenn wir bedenken, daß die Ähnlichkeit der Endsilben der
französischen Verse nichts anderes ist als ein Zusammenklingen, welches, über das Gehör-Organ, den Geist ergötzt.
Eine Ergötzung, die von der, verborgen, die Modulation
des Gedichts bestimmenden Musik bewirkt wird, in deren
eigenem Gefüge Gleichklang und Oktave (welche ja nur
aus verschieden gestuften Gleichtönen besteht, wie es bei
den Reimen der Fall ist) auf das lieblichste und vollkommenste zusammenklingen. Das grobe und unwissende Volk
nun, das von den Dingen nur das Gröbste und Auffallend-
ste wahrnimmt, hat beim Hören oder Lesen französischer
Gedichte als erstes schnell den Reim bemerkt und in Erinnerung behalten und sogleich den Irrtum begangen, nach
dem Namen dieses Teils den ganzen Vers und das Werk zu
benennen; dann hat es diesen Irrtum noch durch einen vom
ersten erzeugten anderen vergrößert und hat die französischen Dichter Reimer genannt, was zeigt, daß es sich an
die bloße Rinde hielt und den Saft und das Kernholz un-
beachtet ließ: die Erfindungskraft nämlich und Sprachgewalt der Poeten, die richtiger so und nicht Reimer genannt werden sollten.
Und wir brauchen uns nicht zu schämen, diese Benennung,
wie so viele andere, der griechischen und der lateinischen
Sprache zu verdanken und wollen mit diesem Namen Männer wie Marot und Saint-Gelais ehren, die ihn verdienen;
und gleicherweise wollen wir die Werke solcher göttlichen
Dichter Dichtungen, Lieder und Verse nennen und es dem

unwissenden Haufen überlassen, die Nichtskönner und
deren Werke Reimer und Reime zu benennen. Nichtskönner, sage ich, und Unwissende allzumal, die wie das Volk,
ihr Gebieter, schon solche Verse als gut erachten, an deren
Ende, hinter wie Holzscheite verwegen zusammengebündelten Wörtern, zwei oder drei gleiche Buchstaben stehen, die
als Kordel dienen.

Joachim Du Bellay (1522–60)

La Deffence et Illustration de la Langue Françoyse
(1549)

[Manifest der Pléiade]
Verteidigung der französischen Sprache und die Erhebung derselben zu Glanz und Ruhm

Erstes Buch

Kap. I. Der Ursprung der Sprachen

Wenn die Natur (von der, wie ein hochberühmter Mann
nicht ohne Grund gesagt hat, wir nicht wissen, ob sie Mutter oder Stiefmutter zu nennen sei) den Menschen ein allen
gemeinsames Wollen und rechte Übereinstimmung gegeben
hätte, wäre es, abgesehen von den unzähligen Annehmlichkeiten, die daraus erwachsen wären, für die menschliche
Unbeständigkeit nicht nötig gewesen, sich so viele Arten
des Sprechens zu schmieden, deren Vielfalt und Wirrnis
mit Recht Turm zu Babel genannt werden kann. Es haben
sich die Sprachen nun nicht aus sich selbst erzeugt wie
Kräuter, Wurzeln und Bäume, die einen von kränklicher,

schwacher Art, die anderen gesund und widerstandsfähig und geeigneter, das Gewicht der menschlichen Gedanken zu tragen, sondern all ihr Vermögen hat das Licht der Welt erblickt dank dem Wollen und Belieben der Sterblichen. Dieses (so scheint es mir) ist ein guter Grund dafür, daß man nicht, wie es getan wird, eine Sprache loben und die andere tadeln soll, denn sie haben alle die gleiche Quelle und die gleiche Ursache: nämlich die Vorstellungskraft der Menschen; und der gleiche Wille hat sie für den gleichen Zweck geformt: dafür, uns gegenseitig Gedanken und Wahrnehmungen des Geistes kundzumachen. Es ist wohl wahr, daß die einen, da sie sorgfältiger überwacht wurden, im Verlauf der Zeit reicher geworden sind als andere, aber das darf nicht einer glücklicheren Anlage jener Sprachen zugeschrieben werden, sondern allein dem kunstvollen Tun und dem Eifer der Menschen. Es sind also alle Dinge, die die Natur geschaffen hat, alle Künste und Wissenschaften in den vier Teilen der Welt, jedes in seiner Art ein und dasselbe. Weil aber die Menschen verschiedenen Willens sind, sprechen und schreiben sie darüber in verschiedener Weise. Und ich kann hier nicht scharf genug die törichte Anmaßung und Kühnheit einiger Männer unserer Nation tadeln, die, obwohl sie doch nichts weniger sind als Griechen oder Römer, mit einem Hochmut, der den der Stoiker übertrifft, alles französisch Geschriebene herabsetzen und verwerfen, und ich kann mich nicht genug wundern über die seltsame Ansicht einiger Gelehrter, welche glauben, daß unsere Volkssprache unzulänglich sei für jede Art von Werken der Literatur oder des Wissens: als ob eine geistige Schöpfung allein wegen der Sprache, in der sie geschrieben ist, für gut oder schlecht befunden werden müsse. Den ersteren Genüge zu tun, habe ich nicht vor. Die letzteren aber würde ich gern (wenn es mir möglich ist) zu einer anderen Meinung bringen durch einige Überlegungen, die ich kurz darlegen zu können hoffe. Nicht, daß ich mich für einsichtiger halte in diesen oder anderen Fragen als sie, sondern weil ihre Liebe zu den fremden Sprachen sie daran hindert, ihre eigene Sprache ungetrübt und gerecht zu beurteilen ...

Kap. III. Warum die französische Sprache nicht so reich ist wie die griechische und die lateinische

Wenn nun auch unsere Sprache nicht die gleiche Fülle und den Reichtum der griechischen und lateinischen Sprache hat, so darf ihr das nicht als Fehler angerechnet werden, als ob sie aus sich selbst heraus niemals etwas anderes sein könnte als arm und dürr; aber wohl ist es zuzuschreiben der Unwissenheit unserer Vorfahren, die (wie jemand es von den alten Römern gesagt hat) größeren Wert auf vortreffliches Tun legten als auf vortreffliches Reden. Und da sie für ihre Enkel lieber Vorbilder der Mannhaftigkeit sein als ihnen Belehrungen hinterlassen wollten, haben sie sich um den Ruhm für ihre großen Taten gebracht und uns, die wir ihnen hätten nacheifern können, um deren Frucht. Auch haben sie uns auf diese Weise unsere Sprache so arm und nackt hinterlassen, daß sie Schmuck nötig hat und (wenn man das so sagen darf) fremde Federn. Wer aber möchte sagen, daß die griechische Sprache und die lateinische immer von so hervorragender Qualität gewesen seien, wie sie sich zur Zeit Homers, des Demosthenes, Vergils und Ciceros zeigten? Und wenn jene Autoren der Meinung gewesen wären, daß diese Sprachen niemals, wieviel Fleiß und Pflege man ihnen auch widmen mochte, reichere Frucht hätten hervorbringen können, hätten sie sich dann so darum bemüht, sie auf die Höhe zu bringen, auf der wir sie jetzt sehen? Das gleiche kann ich also von unserer Sprache sagen, die zu dieser Stunde zu blühen beginnt, ohne noch Frucht gebracht zu haben, oder besser: die wie eine Pflanze oder ein Zweiglein noch nicht erblüht ist und noch viel weniger alle Früchte, die sie hervorbringen könnte, geliefert hat. Das jedoch gewiß nicht durch einen Mangel ihrer Natur, da sie ebenso fähig ist zu zeugen wie die anderen, sondern durch die Schuld jener, die sie in ihrer Hut hatten und sie nicht genügend gepflegt haben: sie haben sie, wie ein wildes Gewächs, in ebendem Ödland, in dem sie zu wachsen begonnen hatte, darben und fast vergehen lassen, ohne sie jemals zu begießen, zu beschneiden und vor dem Gestrüpp und den Dornen, die ihr das Licht nahmen, zu schützen. Wenn nun die alten Römer die Pflege ihrer Sprache, als diese gerade zu keimen begann, ebenso vernachlässigt hätten, wäre sie ganz gewiß nicht in so kurzer Zeit so groß geworden. Sie aber, als gute Gärtner, verpflanzten sie aus der Wildnis auf einen bereiteten Acker; dann, auf daß sie schneller und besser Frucht trage, haben sie rundherum die unnützen Zweige abgeschnitten und diese ersetzt durch kräftige, wohlgeeignete andere, welche sie meisterlich der griechischen Sprache entnommen hatten und die alsbald so gut anwuchsen und sich ihrem Stamm anglichen, daß sie nicht mehr wie übernommene, sondern wie natürliche erscheinen. Daraus erwuchsen der lateinischen Sprache die vielfarbigen Blüten und Früchte der großen Redekunst mit ihren Rhythmen und ihrer kunstreichen Übereinstimmung von Wort und Gedanken, alles Dinge, die eine jede Sprache, nicht freilich aus ihrer Natur heraus, sondern durch Kunst, hervorzubringen pflegt. Wenn also die Griechen und Römer, die mit größerem Eifer als wir ihre Sprachen pflegten, in denselben nur mit großer Mühe und viel Fleiß die Mittel zur Erzeugung von Anmut, Wohlklang, kurz von kunstreicher Rede fanden, dürfen wir uns dann wundern, wenn unsere Volkssprache nicht so reich ist, wie sie doch sein könnte, und dies zum Anlaß nehmen, sie als gemein und von geringem Wert anzusehen und zu verachten? Es wird (vielleicht) die Zeit kommen – und ich hoffe auf die Hilfe des Frankreich wohlgesinnten Schicksals –, da auch dieses stolze und mächtige Königreich einmal zur Weltherrschaft gelangt

und unsere Sprache (wenn gleichzeitig mit François I.
nicht die französische Sprache zu Grabe getragen wurde),
die gerade erst begonnen hat, Wurzeln zu schlagen, empor-
sprießt aus dem Boden und sich zu solcher Höhe erhebt
und so kräftig wird, daß sie sich sogar mit denen der Griechen und Römer messen kann und ihren eigenen Homer,
Demosthenes, Vergil und Cicero hervorbringt, wie ja
Frankreich auch schon Männer vom Werte eines Perikles,
Nikias, Alkibiades, Themistokles, eines Caesar und Scipio
hervorgebracht hat ...

*Kap. IV. Daß die französische Sprache nicht so arm ist,
wie viele Leute meinen*

Ich halte jedoch unsere Volkssprache, auch so wie sie jetzt
ist, nicht für so gemein und verachtenswert, wie es jene
ruhmsüchtigen Bewunderer des Griechischen und des Lateinischen tun, die glauben, daß sie – selbst wenn sie Peitho,
die Göttin der Überredung, in Person wären – nichts Gutes
sagen könnten, es sei denn in einer fremden Sprache und
dem Volke unverständlich. Wer sich aber die Mühe machen
will, ganz genau hinzuschauen, wird finden, daß unsere
französische Sprache nicht zu arm ist, um das, was sie den
anderen entlehnt, nicht getreu wiedergeben zu können;
nicht so dürr, daß sie unfähig wäre, aus sich selbst heraus
eines guten Einfalls Frucht hervorzubringen, mit Hilfe des
Fleißes und Eifers ihrer Heger, wenn sich nur ein paar
Männer finden, die so gute Freunde ihres Landes und ihrer
selbst sind, daß sie sich ans Werk machen. Wem aber werden wir, nach Gott, Dank schulden für solch verdienstvol-
les Tun, wenn nicht unserem seligen König und guten Vater
François, Erster dieses Namens und Erster in allen Tugenden. Ich sage Erster, weil er in seinem stolzen Reiche als
erster alle guten Künste und Wissenschaften wieder zu ihrer
alten Würde erhoben und so auch unserer Sprache, die vor-

her rauh und ungeschliffen war, Eleganz gegeben hat, wenn auch nicht die ganze Fülle, die sie haben könnte, so doch genug, daß sie wenigstens ein getreuer Dolmetscher aller anderen sein kann. Und damit sie dieses werde, haben griechische und lateinische Philosophen, Historiker, Mediziner, Dichter und Redner französisch zu sprechen gelernt. Und sogar die Hebräer: die heiligen Schriften bezeugen in reichem Maße, was ich sage. Ich übergehe hier die eifernden Bedenken jener, die behaupten, daß die Mysterien der Theologie nicht enthüllt und gleichsam profaniert werden dürfen durch Übersetzungen in die Volkssprache, wie auch das, was die Vertreter der gegensätzlichen Meinung anführen. Denn dieser Streit hat nichts zu schaffen mit dem, was ich vorhabe: nämlich zu zeigen, daß die Götter und die Gestirne unserer Sprache bei ihrer Geburt nicht so feindlich gesinnt waren, daß sie nicht eines Tages, so wie die anderen, hohe Geltung und Vollkommenheit erlangen könnte, besonders da sie schon alles Wissenswerte klar und ausführlich darzustellen fähig ist, wie es die große Zahl griechischer und lateinischer und auch italienischer, spanischer Bücher und solcher aus anderen Sprachen zeigt, die von vielen vortrefflichen Federn ins Französische übersetzt worden sind.

Kap. V. Daß das Übersetzen nicht genügt, um der französischen Sprache Vollkommenheit zu verleihen

Diese so lobenswerte Arbeit des Übersetzens scheint mir jedoch nicht allein zu genügen, um unsere Volkssprache mit den anderen, ruhmreicheren Sprachen vergleichbar und ihnen ebenbürtig zu machen, was ich so klar aufzeigen will, daß niemand, so glaube ich, versuchen wird, es zu widerlegen, es sei denn, er wolle offenkundig die Wahrheit ableugnen. Zunächst dieses: die besten Rhetoriklehrer sind sich darin einig, daß die rechte Rede fünf Hauptstücke hat, welche sind: das Finden der Gedanken (*inventio*), die Wahl des Ausdrucks (*elocutio*), die Anordnung (*dispositio*), das Einprägen im Gedächtnis (*memoria*), und der Vortrag (*pronuntiatio*) ... Ich will hier nur von den beiden ersten sprechen, also von der Inventio und der Elocutio. Die Aufgabe des Redners besteht darin, über jede darzulegende Sache gedankenreich und in erlesener Form zu sprechen. Die Fähigkeit nun, in solcher Weise über alles zu sprechen, kann nur erworben werden durch vollkommene Kenntnis auf allen Gebieten des Wissens, mit welchen sich zuerst die Griechen befaßt haben, und dann die Römer, deren Nachahmer. Darum müssen diese beiden Sprachen durchaus demjenigen bekannt sein, der diese Fülle, diesen Reichtum an Gedanken: den ersten und wichtigsten Bestandteil also des Rüstzeugs eines Redners, erlangen will. Und hierzu muß nun gesagt werden, daß die getreuen Übersetzer große Dienste und viel Beistand jenen leisten können, die nicht die in einzigartiger Weise beglückende Möglichkeit haben, sich mit den fremden Sprachen zu beschäftigen. Was aber die Elocutio angeht, den ohne Zweifel schwierigsten Teil, ohne welche alle anderen Dinge so gut wie nutzlos und einem Schwerte vergleichbar sind, das noch in der Scheide steckt; die Elocutio (sage ich), die an erster Stelle zeigt, daß ein Redner vortrefflicher und daß eine Art zu reden besser ist als andere – wie ja auch von ihr die Eloquenz ihren Namen hat –; und welche ihre Wirkungskraft schöpft aus den angemessenen, üblicherweise verwendeten und dem gewöhnlichen Sprachgebrauch nicht unvertrauten Wörtern, aus den Metaphern, Allegorien, Vergleichen, Annäherungen, Bildern und vielen anderen Figuren und Zierden, ohne die alle Rede nackt, unvollständig und schwächlich ist, so werde ich niemals glauben, daß man all das von den Übersetzern lernen kann, weil es unmöglich ist, etwas mit der gleichen Schönheit wiederzugeben, die der Autor seinem Ausdruck verliehen hat. Denn eine jede Sprache hat ein gewisses Etwas, das nur ihr gehört; und wenn du suchst, dieses ihr Eingeborene in eine andere Sprache zu übertragen – unter Einhaltung des Gebotes des Übersetzens, das fordert, die Grenzen des Autors nicht zu überschreiten –, wird deine Sprache gezwungen, leblos und hölzern sein. Überzeuge dich davon und lies mir einen Demosthenes, einen Homer auf lateinisch, einen Cicero und Vergil auf französisch und frage dich, ob sie all die Empfindungen in dir erzeugen, dich wahrlich wie einen Proteus vielfältig verwandeln, wie es dir ergeht, wenn du diese Autoren in ihrer Sprache liest. Es wird dir scheinen, als ob du vom brennenden Ätna auf den kalten Gipfel des Kaukasus geraten seist... Das sind, ganz kurz genannt, die Gründe, die mich dazu geführt haben zu glauben, daß der Fleiß und die Mühe der Übersetzer, so nützlich sie sind für die Belehrung derer, die die fremden Sprachen nicht kennen, nicht genügen, um unserer Sprache jene Vollkommenheit und – wie die Maler ihren Bildern – jene letzte Korrektur zu geben, die wir uns wünschen...

Kap. VI. Über die schlechten Übersetzer, und daß man die Dichter nicht übersetzen soll

Was aber soll ich von denen sagen, die wahrhaftig mehr verdienten, Verräter genannt zu werden als Übersetzer[6]? Denn sie üben ja an denen, die sie ans Licht zu bringen vorgeben, Verrat, da sie sie um ihren Ruhm bringen und gleichzeitig den Leser irreleiten dadurch, daß sie ihm weiß zeigen für schwarz; von jenen, die, um als Gelehrte zu gelten, unseren guten Glauben mißbrauchen und Sprachen übersetzen, von denen sie noch nicht einmal die ersten Elemente gelernt haben, wie das Hebräische und das Griechische, und die dazu noch, um sich stärker zur Geltung zu bringen, sich an die Dichter heranwagen, eine Art von

Autoren, denen ich mich gewiß, wenn ich übersetzen wollte
oder könnte, am wenigsten zuwenden würde: wegen der
Göttlichkeit ihrer Erfindungskraft, welche stärker ist als
die der anderen; wegen der Großartigkeit ihres Stils, der
Pracht ihrer Worte, des Gewichts ihrer Gedanken, der
Kühnheit und der Vielfalt ihrer Figuren und tausend anderer poetischer Erleuchtungen; kurz, wegen der lebendigen
Kraft und jenes geistigen Atems, der in ihren Schriften spürbar ist und den die Römer Genius nannten. Alle diese
Dinge können in der Übersetzung ebensowenig Ausdruck
finden, wie ein Maler die Seele wiedergeben kann mit dem
Körper dessen, den er abzuzeichnen unternimmt... O
Apollo! O Musen! welche Profanierung der heiligen Güter,
die uns das Altertum hinterlassen hat!...

Kap. VII. Wie die Römer ihre Sprache bereichert haben

Wenn die Römer (wird einer sagen) sich nicht mit dieser
Arbeit des Übersetzens abgegeben haben, wie konnten sie
dann ihre Sprache so reich, ja der griechischen sogar fast
ebenbürtig machen? Dadurch, daß sie die besten griechischen Autoren nachgeahmt, sich in sie verwandelt, sie heruntergeschlungen haben und dann, nachdem sie sie gut verdaut hatten, zu Blut und Nährstoff machten, wobei ein jeder,
nach seiner natürlichen Neigung und dem Gegenstand, den
er behandeln wollte, den besten Autor wählte; und sie suchten eifrig, all dessen erlesenste Qualitäten zu erkennen, und
pfropften sie, so wie ich schon sagte, ihrer Sprache auf. Mit
diesen Mitteln (sage ich) haben die Römer die schönen Gebäude all jener Schriften geschaffen, die wir so sehr preisen
und bewundern und von denen wir manche den griechischen
gleichsetzen, manche über sie stellen...

Kap. VIII. Wie die französische Sprache bereichert werden kann durch das Nachahmen der alten griechischen und römischen Autoren

So setze sich denn, wer seine Sprache reicher machen will, an die Nachahmung der besten griechischen und lateinischen Autoren, und auf alles, was ihr größtes Können zeigt, lenke er, als auf ein festes Ziel, die Spitze seines Griffels. Denn es besteht kein Zweifel daran, daß Kunstfertigkeit ihr Bestes der Nachahmung verdankt und, wie das lobenswerteste Verdienst der Alten in der Inventio zu sehen ist, so ist es für die, deren Sprache noch nicht vielvermögend und reich ist, das Nützlichste, sie gut nachzuahmen. Es möge jedoch, wer nachzuahmen vorhat, bedenken, daß es nicht leicht ist, den Spuren eines guten Autors zu folgen und sich gleichsam in ihn zu verwandeln, da selbst die Natur bei den Dingen, die sehr ähnlich scheinen, nicht hat vermeiden können, daß sie nicht durch irgendein Merkmal oder einen Unterschied voneinander abweichen. Ich sage das, weil es viele gibt, in welcher Sprache sie auch schreiben, die nicht in das Verborgenste und Innerste des Autors, den sie sich vorgenommen haben, eindringen, sondern sich nur dem angleichen, was sogleich sichtbar ist, und dadurch, daß sie mit der Schönheit der Wörter spielen, sich die Kraft des Gedankens entgehen lassen ...

Kap. IX. Antwort auf einige Einwände

Nachdem ich nun so knapp, wie es mir möglich war, denen den Weg gezeigt habe, die die Entfaltung unserer Sprache fördern wollen, scheint es mir gut und nützlich, jenen zu antworten, die sie für barbarisch und ungestalt halten und geschliffener und vielfältiger Ausdrucksfähigkeit, wie sie die griechische und die lateinische besitzt, ermangelnd, weil sie ja (sagen sie) keine Flexionen, keine Versfüße und Metren habe wie die beiden anderen Sprachen... Ich aber möchte behaupten, daß unsere Sprache nicht so formlos ist, wie manche sagen: so flektiert sie ja, wenn auch nicht die Nomina, Pronomina und Partizipien, doch die Verben in allen Zeiten, Modi und Personen. Und wenn sie, was die anderen Wörter anbelangt, nicht so genau geregelt, oder besser, gefesselt und geknebelt ist, so hat sie auch nicht so viele von den Regeln abweichende und anormale Formen, wie es sie, seltsamen Monstren gleich, im Griechischen und Lateinischen gibt. Was die Versfüße und Metren angeht, so werde ich im zweiten Buch sagen, womit wir sie aufwiegen. Und ich glaube durchaus nicht (wie es auch ein großer Rhetoriklehrer sagt, dort wo er von der Wortzusammensetzung spricht, die den Griechen besser gerät), daß solche Dinge auf die Natur besagter Sprachen zurückzuführen sind; aber die fremden stehen immer höher in unserer Gunst. Was hätte unsere Vorfahren daran gehindert, alle flektierbaren Wörter verschieden zu bilden, eine Silbe zu längen, eine andere zu kürzen und daraus Füße oder Hände zu machen? Und wer wird unsere Nachfolger hindern, sich solcher Dinge zu bedienen, wenn einige ebenso kenntnisreiche wie begabte Männer unserer Zeit es unternehmen wollen[7], Regeln dafür aufzustellen? wie Cicero es für das Zivilrecht verhieß: was manche für unmöglich hielten, andere nicht... Was den Klang angeht und jenen gewissen natürlichen Wohllaut, der (wie immer gesagt wird) den alten Sprachen zu eigen ist, so finde ich nicht, daß wir weniger hätten, und dies selbst dem Urteil höchst empfindlicher Ohren zufolge. Allerdings gehorchen wir dem Gebot der Natur, die uns zum Sprechen nur die Zunge gegeben hat. Wir speien nicht die Wörter aus dem Magen hervor wie die Betrunkenen; wir quetschen sie nicht durch den Kehlkopf wie die Frösche; wir zerhacken sie nicht am Gaumen wie die Vögel; wir pfeifen sie nicht mit den Lippen wie die Schlangen. Wenn der Wohlklang der Sprachen sich aus solchen Weisen des Redens ergibt, dann, so gestehe ich, ist die unsere rauh und mißtönend. Aber wir haben dazu noch das Gute, nicht den Mund auf hunderterlei Arten zu verzerren wie die Affen oder wie viele andere, die vergessen, sich Minervens zu erinnern, die, als sie einmal auf der Flöte blies, in einem Spiegel die häßliche Haltung ihrer Lippen sah und die Flöte weit weg warf, zum Unheil des übermütigen Marsyas, dem später darum die Haut abgezogen wurde ...

Kap. X. Daß die französische Sprache nicht unfähig ist, philosophischen Gedanken Ausdruck zu geben, und warum die Alten gelehrter gewesen sind als die Menschen unserer Zeit

Alles, was ich zur Verteidigung unserer Sprache und ihrer Erhebung zu Glanz und Ruhm gesagt habe, ist besonders für die bestimmt, die es sich zur Aufgabe gemacht haben, gut zu sprechen, also für die Dichter und Redner. Was die übrigen Arten des Schrifttums und jenen Kreis des Wissens angeht, den die Griechen *Enzyklopädie* nannten, so habe ich am Beginn dieses Buches einiges von dem gesagt, was ich darüber denke, nämlich daß der Fleiß sorgsamer Übersetzer hierfür sehr nützlich und notwendig ist. Und sie sollen sich von ihrem Tun nicht abhalten lassen, wenn sie auf Wörter stoßen, die von französischen Wortfamilien nicht aufgenommen werden können, und bedenken, daß auch die Römer sich nicht darum bemüht haben, alle griechischen Wörter zu übersetzen, wie z. B. *Rhetorik, Musik, Arithmetik, Geometrie, Philosophie* und fast alle Namen der Wissenschaften, der Figuren, der Pflanzen, der Krankheiten, des Erdkreises und seiner Teile und fast alle Termini, die in der Naturwissenschaft und der Mathematik benützt werden. Diese Wörter werden also in unserer Sprache wie Fremde in einer Stadt sein, denen jedoch Umschreibungen als Dolmetscher dienen werden. Und weiter möchte ich die Meinung äußern, daß der kundige Interpret mehr Deuter als Übersetzer sein und sich bemühen sollte, allen Gebieten des Wissens, mit denen er sich befaßt, den Schmuck und die Klarheit seiner Sprache zu geben, wie Cicero sich rühmt, es für die Philosophie getan zu haben, und auch nach dem Vorbild der Italiener, die diese fast vollständig in ihre Volkssprache überführt haben, besonders die platonische. Und wenn einer behauptet, daß das Gewicht der Philosophie anderer Schultern als der unserer Sprache bedarf, so habe ich zu Beginn dieser Schrift gesagt und sage es wieder, daß alle Sprachen gleich vermögend sind und von den Sterblichen für den gleichen Zweck und aus dem gleichen Wollen heraus gebildet wurden. Wie also, ohne dafür andere Sitten oder eine andere Nationalität annehmen zu müssen, der Franzose und der Deutsche, und nicht der Grieche nur und der Römer, sich dem Philosophieren hingeben können, so glaube ich, können einem jeden Menschen auch alle gelehrten Kenntnisse in angemessener Weise durch seine Sprache vermittelt werden. Und wenn die von Aristoteles und Plato auf den fruchtbaren attischen Acker ausgesäte Philosophie umgepflanzt würde in unser französisches Feld, hieße das keineswegs, sie in Gestrüpp und Dornen werfen, wo sie verdorren würde, sondern es hieße, aus der uns fernen eine uns nahe machen und aus der Fremden eine Bürgerin unseres Landes... Schriften und Sprachen haben sich nicht für die Erhaltung der Natur herausgebildet, die (göttlich wie sie ist) unsere Hilfe nicht nötig hat, sondern nur zu unserem Wohl und Nutzen, auf daß wir beisammen, getrennt, lebend und tot, das in unserem Herzen Verborgene einander kundtun und sicherer zu unserem eigenen Glück gelangen können, das uns durch Wissen zuteil wird und nicht durch den Klang von Wörtern. Und deshalb sollten diejenigen Sprachen und Schriftarten mehr verwendet werden, die leichter zu erlernen sind. Ach! wieviel besser wäre es doch, wenn es auf der Welt nur eine einzige uns natürliche Sprache gäbe, anstatt daß wir so viele Jahre darauf verwenden müssen, Wörter zu lernen, und das oft bis ins hohe Alter, so daß wir weder die Möglichkeit noch die Zeit für größere Dinge haben. Und als ich mich immer wieder fragte, woher es kommt, daß die Menschen dieser Zeit gewöhnlich weniger Kenntnisse haben auf allen Gebieten des Wissens und daß sie weniger vortrefflich sind, habe ich neben vielen anderen Erklärungen diese gefunden, die ich die wichtigste zu nennen wage: das Studium der griechischen und lateinischen Sprache. Denn wenn die Zeit, die uns das Erlernen der genannten Sprachen kostet, für das Erwerben von Wissen verwendet würde, hätte die Natur, die gewiß nicht so karg geworden ist, auch in unserer Zeit Männer wie Plato und Aristoteles geboren. So aber verbringen wir, die wir meist mehr Wert darauf legen, für gelehrt zu gelten, als es zu sein, nicht nur unsere Jugend mit diesem nichtigen Treiben, sondern kehren, so als ob wir es bedauerten, die Wiege verlassen zu haben und zu Männern geworden zu sein, wieder zur Kindheit zurück und tun im Verlauf von zwanzig oder dreißig Jahren nichts anderes, als Griechisch der eine, Lateinisch der andere und noch ein anderer Hebräisch zu lernen. Und wenn diese Jahre vergangen sind, und mit ihnen vergangen ist jene Kraft, jene Tatbereitschaft, die die Natur dem Geist des jungen Menschen gibt, dann wollen wir Philosophen sein, obwohl dann die Krankheiten, die Wirrnis der häuslichen Verhältnisse und andere Lasten, die die Zeit bringt, uns unfähig machen zum Durchdenken der Dinge... Gar wenig wäre mir bei Plato und Aristoteles an der Eleganz der Rede gelegen, wenn ihre Bücher ohne Verstand geschrieben wären. Sie sind wahrlich Söhne der Philosophie zu nennen, nicht weil sie in Griechenland geboren wurden, sondern weil sie, hohen Sinnes, gut über sie gesprochen und geschrieben haben. Die Wahrheit, die sie so ernst gesucht haben, die Gliederung und Anordnung der Gegenstände, die gedankenreiche Kürze des einen und der göttliche Überfluß des anderen gehören ihnen und keinem anderen. Aber die Natur, über die sie so gut gesprochen haben, ist Mutter

auch all der anderen und nicht zu stolz, sich denen zu
offenbaren, die mit allem Eifer suchen, ihre Geheimnisse
zu verstehen, nicht um Griechen zu werden, sondern um
Philosophen zu sein. Weil nun die Griechen und Römer, die
sich mehr als andere um das bemühten, was die Menschen
unsterblich machen kann, immer die Künste und Wissenschaften beherrscht haben, glauben wir, daß diese allein
von ihnen ausgeübt werden könnten und dürften. Aber
vielleicht kommt es dazu (und ich flehe zu Gott, dem sehr
gütigen und allmächtigen, es möge in unserer Zeit geschehen), daß ein vortrefflicher Mensch, der nicht weniger
kühn ist als begabt und kenntnisreich, der nicht nach Ruhm
trachtet und nicht der anderen Neid und Haß fürchtet, uns
von dieser falschen Meinung befreien wird, indem er unserer
Sprache die Blüte und die Frucht literarischen Schaffens
schenkt. Wenn aber anderes geschähe und unsere Liebe zu
den fremden Sprachen (welch hohen Wert diese auch haben
mögen) jenes große Glück verhinderte, dann sollte ihnen
wahrhaftig nicht Neid, sondern Haß zuteil werden, nicht
Mühe, sondern Unwillen, kurz, sie sollten nicht gelernt,
sondern verworfen werden von denen, die mehr Verlangen
haben nach lebendigem, geistigem Verständnis als nach dem
Klang toter Wörter. Dies also, was die Wissenschaften angeht. Nun wende ich mich wieder den Dichtern und Rednern zu, für die an erster Stelle das, was ich hier behandele,
bestimmt ist: nämlich auf welche Weise unserer Sprache
Schmuck und Glanz verliehen werden kann...

Zweites Buch

Kap. I. Die Absicht des Verfassers

Wiewohl der Dichter und der Redner gleichsam die beiden
Pfeiler sind, die das Gebäude einer jeden Sprache stützen,

werde ich den einen, der, wie ich weiß, von anderen errichtet worden ist, beiseite lassen und, um der Pflicht willen, die ich dem Vaterlande gegenüber habe, so gut ich kann, den zurechtschneiden, der übrig ist; dies in der Hoffnung, daß er durch mich oder eine andere, erfahrenere Hand seine Vollendung erhält. Doch will ich hier nicht so etwas wie eine bestimmte Dichtergestalt erfinden, die man weder mit den Augen noch den Ohren, noch einem anderen Sinnesorgan wahrnehmen, sondern nur mit der Einbildungskraft und dem Gedanken erfassen könnte: wie die Ideen, die Plato hinter alle Dinge stellte und auf die sich alles Sichtbare wie auf ein bestimmtes, vom Gedanken erzeugtes Urbild zurückführt. Das bedarf wahrlich eines sehr viel größeren Wissens und Könnens, als ich es besitze, und ich möchte annehmen, daß ich mich um die Meinigen sehr verdient mache, wenn ich ihnen nur mit dem Finger den Weg zeige, dem sie folgen müssen, um die Vortrefflichkeit der Alten zu erlangen, oder wenn ein anderer, durch unsere kleine Bemühung (vielleicht) angeregt, sie an der Hand hinführt. Setzen wir also an den Anfang, was wir (so scheint es mir) im ersten Buch genügend bewiesen haben, nämlich daß wir, ohne die Griechen und die Römer nachzuahmen, unserer Sprache nicht die Vortrefflichkeit und den Glanz dieser anderen, ruhmreicheren geben können. Ich weiß, daß viele mich, der ich als erster in Frankreich eine fast neue Dichtung zu bringen wagte, tadeln und andere sich unbefriedigt zeigen werden, einmal wegen der Kürze, deren ich mich befleißigt habe, aber auch deshalb, weil die Menschen verschieden sind und die einen das gut finden, was die anderen schlecht finden. Marot gefällt mir (sagt der eine), weil er leicht zu verstehen ist und nicht abweicht von der üblichen Art zu sprechen; mir Heroët (sagt ein anderer), weil alle seine Gedichte gelehrt sind, feierlich und kunstvoll gearbeitet; noch andere erfreuen sich an einem anderen. Was mich angeht, so könnte kein Urteil solcher Art mich abhalten von meinem Vorhaben, denn ich war stets der

Meinung, daß unsere französische Dichtung eine höhere und bessere Form des Ausdrucks finden könnte als die, mit der wir uns so lange zufrieden gegeben haben ...

Kap. II. Über die französischen Dichter

... Wenn mich einer fragte, was ich von unseren besten französischen Dichtern denke, dann würde ich sagen, wie jene Stoiker, die, befragt, ob Zenon, Kleanthes, Chrysippos Weise waren, antworteten, daß diese gewiß groß und verehrungswürdig gewesen seien, doch nicht das besessen hätten, was die menschliche Natur an Vortrefflichstem besitzt; ich würde antworten (sage ich), daß sie gut geschrieben, daß sie unserer Sprache Glanz gegeben haben, daß Frankreich ihnen Dank schuldet; aber ich würde auch sagen, daß unsere Sprache (wenn ein fähiger Mann sie in die Hand nehmen wollte) eine viel erlesenere Versdichtung hervorbringen könnte, die man bei den alten Griechen und Römern suchen muß, nicht aber bei den französischen Autoren; denn aus den letzteren kann man gar wenig gewinnen: nur Haut etwa und Farbe; aus jenen aber Fleisch, Knochen, Sehnen und Blut. Und dem, der schwer zu befriedigen ist und diese Gedanken nicht in Zahlung nehmen will, sage ich (um nicht den Anschein zu geben, daß ich diese Dinge ohne Grund so streng beurteile), daß in den anderen Künsten und Wissenschaften auch das Mittelmäßige einiges Lob verdienen kann: den Dichtern aber haben weder die Götter noch die Menschen, noch die Anschlagsäulen der Buchhändler das Recht zuerkannt, mittelmäßig zu sein, wie Horaz es sagt, den ich nicht oft genug nennen kann, weil er für die Dinge, die ich behandele, einen klareren Verstand und einen besseren Spürsinn zu haben scheint als andere ...

Kap. III. Daß natürliche Begabung nicht genügt, um durch ein poetisches Werk Unsterblichkeit zu erlangen

Weil es nun aber in allen Sprachen gute und schlechte Dichter gibt, will ich nicht (Leser), daß du dich wahllos und ohne Prüfung dem ersten, der dir in die Hand fällt, überläßt. Es wäre weit besser, ohne Vorbild zu schreiben, als sich einem schlechten Autor anzugleichen, wie sich denn sogar darin die Kundigsten einig sind, daß natürliche Begabung Besseres erreicht ohne Theorie als Theorie ohne natürliche Begabung. Da jedoch die Förderung unserer Sprache (die der Gegenstand meiner Schrift ist) ohne Unterweisung und ohne Gelehrsamkeit nicht möglich ist, möchte ich diejenigen, die nach diesem Ruhme streben, ermahnen, die guten Autoren der Griechen, der Römer und auch der Italiener, Spanier und anderer nachzuahmen oder gar nicht zu schreiben, es sei denn für sich selbst (wie man sagt) und für die Musen. Und hier führe man mir nun nicht einige der unseren an, die ohne oder doch nur mit geringem Wissen geschrieben und für Gedichte in unserer Sprache großen Beifall erlangt haben. Wer bereit ist, kleine Dinge zu bewundern und das herabzusetzen, was er nicht versteht, kann sie so hoch einschätzen, wie er will. Ich aber weiß, daß die Kundigen sie nur denen gleichstellen, die gut französisch sprechen und die (wie Cicero es von den alten Römern sagte) einen guten Kopf haben, aber recht wenig Kunstverstand. Und man zitiere mir auch nicht, daß die Dichter geboren werden, denn damit ist das Feuer und die geistige Lebendigkeit gemeint, die den Dichtern von der Natur gegeben wurden und sie antreiben und ohne welche alles Wissen ihnen eitel wäre und nutzlos. Es wäre wahrhaftig allzuleicht und somit verachtenswert, zu ewigem Ruhm zu gelangen, wenn die Gunst der natürlichen Begabung, die selbst den Unwissendsten zuteil wird, genügte, um ein der Unsterblichkeit würdiges Werk zu schaffen. Wer von den Händen und dem Mund der Menschen weitergetragen werden will, muß lang in seinem Zimmer bleiben, und wer in der Erinnerung der Nachwelt leben will, muß, gleichsam tot in sich selbst, immer wieder glühend Schweiß vergießen und vor Kälte zittern; und so wie unsere Hofdichter trinken, essen und schlafen, soviel sie wollen, muß er Hunger und Durst ertragen und schlaflose Nächte. Das sind die Flügel, mit denen die Schriften der Menschen zum Himmel fliegen. Doch um zum Anfang dieser Überlegungen zurückzukehren: es möge unser nachahmender Dichter zuerst die sich genau ansehen, die er nachahmen will, und das, was er nachahmen kann und soll, damit er es nicht macht wie jene, die einem großen Herren gleichen wollen und nur eine kleine unschöne Geste oder Verhaltensweise nachmachen, anstatt seine guten Eigenschaften und seine Artigkeit zum Vorbild zu nehmen. Vor allen Dingen muß er den Verstand haben, seine Kräfte zu kennen und herauszufinden, was seine Schultern tragen können: er lote geduldig seine Begabung aus und gehe daran, den nachzuahmen, dem er am nächsten zu stehen glaubt. Tut er das nicht, wird seine Nachahmung der eines Affen gleichkommen.

Kap. IV. Welche Gedichtarten der französische Dichter wählen soll

Lies also vor allen Dingen, und lies immer wieder (o zukünftiger Dichter) die griechischen und lateinischen Vorbilder, und blättere mit Nacht- und Tageshand in ihren Büchern, und laß ab von all den alten französischen Gedichten der Jeux Floraux in Toulouse und des Puy in Rouen[8], den Rondeaux, Ballades, Virelais, Chants Royaux, Chansons und anderen Spezereien solcher Art, die unserer französischen Zunge den Geschmack verderben und nichts anderes tun als Zeugnis ablegen für unsere Unwissenheit. Mache dich eifrig an die ergötzlichen Epigramme, nicht aber wie es heute ein Haufen von Schreiberlingen tut, die Neues zu bringen glauben, wenn sie in den ersten neun Versen eines Zehnzeilers nichts gesagt haben, was der Mühe wert ist, so nur der zehnte einen kleinen Scherz bringt; sondern nimm Martial zum Vorbild oder einen anderen, der sich Lob verdient hat, und mische, wenn das Ausgelassene dir nicht gefällt, das Nützliche mit dem Erfreulichen. Laß aus deiner Feder in fließender, nicht rauher Sprache jene so ergreifenden Elegien hervorquellen, wie wir sie bei Ovid, Tibull und Properz finden, und flicht hier und da eine der alten Mythen ein, die kein geringer Schmuck der Dichtung sind. Singe mir die unserer französischen Muse noch unbekannten Oden im Ton der Laute[9], die du gut abgestimmt hast auf den Klang der griechischen und römischen Lyra: und daß es keinen Vers darin gebe, in welchem nicht ein Hauch erlesener und alter Gelehrsamkeit zu spüren ist. Und was dies angeht, so liefern dir den Stoff dafür das Lob der Götter und der hervorragenden Menschen, der schicksalhafte Lauf der irdischen Dinge, der Zeitvertreib der Jugend wie Liebe, Trinkgelage und alles Festliche. Bei dieser Art von Dichtung achte vor allem darauf, daß du dich fernhältst vom Alltäglichen, daß du sie reich und glanzvoll machst durch angemessene Wörter und durch nicht müßige Epitheta, daß du sie schmückst mit hohen Gedanken und ihnen Vielfalt gibst durch alle Arten poetischer Figuren und Zierden, so daß sie nichts gemeinsam haben mit »O laß die grüne Farbe [der Hoffnung]«, »Amor mit Psyche«, »Oh, wie glücklich ist«[10] und anderen dieser Art, die ganz einfach Lieder genannt werden sollten und nicht Oden oder lyrische Verse. Was die Episteln angeht, so ist dies nicht eine Gedichtart, die unsere Volkssprache wirklich bereichern kann, weil in ihnen meist alltägliche und persönliche Dinge behandelt werden, es sei denn, du schreibst sie nach dem Vorbild Ovids als Elegien, oder ernst und gedankenreich wie Horaz. Das gleiche sage ich dir von jener Art von Satire, die die Franzosen, ich weiß nicht warum, »Coq à l'âne«[11] genannt haben: ich rate dir, dich damit wenig zu befassen, wie ich überhaupt will, daß dir bösartiges Reden unbekannt sei, es wäre denn, du wolltest nach dem Beispiel der Alten, in heroischen Versen (also in solchen von zehn und elf Silben, und nicht von acht und neun) und unter dem Namen Satire, und nicht der törichten Bezeichnung »Coq à l'âne«, maßvoll die Übel deiner Zeit verurteilen, ohne die schlechten Menschen mit Namen zu nennen. Als Vorbild hast du Horaz, der, wie Quintilian sagt, die erste Stelle einnimmt unter den Satirikern. Laß mir das schöne Sonett ertönen, diese nicht weniger kunstreiche als gefällige Erfindung der Italiener, dessen Name dasselbe bedeutet wie der der Ode; und zwischen beiden gibt es nur diesen Unterschied, daß das Sonett bestimmt geregelte und in der Zahl beschränkte Verse hat, während die Ode frei dahinlaufen kann in allen Versarten und dafür sogar neue erfunden werden können, nach Horazens Beispiel, der, wie die Grammatiker sagen, in neunzehn Versarten gesungen hat. Für das Sonett nun hast du Petrarca und einige moderne Italiener. Singe mir im Ton des Dudelsacks und der ergötzlich begleitenden Flöte jene gefälligen bukolischen Eklogen, nach dem Beispiel Theokrits und Vergils, und Fischer-Idyllen nach dem des neapolitanischen Edelmanns Sannazar. Möge es den Musen gefallen, daß wir in all den Gedichtarten, die ich genannt habe, viele solche Nachahmungen haben können, wie die Ekloge zur Geburt des Sohnes Seiner Gnaden des Dauphin, meinem Ermessen nach eines der besten kleinen Werke, die Marot jemals schrieb. Nimm auch in die französische Familie, in Nachahmung Catulls, Pontanos und des Secundus[12], jene leicht dahinfließenden und anmutigen Elfsilber auf, nicht quantitierend freilich, doch die Silbenzahl einhaltend. Was die Komödien und die Tragödien angeht, sollten die Könige und die Länder sie zu ihrer alten Würde, die die Farcen und die Moralitäten ihnen genommen haben, wiedererheben wollen, so bin ich gewiß der Meinung, daß du dich damit befassen solltest; und wenn du es so tun willst, daß es deiner Sprache zur Ehre gereicht, so weißt du, wo du die Archetypen suchen mußt.

Kap. V. Vom langen Gedicht in französischer Sprache

O du nun, den Natur in glücklichster Weise mit Gaben bedacht hat, der du unterrichtet bist in allen schönen Künsten und Wissenschaften, besonders auf den Gebieten der Dinge der Natur und der Mathematik, und vertraut mit allen Arten guter griechischer und lateinischer Autoren, nicht ohne Wissen über die Aufgaben und Pflichten des Menschen, weder von zu hohem Rang oder mit Staatsgeschäften betraut, noch auch niedrig und arm; nicht belästigt durch häusliche Angelegenheiten, sondern ruhigen und ungetrübten Geistes, was du an erster Stelle durch deine hohe Gesinnung erlangt und dir dann erhalten hast durch Umsicht und verständiges Verhalten, o du (sage ich), der du so reich bist an Gutem und Vollkommenem, wenn du dich einst deiner armen Sprache erbarmen und sie bereichern willst mit deinen Schätzen, dann, wahrhaftig, wirst du es sein, der ihr dazu verhilft, das Haupt zu erheben und sich mit kühner Stirn neben die stolzen Sprachen der Griechen und Römer zu stellen, wie es zu unserer Zeit, für seine Volkssprache, Ariost, der Italiener, getan hat, den ich gern, wenn es die Heiligkeit der alten Gedichte zuließe, mit einem Homer und Vergil vergleichen würde. Wie er also, der – zu unserer Ehre – die Namen und die Handlung seines Gedichts unserer Sprache entlehnt hat, wähle mir einen der schönen alten französischen Romane, wie den *Lancelot*, den *Tristan* oder einen anderen, und lasse daraus für die Welt eine herrliche neue *Ilias*, eine kunstvolle *Aeneis* erstehen. Und hier möchte ich kurz an die ein Wort richten, die nichts Besseres zu tun wissen, als unsere Romane auszuschmücken und auszuweiten; sie machen daraus Bücher, die gewiß in schöner flüssiger Sprache verfaßt, aber viel geeigneter sind, junge Mädchen gut zu unterhalten, als den Autoren Gelegenheit zu geben, kunstvoll zu schreiben. Ich möchte (sage ich) sie ermahnen, diese große Redefertigkeit dafür zu verwenden, die Fragmente alter französischer Chroniken zu sammeln und, wie Titus Livius es mit den Annalen und anderen alten römischen Chroniken getan hat, daraus das vollständige Gebäude eines schönen Geschichtswerks zu errichten und am rechten Orte die schönen Wechselreden und Ansprachen hineinzubringen, in Nachahmung dessen, den ich soeben nannte, und des Thukydides, Sallusts und anderer geschätzter Schriftsteller, denen sie sich in ihrer Art zu schreiben nahe fühlen. Ein solches Werk würde gewiß ihnen unsterblichen Ruhm, Frankreich Ehre und unserer Sprache Glanz und Ansehen bringen ...

Kap. VI. Über die Schaffung neuer Wörter und einige andere Dinge, die der französische Dichter bedenken muß

Auf daß aber der Sturm des Eifers meinen Nachen nicht zu weit hinaus aufs Meer treibe und ich Gefahr laufe, Schiffbruch zu erleiden, kehre ich auf meinen Weg zurück, den ich verlassen hatte, und ermahne den, der vorhat, ein großes Werk zu schaffen, nicht davor zurückzuscheuen, Wörter zu erfinden, zu übernehmen und, nach dem Beispiel der Griechen, durch Zusammensetzung neu zu bilden, wie Cicero sich rühmt, es in seiner Sprache getan zu haben ... Niemand, wenn er nicht wirklich ganz unwissend oder allen Verstandes bar ist, zweifelt daran, daß zuerst die Dinge dagewesen und dann erst die Wörter gefunden worden sind, um sie zu bezeichnen, und daß es also notwendig ist, neuen Dingen neue Wörter zuzuweisen, besonders in den Künsten, deren Ausübung noch nicht verbreitet und alltäglich ist, und dieses kann oft unserem Dichter geschehen, der viele Dinge wird entlehnen müssen, die in unserer

Sprache noch nicht behandelt worden sind. Die Arbeiter (von den freien Wissenschaften will ich hier nicht sprechen), sogar die Ackerbauern und alle Arten von Leuten, die Werkzeuge benützen, könnten ihre Berufe nicht ausüben, wenn sie nicht ihnen gebräuchliche und uns unbekannte Wörter verwendeten. Ich glaube wohl, daß Anwälte und Verteidiger die ihrem Beruf zugehörigen Ausdrücke benützen, ohne neue zu bilden, aber einem kenntnisreichen Manne, der seine Sprache bereichern will, die Freiheit zu nehmen, hier und da sich nicht alltägliche Wörter anzueignen, hieße, unserer noch nicht genügend reichen Sprache ein Gesetz auferlegen, das viel härter ist als das, das sich die Griechen und Römer gegeben hatten. Diese nämlich, obwohl sie unvergleichlich besser ausgestattet und reicher waren als wir, haben den gelehrten Männern erlaubt, oft nicht allgemein gebräuchliche Wörter für nicht allgemein gebräuchliche Dinge zu verwenden. So fürchte also nicht, zukünftiger Dichter, besonders in einem langen Dichtwerk, einige neue Bezeichnungen zu bringen, mit Maß freilich, und in Analogie gebildete und vom Ohr geprüfte, und frage dich nicht, wer das gut oder schlecht finden mag, sondern hoffe auf den Beifall der Nachwelt, da sie es ist, die den ungewissen Dingen Wert, den dunklen Licht, den alten Neuheit, Vertrautheit den ungewohnten gibt und Lieblichkeit den harten und rauhen. Unter anderem möge unser Dichter sich davor hüten, lateinische oder griechische Eigennamen zu benützen, was ebenso unsinnig ist, wie wenn du ein Stück grünen Samtes auf ein Kleid aus rotem Samt aufsetzen wolltest. Und wäre es nicht spaßig, in einer lateinischen Schrift einen menschlichen oder sonstigen Eigennamen in französischer Form zu verwenden wie »Jean currit«, »Loire fluit« und solches mehr? Gleiche also solche Namen, aus welcher Sprache es auch sei, dem Gebrauch deiner Volkssprache an ... und sage *Hercule*, *Thésée* [Theseus], *Achille*, *Ulysse* [Odysseus], *Virgile*, *Cicéron*, *Horace*. Du mußt jedoch hierbei Verstand und Unterscheidungsvermögen zeigen, denn es gibt viele solcher Namen, die nicht dem Französischen einverleibt werden können: so einige einsilbige wie *Mars*, zweisilbige wie *Venus* und einige Vielsilber wie *Jupiter*, es sei denn, du wolltest *Jove* sagen, und unzählige andere, für die ich dir hier keine feste Regel geben kann, weshalb ich dich ganz auf das Urteil deines Ohrs verweise. Was das übrige angeht, so verwende gut französische Wörter, weder aber gar zu alltägliche noch zu ungebräuchliche, wenn du nicht nach dem Beispiel Vergils, der das Wort *olli* für *illi* und *aulai* für *aulae* und andere solcher Art benützt hat, dir hier und da einige alte Wörter aneignen und, einem kostbaren und seltenen Edelsteine gleich, deinem Gedicht einfügen willst. Um dies tun zu können, mußt du alle die alten französischen Romane und Dichter durchsuchen, wo du das Wort *ajourner* findest für *faire jour* [es wird Tag] (das sich die Juristen genommen haben); *anuiter* für *faire nuit* [es wird Nacht], ... *isnel* [schnell, behende] für *léger* und tausend andere schöne Wörter, die wir durch unsere Nachlässigkeit verloren haben. Wisse, daß der maßvolle Gebrauch solcher Ausdrücke dem Vers sowohl wie der Prosa große Würde gibt, so wie Reliquien von Heiligen eine solche den Kreuzen, und andere geweihte Juwelen den Tempeln verleihen.

Kap. VII. Vom Reim und von reimlosen Versen

Was den Reim angeht, so bin ich der Meinung, daß er reich sein muß, denn er ist für uns das, was für die Griechen und Römer die Quantität ist. Und wenn wir nicht die Gewohnheit haben, Versfüße zu bilden, so haben wir für jede Art von Gedicht Verse mit einer bestimmten Anzahl von Silben; und der von diesen wie von Kettengliedern verbundene und gefesselte Vers muß sich in das enge, vom Reim begrenzte Gefängnis begeben, und dies meist unter der Aufsicht einer weiblichen Zäsur, diesem lästigen und harten

Kerkermeister[13], der den anderen Volkssprachen unbekannt ist. Wenn ich sage, daß der Reim reich sein müsse, meine ich nicht, daß er gekünstelt sein soll wie bei gewissen Leuten, welche glauben, ein Meisterwerk in französischer Sprache geschaffen zu haben, wenn sie *imminent* auf *éminent*, *miséricordieusement* auf *mélodieusement* reimen und ähnliches aus dem gleichen Teig, obwohl darin weder Sinn noch Zweck zu erkennen ist. Der Reim unseres Dichters dagegen sei frei, nicht erzwungen, eingegeben, nicht herbeigerufen, sei eigener, nicht fremder Art, natürlich gewachsen, nicht aufgepfropft. Kurz, er soll solcher Art sein, daß der in ihn herabfallende Vers das Ohr nicht weniger befriedigt als eine harmonische Melodie, die mit einem guten und vollkommenen Akkord endet. Auch die äquivoken Reime und diejenigen, die aus einfachen Wortformen mit deren Zusammensetzungen gebildet sind, wie *beugen* und *verbeugen*, sollen ganz weit weggejagt werden, wenn darin der Wortstamm nicht eine stark veränderte oder erweiterte Bedeutung bekommt. Wer dagegen seinen Reim nicht den von mir genannten Regeln unterwerfen will, sollte besser gar nicht reimen, sondern Blankverse schreiben, wie Petrarca es in einigen Gedichten getan hat und zu unserer Zeit Herr Luigi Alamanni in seinem nicht weniger kunstreichen als ergötzlichen Werk über den Ackerbau. Aber wie die Maler und Bildhauer sich sehr viel mehr Mühe geben, nackte Körper schön und wohl ausgewogen darzustellen als andere, so müssen solche reimlosen Verse viel Fleisch und Sehnen haben, um das Fehlen des Reims auszugleichen. Es ist mir nicht unbekannt, daß einige die Reime in zwei Arten einteilen: in solche, die in ihrem Klang, und solche, die in ihrer Schreibweise übereinstimmen. Der Grund hierfür sind die Diphthonge *ai*, *ei*, *oi* und die bestehende Scheu, *maître* und *prestre*; *fontaines* und *Athènes*; *connoitre* [konoätr gesprochen] und *naître* zu reimen. Aber ich rate unserem Dichter, nicht zu ängstlich auf diese kleinen Dinge zu achten. Es soll ihm genügen, daß die beiden letzten Silben übereinstimmen, was meist der Fall sein würde, sowohl was den Klang als die Schreibweise angeht, wenn die französische Orthographie nicht von den Juristen verdorben worden wäre. Und da Louis Meigret ebenso ausführlich wie kenntnisreich diese Frage behandelt hat, verweise ich dich, Leser, auf sein Buch und schließe diese Überlegungen ab, nicht aber ohne dich noch schnell davor gewarnt zu haben, Wörter, die zweifellos lang sind, mit ebenso zweifellos kurzen zu reimen, wie *passe* und *trace; maître* und *mettre; chevelure* und *hure* ...

Kap. IX. Von einigen Möglichkeiten, sich im Französischen auszudrücken

Ich habe mit wenigen Worten dargelegt, was (soviel ich weiß) von unseren französischen Poetik-Verfassern noch nicht berührt worden war. Was die weibliche Zäsur, den Apostroph, die Akzente, das männliche é und das weibliche -e und andere solche allgemein zu beachtende Dinge angeht, so soll sich unser Dichter darüber bei denen unterrichten, die über sie geschrieben haben ...
Wie von den römischen Autoren die am meisten geschätzt werden, die sich in ihren Nachahmungen den Griechen am stärksten genähert haben, so wünsche ich auch, daß du dich darum bemühst, die lateinische Satzbildung und Redeweise dem Original so ähnlich, wie es dir möglich ist, wiederzugeben, unter Beachtung dessen, was die Eigenart der einen und der anderen Sprache zuläßt. Das gleiche sage ich dir für das Griechische, dessen Art zu sprechen unserer Volkssprache sehr nahekommt, was man schon an den Artikeln erkennen kann, die dem Lateinischen unbekannt sind. Benütze also ohne Scheu den Infinitiv als Substantiv, wie *das Gehen, das Singen, ... das Sterben.* Substantivierte Adjektive wie *das Flüssige des Wassers, das Leere des Luftraums, das Frische der Schatten, das Dichte*[14] *der Wälder, das*

Dumpfe der Pauken jedoch nur, wenn dadurch dem Gesagten Schönheit oder Kraft hinzugefügt wird, nicht also *das Heiße des Feuers, das Kalte des Eises, das Harte des Stahls* und ähnliches; Verben und Partizipien, die von Natur keine Infinitive nach sich haben, mit Infinitiven wie *tremblant de mourir* [bebend, sterben zu müssen], *volant d'y aller* [fliegend, hinzugehen] an der Stelle von *craignant de mourir* [fürchtend –] und *se hâtant d'y aller* [sich beeilend –]; Adjektive als Adverbien wie *ils combattent obstinés* [sie kämpfen »als Hartnäckige«] anstatt *obstinément*; *il vole léger* [er fliegt »als ein Leichter«] anstatt *légèrement*, und tausend andere Ausdrucksweisen, die du besser durch häufiges und sorgsames Lesen herausfinden kannst, als ich sie dir sagen könnte. Unter anderem rate ich dir auch, oft die Figur der Antonomasie zu benützen, die ebenso häufig bei den alten Dichtern wie selten – falls überhaupt – bei den Franzosen zu finden ist. Ihre gefällige Wirkung ergibt sich daraus, daß man ein Ding durch Nennung einer seiner Eigentümlichkeiten bezeichnet, wie *der blitzschleudernde Vater* für *Jupiter*; *die jungfräuliche Jägerin* für *Diana*. Von dieser Figur gibt es vielerlei Arten, die du bei den Rhetorik-Lehrern finden kannst, und sie erweist sich als besonders schön in Beschreibungen, wie z. B.: *Von jenen her, die als erste Aurora erröten sehen, bis dorthin, wo in ihren Wogen Thetis den Sohn des Hyperion bei sich aufnimmt*, für *vom Orient bis zum Okzident*. Du hast viele andere Beispiele bei den Griechen und den Römern, besonders bei Vergil, etwa dort, wo er mit göttlicher Kühnheit den gefrorenen Fluß, die zwölf Zeichen des Tierkreises, Iris, die zwölf Arbeiten des Herkules und anderes schildert. Was die Epitheta angeht, die bei unseren französischen Dichtern meist farblos oder müßig oder schlecht gewählt sind, so sollst du sie so verwenden, daß das, was du sagst, ohne sie viel geringer wäre, wie *die verzehrende Flamme, der nagende Kummer, die marternde Sorge*, und achte sehr darauf, daß sie nicht nur zu ihren Substantiven passen, sondern auch dem, was du beschreibst, angemessen sind, so daß du nicht sagst *die wogende Flut*, wenn du sie *ungestüm* zeigen willst, oder *die lodernde Flamme*, wenn du sie als eine *dahinsterbende* beschreiben willst. Unter den Römern hast du Horaz, ein Meister hierin wie in allen Dingen. Hüte dich auch vor einem sehr verbreiteten Fehler, ja dem vornehmlichsten, der in unserer Sprache gemacht wird: der Weglassung der Artikel. Beispiele für diesen Fehler findest du in ungezählten Versen all jener kleinen französischen Gedichte. Ich vergaß beinahe einen anderen, häufig vorkommenden und sehr häßlichen Fehler: den, im heroischen Vers den Satz durch die Zäsur zu gewaltsam zu zerschneiden, wie hier: *Si non que tu / en montres un plus sûr*.[15] Dies ist, was ich dir kurz von den Dingen sagen wollte, die du beachten mußt, sowohl was den Vers angeht wie auch verschiedene Möglichkeiten des Ausdrucks, deren sich die Franzosen wenig oder noch gar nicht bedienen. Manche sind ängstlich darauf bedacht, männliche mit weiblichen Versen im Wechsel zu verbinden, wie man es in den Psalmen sieht, die Marot übersetzt hat. Er hat dieses so eingerichtet (glaube ich), damit man sie leichter singen kann, ohne die Melodie wegen der rhythmischen Verschiedenheit der Versendungen ändern zu müssen. Ich finde diese Bestrebung sehr gut, aber nur, wenn du keine Religion daraus machst und so weit gehst, deinem Gedanken Zwang aufzuerlegen um solcher Dinge willen. An erster Stelle achte darauf, daß es in deinem Vers nichts Hartes, Mißtönendes oder Überflüssiges gibt; daß die Perioden sich gut aneinanderfügen, Rhythmus haben und das Ohr angenehm füllen und daß sie so beschaffen sind, daß sie ihr Ziel und Ende, die uns beim Hören oder Lesen ganz von selbst spürbar werden, nicht überschreiten.

Kap. X. Über das rechte Sprechen von Versen

Es scheint mir hier nicht unangebracht, ein Wort über das Rezitieren zu sagen, das die Griechen *Hypókrisis* nennen, damit – wenn du Anlaß hast, deine Verse vorzutragen – du sie klar, nicht verworren, kraftvoll, nicht weibisch sprichst; mit einer Stimme, die sich allen Empfindungen angleicht, welche du in deinen Versen ausdrücken willst. Und wie es, sogar der Meinung des Demosthenes zufolge, gewiß ist, daß die jeweils dem behandelten Gegenstand angepaßte Deklamation und Gestik für den Orator das Wichtigste sind, so ist es keine geringe Sache, die eigenen Verse gut vorzutragen, weil ja die poetische Form (wie Cicero sagt) erfunden worden ist dank der vom Verstand gemachten Wahrnehmung des Maßes, welches gesetzt worden ist vom Ohr, dessen Urteil so streng ist, daß es alles verwirft, was hart ist und uneben, nicht nur in der Verbindung und Form der Wörter, sondern auch in der Führung der Stimme. Vergil habe, so wird berichtet, diese Kunst des Vortragens in hohem Maße besessen; ein Dichter seiner Zeit sagte, daß Vergils Verse, von diesem selbst gesprochen, volltönend und gewichtig klangen, im Munde anderer aber kraftlos und weibisch[16].

Kap. XI. Bemerkungen über verschiedene Dinge, die außerhalb der eigentlichen Kunstlehre liegen; und eine Invektive gegen schlechte französische Dichter

Ich werde mich bei dem hier Folgenden nicht lange aufhalten, denn ein Dichter, der so ist, wie ich ihn mir wünsche, wird es, dank seinem guten Urteilsvermögen, gut verstehen, ohne daß man ihm Regeln liefern müßte. So will ich ihm für die Zeit und den Ort, die er zum Meditieren wählen soll, nichts anderes vorschreiben als das, wozu ihn Neigung und natürliche Anlage auffordern. Die einen lieben die kühlen Schatten der Wälder, die klaren Bächlein, welche in den von frischem Grün geschmückten und umgebenen Auen lieblich murmeln. Andere sind glücklich in der Abgeschlossenheit des Hauses und des Studierzimmers. Man muß sich dabei nach der Jahreszeit und dem Orte richten. Wohl möchte ich dir raten, Einsamkeit und Stille aufzusuchen, diese Freunde der Musen; und (auf daß du die göttliche Raserei, die so manches Mal den Geist des Dichters in Erregung und Glut versetzt und ohne welche niemand hoffen darf, Bleibendes zu schaffen, nicht ungenützt vorbeigehen lassest) wisse, daß sie niemals ihr verborgenes heiliges Kämmerlein jemandem öffnen, es sei denn, er klopfe hart an ihre Tür. Ich will nicht vergessen, die Korrektur zu nennen, den gewiß nützlichsten Teil unserer Mühen. Ihre Aufgabe ist es, hinzuzufügen, wegzustreichen oder in Ruhe manches abzuändern, was während des ersten Ungestüms und der Hitze des Schreibens nicht zu tun möglich war. So müssen wir, damit unsere Schriften, als neugeborene Kinder, uns nicht eitel machen können, diese beiseite legen, sie oft wiederaufnehmen und ihnen, wie es die Bären mit der leckenden Zunge tun, Form und Glieder geben; und wir dürfen nicht jene lästigen Versemacher, von den Griechen *mousopátagoi* genannt, nachahmen, die mit ihren Gedichten die Ohren ihrer unseligen Zuhörer unaufhörlich ermüden. Doch darf man auch nicht überängstlich sein oder (wie es den Elefanten mit ihren Jungen geht) zehn Jahre brauchen, um ein Gedicht auf die Welt zu bringen. Vor allen Dingen müssen wir einen kenntnisreichen und treuen Gefährten oder einen sehr vertrauten Freund oder sogar drei oder vier haben, die unsere Fehler sehen wollen und können und nicht fürchten, unser Papier mit dem ritzenden Fingernagel zu verunstalten. Weiter will ich dich ermahnen, nicht nur immer wieder mit Gelehrten umzugehen, sondern auch mit allen Arten von Arbeitern und Handwerkern: mit Seeleuten, Gießern, Malern, Graveuren und anderen, und dich zu unterrichten über ihre Erfindungen, über die Namen der Materialien, der Werkzeuge, und über die in ihren mechanischen Künsten verwendeten Bezeichnungen, um daraus schöne Vergleiche zu schöpfen und lebendige Schilderungen aller Dinge. Glaubt ihr nicht, ihr Herren, die ihr unserer Sprache so feindlich gesinnt seid, daß unser derart ausgerüsteter Dichter ins Feld ziehen kann und sich wird behaupten können in den Reihen, neben den tapferen griechischen und römischen Bataillonen? Und ihr anderen, die ihr so schlecht ausgestattet seid und deren Unwissenheit unsere Sprache das lächerliche Wort *rimeurs* verdankt (wie die Römer ihre schlechten Dichter *versificatores* nennen), würdet ihr es wohl wagen, euch der Sonne, dem Staub und der gefahrvollen Anstrengung dieses Kampfes auszusetzen? Ich glaube, ihr solltet lieber mit den Pagen und Lakaien Zuflucht suchen beim Troß oder (denn ich habe Mitleid mit euch) in den schattigen Lauben, den prächtigen Palästen der großen Herren und an den prunkvollen Höfen der Fürsten, bei den Damen und Edelfräulein, wo eure schönen und zierlichen Gedichte, die euer Leben nicht überdauern werden, gute Aufnahme, Bewunderung und Anbetung erfahren werden: dagegen freilich nicht in den Studierzimmern und reichen Bibliotheken der Gelehrten. Wenn doch zur Ehre der Musen, auf daß unsere Sprache, wie ich es ihr wünsche, gedeihen kann, eure nichtigen Werke nicht nur von dort verbannt würden (wie es der Fall ist), sondern aus ganz Frankreich... Die Ärzte [sagt Horaz] verwalten das, was Sache der medizinischen Kunst ist; die Schmiede befassen sich mit dem, was Sache der Schmiede ist; wir aber, Unkundige ebenso wie Kundige, schreiben ganz einfach Gedichte. Das ist der Grund dafür, daß man sich nicht zu wundern braucht, wenn viele kenntnisreiche Männer es heute ablehnen, in unserer Sprache zu schreiben, und die Fremden sie nicht so hoch schätzen wie wir die ihren: weil sie unter

den neuen, französisch schreibenden Autoren so viele
Nichtwisser finden, müssen sie glauben, daß unsere Sprache
nicht fähig sei, etwas von größerer Schönheit und Geschliffenheit hervorzubringen ... Was bleibt mir zu sagen?
Ich flehe zu Phöbus Apollo, daß unsere französische Erde,
nachdem sie so lange unfruchtbar gewesen ist, von ihm befruchtet, bald einen Dichter gebären werde, der mit wohltönendem Lautenklang jene dumpfen Dudelsäcke zum
Schweigen bringen wird wie Frösche, in deren Sumpf man
einen Stein wirft. Und wenn desungeachtet ihr hitziges
Schreibfieber sie weiter quälen sollte, rate ich ihnen, entweder Medizin in Antikyra[17] schlucken zu gehen, oder, besser, sich wieder auf die Schulbank zu setzen, nach Catos
Beispiel, der im vorgeschrittenen Alter noch Griechisch
lernte ... Zum Schluß noch dies: wisse, Leser, daß der
Dichter, den ich suche, in Wahrheit derjenige sein wird, der
es vermag, mich zornig zu machen, mich zu besänftigen, zu
ergötzen, in mir Schmerz, Liebe, Haß, Bewunderung, Staunen zu erwecken, kurz: der meine Gefühle am Zügel hat
und mich hier- und dorthin lenkt nach seinem Belieben.
Das ist der wahre Prüfstein, an dem du alle Gedichte, und
zwar aller Sprachen, erproben mußt. Ich weiß jetzt schon,
daß sich viele finden werden – solche nämlich, die nichts
gut finden mit Ausnahme dessen, was sie verstehen und
nachahmen zu können glauben –, die unseren Dichter nicht
schätzen werden; die sagen werden, daß es keinerlei Freude
und noch weniger Nutzen bringe, solche Schriften zu lesen;
daß das nur poetische Lügen seien; daß Marot nicht so geschrieben habe. Diesen, da sie von der Poesie nur den Namen kennen, bin ich nicht bereit zu antworten und mich
dadurch zu rechtfertigen, daß ich ihnen eine große Zahl
hervorragender poetischer Werke in griechischer, lateinischer und italienischer Sprache nenne, die der von ihnen so
gelobten Art zu schreiben ebenso fern sind wie sie selbst
von allem gründlichen Wissen. Aber den, der nach einem

nicht alltäglichen Ruhm strebt, will ich ermahnen, sich fernzuhalten von den törichten Lobrednern; das unwissende Volk, das allem erlesenen und altehrwürdigen Wissen feind ist, zu fliehen; sich mit wenigen Lesern zu begnügen, wie jener, der als einzigen Zuhörer Plato begehrte, und wie Horaz, der sich wünscht, daß seine Werke nur von drei oder vier Menschen, darunter Augustus, gelesen werden. Du hast nun, Leser, mein Bild von unserem französischen Dichter, dem du dich angleichst, wenn du es gut findest; oder du hältst dich an das deine, wenn du ein anderes hast. Denn ich weiß wohl, wie verschieden die Meinungen der Menschen sind, in allen Dingen, doch besonders, was die Dichtung angeht, welche der Malkunst vergleichbar und nicht weniger als diese dem Urteil der Unkundigen ausgesetzt ist. Mein wichtigstes Ziel ist die Verteidigung unserer Sprache und deren Ausschmückung und Bereicherung, und wenn es mir nicht gelungen ist, die Mühe derer, die mit Fleiß nach diesem Ruhme streben, um vieles leichter zu machen, oder wenn ich ihnen gar nicht geholfen habe, so würde ich wenigstens glauben, schon viel getan zu haben, wenn ich ihren guten Willen geweckt habe.

Kap. XII. Daß die Franzosen in ihrer Sprache schreiben sollen. Und Lobpreisung Frankreichs

... Es gibt (vielleicht) den einen oder anderen, den die von mir genannten Gründe nun schon überzeugt haben und der sich gern seiner Volkssprache zuwenden würde, wenn es dafür in unserem Lande schon ein paar Beispiele gäbe. Ich aber sage, daß er gerade deshalb schnell darangehen soll, um als erster das zu tun, was andere vernachlässigt haben. Die weiten griechischen und lateinischen Gefilde sind schon so dicht besetzt, daß wenig leerer Raum bleibt. Viele haben bereits in behendem Lauf das so sehr begehrte Ziel erreicht.

Lang ist es her, daß der Preis errungen wurde. Aber, o großer Gott, wie viel Meeresweite liegt noch vor uns, bis wir im Hafen angekommen sind! wie fern ist noch das Ende unseres Laufs! Doch will ich dich wissen lassen, daß nicht alle kenntnisreichen Männer Frankreichs ihre Volkssprache verachtet haben. Er, der Aristophanes wieder auferstehen ließ und so scharfsinnig Lukians Witz nachgeahmt hat[18], bekundet es aufs beste. Ginge es nach mir, dann würden viele, in verschiedenen Arten des Schreibens, dasselbe tun, nicht aber ihre Zeit damit verschwenden, dem, von dem ich spreche, die Rinde zu stehlen, um damit das ganz verfaulte Holz von irgendwelchen Possen zu verkleiden, die so abgeschmackt sind, daß sie genügen würden, Demokrit das Lachen vergehen zu lassen. Und ich scheue mich nicht, auch noch für all die anderen diese beiden Leuchten Frankreichs zu nennen: Guillaume Budé und Lazare de Baïf. Der erste hat einen nicht weniger umfangreichen wie gelehrten *Fürstenspiegel* geschrieben, dessen Wert allein schon durch den Namen seines Verfassers gesichert ist; der andere hat nicht nur die *Elektra* des Sophokles fast Vers für Vers übersetzt, was eine gar mühsame Arbeit ist, wie die wissen, die Ähnliches versucht haben, sondern er hat außerdem unserer Sprache die Wörter *Epigramm* und *Elegie* geschenkt und die schöne Zusammensetzung *bittersüß*, was ich hier sage, damit die Ehre dafür nicht einem anderen zugeschrieben werde ... Es scheint mir (Leser, Freund der französischen Musen), daß du, nach denen kommend, die ich genannt habe, dich nicht zu schämen brauchst, wenn du in deiner Sprache schreibst. Jedoch mußt du, wenn du ein Freund Frankreichs und auch der deine bist, dich dem ganz und gar hingeben, im hochherzigen Glauben, daß es besser ist, ein Achilles zu sein unter den Seinen, als ein Diomedes unter Fremden oder oft gar ein Thersites.

Schlußwort zum ganzen Werk

Nun sind wir, dank der Gnade Gottes, durch viele Gefahren und ferne Gewässer in des Hafens Geborgenheit heimgekehrt. Wir haben uns aus der Mitte der Griechen herausgerettet und sind, durch die römischen Schwadronen hindurch, eingedrungen in das innerste Herz des von uns so sehr ersehnten Frankreich. Auf, auf nun, Franzosen! marschiert tapfer nach Rom, dieser stolzen Stadt, und mit allem, was ihr der Unterjochten rauben werdet (wie ihr solches mehr als einmal getan habt), schmückt eure Tempel und Altäre. Habt keine Furcht mehr vor den kreischenden Gänsen, vor dem grausamen Manlius und dem Verräter Camillus, der, in der Maske der Aufrichtigkeit, sich euch näherte und euch überwältigte, als ihr, ganz nackt, das Lösegeld des Capitols zähltet. Dringt ein in Griechenland, ins lügnerische, und säet dort ein zweites Mal die ruhmvolle Nation der Gallogriechen aus. Plündert mir, ohne zu zaudern, die heiligen Schätze des delphischen Tempels, so wie ihr es einst getan habt, und fürchtet nicht mehr den verstummten Apoll, seine falschen Orakel noch seine stumpf gewordenen Pfeile. Gedenkt eurer alten Stadt Marseille, dieses zweiten Athens, und des gallischen Herkules [eures (legendären) Ahnen], der die Völker an ihren Ohren hinter sich herzog, mit einer Kette, die an seiner Zunge befestigt war.

Pierre de Ronsard (1524–85)

Abrégé de l'Art Poétique François (1565)
À Alphonse Delbène, Abbé de Hautecombe
en Savoie

Kleine französische Poetik
An Alphonse Delbène, Pfarrer zu Hautecombe
in Savoyen

> Scribendi recte sapere est et principium et fons
> [Horaz]

Obwohl die Dichtkunst sich mit der Hilfe von Vorschriften weder begreifen noch lehren läßt, da sie in stärkerem Maße ein Erzeugnis des Geistes als das überlieferter Kenntnis ist, will ich dir doch, soweit menschliches Können, Erfahrung und Arbeit es mir möglich machen, einige Regeln geben, damit du eines Tages zu den Ersten gehören kannst in der Beherrschung eines so wohlgefälligen Handwerks, meinem Beispiel folgend, denn ich darf mich hierin als leidlich unterrichtet bezeichnen.

Vor allem sollst du dich den Musen mit Ehrfurcht nahen, ja mit einzigartiger Verehrung, und sie niemals gemeinen Dingen, Spott oder Verleumdungen dienen lassen, sondern sie lieben und heilig halten als Töchter Jupiters, das ist Gottes, der in seiner Gnade den unwissenden Völkern zuerst durch sie Kunde bringen ließ von der Herrlichkeit seiner Majestät. Denn die Dichtung war in der ältesten Zeit nichts anderes als eine allegorische Theologie, die mit gefälligen und bunten Fabeln in das Gehirn der dumpfen Menschen die Geheimnisse eindringen ließ, die, hätte man die Wahrheit zu offen enthüllt, sie nicht verstehen konnten ... Da nun die Musen nur in einer Seele wohnen wollen, die gut, lauter und tugendhaft ist, sollst du gutartig sein, nicht boshaft, verschlossen und trübsinnig; du wirst,

von edlem Geiste erfüllt, nichts in dich eingehen lassen, als was über-menschlich und göttlich ist. Deine Gedanken seien vor allem auf Hohes, Großes, Schönes gerichtet und dürfen nicht am Boden dahinkriechen; denn das Wichtigste ist das Finden der Gedanken [inventio], das sich ebenso aus der guten Naturanlage ergibt wie aus den Lehren der guten und alten Autoren. Wenn du ein großes Werk zu schreiben unternimmst, sei fromm und gottesfürchtig und beginne es mit dem Namen Gottes oder dem eines anderen, der von dem Wirken seiner Allmacht zeugt... Auch wirst du eifrig die guten Dichter lesen und sie, soviel du kannst, auswendig lernen. Du wirst fleißig an der Verbesserung und Ausfeilung deiner Verse arbeiten und nicht schonender mit ihnen umgehen, als es ein guter Gärtner mit seinem Pfröpfling tut, wenn er sieht, daß er ganz wertlose oder wenig nutzbringende Zweige hat...
Da du schon der griechischen und der lateinischen Sprache kundig bist und dich nur noch der französischen anzunehmen hast, an der dir um so mehr gelegen sein muß, als sie deine Muttersprache ist, will ich dir in wenigen Worten sagen, was mir dafür am dienlichsten scheint, und ich werde, um dir die Irrwege durch weite und beschwerliche Forste zu ersparen, dir den ganz geraden Pfad weisen, den ich als den kürzesten erkannt habe, damit du leicht die einholen kannst, die sich als erste auf den Weg gemacht haben und dir darum ein wenig zuvorgekommen sein mögen. Während die lateinischen Verse, wie du weißt, ihre Füße haben, haben wir in unserer französischen Dichtung, mit welcher ich mich hier befassen will, für die Art der Gedichte, die wir verfassen wollen, ein jeweils bestimmtes Maß an Silben, welches der Dichter einhalten muß, um nicht gegen unsere Versgesetze zu verstoßen... Mache, nach meinem Vorbild, deine Verse männlich und weiblich, soweit es dir möglich ist, damit sie so der Melodie und der Begleitung durch Instrumente angemessener sind, wofür, so scheint es mir, die Dichtung entstanden ist, denn Dichtung

ohne Instrumente oder ohne den Wohllaut einer oder mehrerer Stimmen kann nicht erfreuen, ebensowenig wie die Instrumente, wenn sie nicht belebt werden durch den melodischen Gesang einer angenehmen Stimme. Wenn deine ersten zwei Verse männlich sein sollten, mußt du die beiden folgenden weiblich machen und in dieser Weise deine Elegie oder dein Lied durchführen, damit die Musiker sie leichter begleiten können.

Du sollst nicht die Wörter unserer alten Romane verwerfen, sondern unter ihnen eine wohlbedachte und umsichtige Wahl treffen. Gehe um mit Männern aller Berufe, der Seefahrt, der Jagd, der Falknerei und besonders mit solchen, die für die Herstellung ihrer Erzeugnisse Öfen verwenden: den Goldschmieden, Schmelzern, Schmieden, Erzgießern, und bediene dich all dessen für viele schöne und lebendige Vergleiche, mit der rechten Bezeichnung ihrer Werkzeuge, um dein Werk reicher und wohlgefälliger zu machen ...

Übe dich darin, die treffendsten Wörter der Dialekte unseres französischen Landes ausfindig zu machen, und nimm sie in dein Werk auf, wenn die deiner Region nicht angemessen und ausdrucksvoll genug sind, und es soll dich nicht kümmern, ob sie aus der Gascogne, dem Poitou, der Normandie, dem Maine, aus Lyon oder anderen Landschaften stammen, wenn sie nur gut sind und das recht ausdrücken, was du sagen willst, und halte dich nicht zu sehr an die Redeweise des Hofes, die oft gar nichts taugt, da sie die Sprache der Edelfräulein ist und die der jungen Herren, die mehr Wert darauf legen, gut zu kämpfen als gut zu sprechen. Und bedenke, daß das Griechische niemals eine solche Sprachgewalt und Überfülle an Dialekten und Wörtern erworben hätte, wenn es nicht so viele Republiken gegeben hätte, die zu jener Zeit in Blüte standen und die, in ihrer Liebe zu ihrem Eigentum, wünschten, daß ihre gelehrten Landsleute in der besonderen Sprache ihrer Nation schrieben. So ist eine große Zahl von Mundarten, Formeln und Redeweisen entstanden, die noch heute das Kennzei-

chen ihres Herkunftlandes auf der Stirn tragen und die
von den gelehrten Leuten, die zu jener Zeit schrieben, alle
für gleich gut gehalten wurden; denn ein Land kann niemals in allem so vollkommen sein, daß es nicht hier und da
irgend etwas von seinem Nachbarn entleihen könnte, und
ich zweifle nicht daran, daß, wenn es in Frankreich noch
Herzöge von Burgund, der Pikardie, der Normandie, der
Bretagne, Champagne, Gascogne gäbe, diese den Wunsch
hätten, dadurch höchste Ehrung zu erfahren, daß ihre
Untertanen in ihrer Landessprache schrieben; denn das Bestreben der Fürsten, die Grenzen ihrer Herrschaft zu erweitern, kann nicht minder stark sein als der Wunsch, nach
dem Vorbild der Römer ihre Sprache auf alle Nationen zu
übertragen. Heute aber, da unser Frankreich einem einzigen
König untertan ist, sind wir, wenn wir zu Ehren kommen
wollen, gezwungen, seine höfische Sprache zu sprechen;
sonst wird unsere Arbeit, so gelehrt sie auch sein mag, gering geschätzt oder (vielleicht) ganz und gar verachtet werden. Und da Gaben und Gunsterweise von dorther kommen, muß man sich gar oft dem Urteil eines Edelfräuleins
oder eines jungen Höflings beugen, obwohl sie von der
guten und wahren Dichtung schon deshalb nichts verstehen,
weil sie sich mit Waffenübungen und anderen, größere Ehre
bringenden Dingen beschäftigen.

Von der Inventio

Da ich im vorangehenden Abschnitt von der Inventio gesprochen habe, scheint es mir gut, durch ein kleines Wort
deine Erinnerung daran aufzufrischen. Die Inventio ist
nichts anderes als eine angeborene gute Vorstellungskraft,
die die Ideen und Formen aller vorstellbaren Dinge, ob
himmlisch oder irdisch, beseelt oder unbeseelt, in sich aufnimmt, um sie dann darzustellen, zu beschreiben und nachzuahmen; denn wie es das Ziel des Redners ist zu über-

zeugen, ist es das des Dichters, die Dinge, die wahrscheinlich sind oder es sein können, nachzuahmen, zu erfinden und darzustellen. Und es besteht kein Zweifel daran, daß, nachdem der Geist in rechter und hochgesinnter Weise einen Gedanken gefunden hat, sich wohlangeordnete Verse einstellen, da ja die Ordnung der Inventio, als der Mutter aller Dinge, nachfolgt wie der Schatten dem Körper. Wenn ich dir sage, daß du schöne und großartige Dinge erdichten sollst, so meine ich aber nicht jene wunderlichen und trüben Erfindungen, von denen die eine mit der anderen ebensowenig zu tun hat wie die unzusammenhängenden Träume eines Wahnsinnigen oder eines vom Fieber schwer gepeinigten Kranken, dessen zerrütteter Phantasie, wirr und verbindungslos, tausend mißgestaltete Formen erscheinen; deine Erfindungen jedoch, für deren Erzeugung durch den Geist ich dir keine Regel geben kann, werden wohlgefügt und -geordnet sein. Und obwohl es scheinen wird, als ob sie die der Unkundigen übertreffen, werden sie doch von solcher Art sein, daß ein jeder sie leicht aufnehmen und verstehen kann...

Von der Dichtung im allgemeinen

Vor allem mußt du wissen, daß die langen Verswerke niemals mit dem ersten Ereignis der Handlung beginnen und auch nicht derart bis zum letzten durchgeführt sind, daß der nach weiteren Freuden begierige Leser nicht ein noch längeres Ende wünschen könnte; wer sein Handwerk versteht, fängt in der Mitte an und weiß so gut den Anfang mit der Mitte und die Mitte mit dem Ende zu verbinden, daß die zusammengefügten Teile ein vollendetes Ganzes bilden... Die anderen kleinen Werke müssen ganz unvermittelt beginnen, so die lyrischen Oden, und ich rate dir, bevor du solche zu schreiben unternimmst, dich darin zu üben, geschmeidig zu werden und deine Gedanken zu formen und dich besonders davor zu hüten, ein Versschreiber zu sein anstatt ein Dichter; denn die Dichter, die seit Menschengedenken von der Nachwelt geschätzt worden sind, sehen ihr Objekt in der Fabel und der einfallsreichen Ausführung, während die Verse nur das Ziel des unwissenden Versdrechslers sind, der ein großes Meisterwerk geschaffen zu haben glaubt, wenn er viele gereimte Gedichte geschrieben hat, die so sehr nach Prosa schmecken, daß ich mich über unsere Franzosen wundere, die, zur Schande der Verfasser und unserer Nation, solche Nichtigkeiten drukken ...

Ich möchte dich ermahnen, die natürlichen [leeren] Epitheta zu meiden, da sie dem, was du sagen willst, in keiner Weise dienen, wie *der fließende Fluß, das grüne Laubwerk* und viele andere. Deine Epitheta seien so gewählt, daß sie dein Gedicht bedeutungsvoll und nicht nur länger machen und nutzlos dastehen in deinem Vers, als Beispiel: *Der gewölbte Himmel umschließt die ganze Welt*. Ich sage *gewölbt*, nicht leuchtend, hell, hoch, blau, weil es einem Gewölbe eigen ist, etwas zu umfangen und zu umschließen. Du kannst sagen: *Das Schiff fährt dahin auf der gleitenden Woge*, weil das Strömen des Wassers das Schiff vorwärtsgleiten läßt. Die Römer haben diese Regel sehr achtsam befolgt, so unter anderen Vergil und Horaz. Die Griechen, wie in allen die Dichtung betreffenden Dingen, waren darin freier und haben es nicht so genau genommen. Du sollst auch in deiner Sprache die Schreibweise der Italiener meiden, die häufig in einem einzigen Vers vier oder fünf Epitheta aneinanderreihen, wie *alma, bella, angelica* und *fortunata donna*. Du siehst, wie solche Epitheta den Vers nur aufschwellen und herausputzen und zu nichts dienen. Kurz: du sollst dich mit einem Epitheton begnügen oder höchstens mit zweien, es sei denn, daß du einmal aus Übermut fünf oder sechs bringst, doch wenn du mir glauben willst, so tue das so selten wie möglich.

... Soweit[19] der Zwang, den dir der Vers auferlegt, es erlaubt, sollst du es vermeiden, Vokale und Diphthonge, die nicht elidiert werden, aufeinander treffen zu lassen, denn eine solche Folge von Vokalen gibt den Versen in unserer Sprache einen sehr spröden Klang; bei den Griechen hingegen war dies ganz üblich und galt wohl als reizvoll. Ein Beispiel: *Votre beauté a envoyé amour* [Deine Schönheit hat Liebe ausgesandt]. Dieser Vers möge dir als Muster dienen, damit du nicht unbedacht so rauhe Klänge erzeugst, die geeigneter sind, das Ohr zu verletzen als es zu erfreuen ... Auch sollst du ein Übermaß an Einsilbern in deinem Vers vermeiden, weil sie hart wirken und dem Ohr unangenehm sind. Ein Beispiel: *Je vis le ciel si beau, si pur et net* [Ich sah den Himmel so schön, so rein und klar]. Weiter rate ich dir, den Buchstaben à, mit diesem Zeichen versehen, zu benützen anstelle von *avecques* [alte Form von *avec* = mit], wie es die alten Autoren taten, so zum Beispiel *à lui* [mit ihm] für *avecques lui*, denn das Wort *avecques*, das drei Silben hat, ist eine starke Behinderung für den Vers, besonders wenn er kurz ist. Ich bin sicher, daß du, sobald solcherlei Freiheiten eingeführt sein werden, schnell erkennen wirst, welche Mühe den Jüngeren erspart bleibt durch den Mut der Alten, die solches kühn gewagt haben. Du kannst auch, nach der Weise der Griechen, die *oúnoma* für *ónoma* sagen, dem o ein u hinzufügen, um deinen Reim reicher und klangvoller zu machen: ... *Callioupe* für *Calliope*, ... *chouse* für *chose* [Sache] ...

Über die Alexandriner

Die Alexandriner nehmen in unserer Sprache den Platz ein, den bei den Griechen und Römern die heroischen Verse[20] einnehmen; sie haben zwölf oder dreizehn Silben, die männlichen zwölf, die weiblichen dreizehn; ihr Ruhepunkt liegt immer auf der sechsten Silbe, wie der der gewöhnlichen

Verse [Zehnsilber] auf der vierten... Die Alexandriner müssen in gewichtiger, würdevoller und (wenn man so sagen kann) in einer aus der Höhe herabtönenden Sprache geschrieben sein, besonders deshalb, weil sie länger sind als die anderen und der Prosa ähneln würden, wenn sie nicht erlesene, gewichtige und klangvolle Wörter enthielten; und sie müssen möglichst reiche Reime haben, damit die Reimfülle dem Prosaklang entgegenwirkt und vom Ohre bewahrt wird bis zum Ende des nächsten langen Verses. Daher solltest du sie so vollkommen machen, wie es dir irgend möglich ist...

Von den gewöhnlichen Versen

Die gewöhnlichen Verse haben zehn und elf Silben, die männlichen zehn, die weiblichen elf... Wie nun die Alexandriner für heroische Stoffe geeignet sind, sind es diese im besonderen für Liebesgedichte, obwohl auch die Alexandriner gelegentlich für den Ausdruck von Liebesempfindungen verwendet werden, sogar in Elegien und Eklogen, in welchen sie gefällig wirken, wenn sie gut verfaßt sind... Ich rate dir, dich eine Weile mit Zehnsilbern abzugeben, bevor du zu Alexandrinern übergehst. Vor allem möchte ich dich dazu ermahnen, soweit wie möglich (denn nicht immer tut man das, was man sich vornimmt) darauf zu achten, daß die ersten vier Silben des Zehnsilbers oder die ersten sechs Silben des Alexandriners einen einigermaßen in sich abgeschlossenen Sinn ergeben, ohne daß dieser durch das nachfolgende Wort ergänzt wird. Ein Beispiel für abgeschlossenen Sinn: *Jeune beauté, / maîtresse de ma vie* [Junge Schöne, / Herrin meines Lebens]; ein Beispiel für einen unvollkommen geteilten Vers: *L'homme qui a / été desur la mer* [Der Mensch, der ist / gefahren auf dem Meer].

Von den anderen Versarten

Die Alexandriner und die Zehnsilber sind die einzigen, die eine Tonstelle haben, auf der vierten und sechsten Silbe. Denn die anderen gehen freien Schrittes daher und haben nur einen gewissen Rhythmus, den du beliebig, nach deinem Willen, hervorbringen kannst, in Versen einmal mit sieben bis acht Silben, einmal mit sechs bis sieben, einmal mit fünf bis sechs, einmal mit vier bis drei, wobei manchmal die männlichen die längeren sind, manchmal die weiblichen, wie deine Laune es will. Solche Verse sind trefflich geeignet für die Musik, die Leier und andere Instrumente: wenn du sie lyrisch nennst, tust du es nicht zu Unrecht; einmal machst du sie länger, einmal kürzer, und nach einem großen Vers läßt du einen kleinen oder zwei kleine folgen, nach der Wahl deines Ohres, wobei du stets, so gut du es kannst, in deinen Versen den rechten Takt einhältst, der sie (wie ich es gesagt habe) der Melodie und den Instrumenten anpaßt. Beispiele kannst du an tausend Stellen bei unseren guten französischen Dichtern finden. Ich will dich auch dazu ermahnen, deine Verse laut vor dich hin zu sprechen, in deinem Zimmer, während du sie machst, oder besser noch: sie zu singen, wie auch deine Stimme beschaffen sei, denn dieses ist einer der Hauptfaktoren, den du auf das sorgsamste beachten mußt ...

... Du[21] sollst dich nicht von den alten französischen Wörtern abwenden, denn ich meine, daß sie, was man auch gegen sie sage, so lange noch Lebenskraft haben, bis sie, wie ein alter Baumstamm, ein neues Reis an ihrer Stelle haben hervorsprießen lassen; dann wirst du dich des Reises bedienen und nicht des Stammes, der seine ganze Substanz auf sein kleines Kind übergehen läßt, damit es groß werden und schließlich seinen Platz einnehmen kann. Von allen Wörtern, welcher Art auch immer, ob gebräuchlich oder ungebräuchlich, kannst du, wenn noch irgendein Rest davon erhalten ist, sei es als Substantiv, Verb, Adverb oder Partizip, diesen in guter und gesicherter Analogie wachsen und sich vermehren lassen; denn unsere Sprache ist noch arm, und wir müssen uns, auch gegen das Murren des Volkes, in aller Bescheidenheit darum bemühen, sie zu bereichern und zu pflegen. Beispiele alter Wörter: da uns das Substantiv *verve* [im 16. Jahrh. = Laune, Einfall] erhalten ist, kannst du aus ihm das Verb *verver* und das Adverb *vervement* machen ... und wenn es nur noch das Adverb gibt, kannst du frei und mutig das Verb und das Partizip schaffen; im schlimmsten Fall gibst du am Rande deines Buches die Bedeutung an. Und aus allgemein gebräuchlichen Wörtern wie *pays* [Land], *eau* [Wasser], *feu* [Feuer] machst du Verben: *païser, eauer, fouer*, und so tausend andere Wörter, die noch nicht das Licht des Tages gesehen haben, mangels eines kühnen und glücklich begabten Wegbereiters.

Wenn ich erfahre, daß dieser kurze Abriß dir gefällt und der Nachwelt nützlich ist, werde ich eine längere Abhandlung über unsere Dichtung für dich schreiben: wie sie bereichert werden soll, welches ihre wichtigsten Bestandteile sind, wonach sie zu beurteilen ist. Und – wie ich es dir schon so oft gesagt habe – kümmere dich nicht darum, was die Leute von deinen Schriften denken, sondern halte dich fest an die Regel, daß es besser ist, der Wahrheit zu dienen als der Meinung des Volkes, das nichts anderes kennen will, als was es vor Augen hat, und gedankenlos glaubt, daß unsere Vorgänger klüger waren als wir und daß man sich in allen Dingen nach ihnen richten muß, ohne irgend etwas Neues zu erfinden. Womit sie der gütigen Natur großes Unrecht antun, von der sie glauben, daß sie in unseren Tagen unfruchtbar sei und nicht fähig, Wohlbegabte hervorzubringen, und daß sie gleich zu Beginn alle ihre Kräfte über die Menschen der frühen Zeit ausgeschüttet habe, ohne davon etwas aufzusparen, um es als sehr freigebige Mutter denjenigen ihrer Kinder schenken zu können, die im Verlauf so vieler künftiger Jahrhunderte auf die Welt kommen würden.

La Franciade
Au lecteur apprentif (1587)

Vorrede zur »Franciade«[22]
An den lernbegierigen Leser

Sei nicht erstaunt, Leser, daß ich meine *Franciade* nicht in Alexandrinern geschrieben habe, denen ich früher, in meiner Jugend, aus Unwissenheit, obwohl sie mehr den jambischen Trimetern der Tragiker entsprechen als den hoheitsvollen Versen Homers und Vergils, den Rang der heroischen Verse in unserer Sprache geben zu können glaubte, weil sie mir damals geeigneter schienen für großartige Gegenstände und für die hervorragendsten Erfindungen des Geistes als die Zehnsilber. Seitdem habe ich erkannt, verstanden und mir durch lange Erfahrung bewiesen, daß ich mich getäuscht hatte, denn sie ähneln zu sehr kunstloser Prosa und sind zu kraftlos und zu matt, außer für Übersetzungen; denn ihre Länge ist sehr dienlich dafür, den Gedanken des Dichters, den man übersetzt, zu deuten. Für anderes aber sind sie zu geschwätzig, es sei denn, daß sie von der Hand eines guten Künstlers geformt werden, der sie, soweit es ihm möglich ist, erhöht, wie es in der bildenden Kunst das Relief tut, und sie dadurch gleichsam loslöst von der gewöhnlichen Sprache, daß er sie bereichert und ausschmückt mit Figuren, Schemata, Tropen, Metaphern, besonderen Redeweisen und Periphrasen, die mit der alltäglichen niederen Prosa (denn die prosaische Sprache ist der schlimmste

Feind der poetischen Wortkunst) fast keine Berührung haben oder ihr jedenfalls fern sind; und daß er ihnen Glanz gibt durch gut gefundene Vergleiche, durch blühende Beschreibungen, das heißt solche, die geschmückt sind mit Bordüren, Stickerei, Behängen und Girlanden aus poetischen Blumen, um sowohl die Darstellung des Gegenstands wirkungsvoll, als auch die Verse reich und prächtig zu machen, wie wir es in jener stolzen und hervorragenden Beschreibung des Kybele-Priesters Chloreus im 11. Buch der *Aeneis* finden und im Katalog der in den Kampf entsandten Heerführer, und auch am Ende des 7. Buches der *Aeneis* und in dem uralten Streit jener braven Damen Juno und Venus im 10. Buch. Wenn du solche schöne Erfindungen abermals liest, wird es kein Haar auf deinem Kopfe geben, das sich nicht aufrichtet vor Bewunderung ...

Vortreffliche Dichter nennen die Dinge selten bei ihrem wahren Namen. Wenn Vergil den Tag oder die Nacht beschreiben will, sagt er nicht einfach: es war Tag, es war Nacht, sondern, in schönen Umschreibungen: *Kaum hatte Aurora die Länder mit der Fackel des Phöbus erhellt und die feuchten Schatten vom Himmelsgewölbe vertrieben* [Aen. IV, 6 f.] ... und tausend andere Beispiele ...

Ackern: *den Boden umwenden*; spinnen: *das Leben unterhalten durch den Rocken und den spärlichen Lohn Minervens*; das Brot: *die bearbeiteten Gaben der Ceres*; der Wein: *des Bacchus Trank*. Dergleichen Dinge sind in Umschreibungen schöner als unter ihrem üblichen Namen, aber du mußt sie verständig gebrauchen, sonst würdest du dein Werk schwülstig und aufgedunsen machen, anstatt ihm Würde zu geben ...

Du sollst dein Werk bereichern durch vielerlei Dinge, die du der Natur entnimmst, ohne zu faseln wie ein Tobsüchtiger. Denn wenn du die übliche Rede zu sehr meiden und sie ganz verbannen willst, wenn du unbedacht durch Wolken fliegen und Grotesken, Chimären und Monster anstatt einer echten und natürlichen Dichtung schaffen willst, wirst du Ixion gleichen, der Wahnbilder zeugte an der Stelle von rechtmäßigen und natürlichen Kindern. Ferner sollst du, Leser, deinem Werke Glanz geben durch erlesene, gut ausgewählte Wörter und durch Gedanken, die du lebendig machst einmal durch Gleichnisse, einmal durch irgendwelche alte Geschichten, welche aber knapp und mit wenigen Worten erzählt werden müssen, und es reich machen durch bedeutungsvolle, nicht müßige Epitheta, solche also, die der Substanz des Verses dienen, und durch vortreffliche, jedoch auf eine kleine Zahl beschränkte Sentenzen. Denn wenn in deinem heroischen Gedicht zu viele Sentenzen stehen, machst du ein Monstrum daraus, so wie wenn dein ganzer Körper nur aus Augen bestände, ohne andere Glieder, die uns bei dem Geschäft unseres Lebens viele Dienste leisten; außer in der Tragödie und der Komödie, die ganz der Unterrichtung und Belehrung dienen und von denen verlangt wird, daß sie mit wenigen Worten viel lehren, als Spiegel des menschlichen Lebens, und die außerdem auf einen kleinen Zeitraum beschränkt und begrenzt sind, nämlich auf einen vollen Tag[23].

Die vortrefflichsten Meister in dieser Kunst lassen sie von einer Mitternacht bis zur nächsten dauern und nicht von der Morgendämmerung bis zum Untergang der Sonne, um über eine längere Zeitspanne zu verfügen.

Nicht alle, die Verse schreiben, und seien sie noch so gelehrt, sind Dichter. Es besteht ein ebensogroßer Unterschied zwischen einem Dichter und einem Verseschreiber wie zwischen einem Saumtier und einem edlen neapolitanischen Renner oder, um einen besseren Vergleich zu geben, zwischen einem verehrungswürdigen Propheten und einem Scharlatan, der Wundertränke verkauft. Mir will es scheinen, wenn ich sie mit den gleichen Waffen wie die wahren Meister ausgerüstet sehe, das heißt über die gleichen Versarten verfügend, die gleichen Figuren, Wortklänge und Rhythmen, deren sich die guten Autoren bedienen, daß sie jenen verkleideten Herkulesdarstellern in den Tragödien gleichen, die beim Kürschner eine Löwenhaut, beim Schreiner eine Keule und beim Perückenmacher falsche Haare kaufen; wenn es aber darum geht, ein Ungeheuer zu besiegen, fällt ihnen die Keule aus der Hand, und sie fliehen vor dem Kampf, kleinmütig und feige. Diese Versemacher geben sich damit zufrieden, Verse ohne Schmuck, ohne Anmut und ohne Kunst zu machen, und sie glauben, daß die Republik ihnen großen Dank schulde, wenn sie gereimte Prosa geschrieben haben. Der epische Dichter hingegen erfindet und schmiedet ganz neue Stoffe, läßt die Götter mit den Menschen und die Menschen mit den Göttern sprechen, und die Heerführer ihrer Aufgabe angemessene Reden halten; er beschreibt die Schlachten und Angriffe, die Kriegspläne und deren Durchführung, befaßt sich mit der Deutung der Auspizien, der Auslegung von Träumen und vernachlässigt auch nicht die Sühne- und Dankopfer, die der Gottheit zu leisten sind; er ist einmal ein Philosoph, einmal ein Arzt, ein Herborist, ein Anatom und ein Rechtsgelehrter, der sich aller Schulmeinungen bedient, wie sein Gegenstand es jeweils verlangt. Kurz, er ist ein Mensch, der, den Bienen gleich, alle Blumen plündert und aussaugt und dann Honig daraus macht und aus allem Nutzen zieht, so wie es gerade paßt. Er hat für seine Kunst diesen überaus wichtigen Lehrsatz: niemals Schritt für Schritt der Wirklichkeit nachzugehen, sondern sich an das Wahrscheinliche und das Mögliche zu halten; und auf dem Möglichen und dem, was geschehen kann, errichtet er sein Werk und überläßt die wahrheitsgemäße Erzählung den Historikern, die die Ereignisse ganz vom Beginn an berichten und, wie man zu sagen pflegt, ihnen auf den Fersen folgen bis zum Schluß... Die den Dichtern eigentümliche Art des Schreibens und mehr göttlich als menschlich zu nennende Kunst ist so beschaffen, daß sie dem ersten Blick des Lesers verborgen bleibt, wenn er nicht scharfsinnig genug ist, die Kunstfertigkeit zu erkennen...

Auch will ich dich, Leser, wissen lassen, daß der rechte

Dichter sein Werk stets auf alte Annalen aus der vergangenen Zeit gründet oder auf altüberlieferte Kunde, die sich Glauben erworben hat im Geist der Menschen ... [Es folgen Beispiele aus den Werken Vergils und Homers.]
Nach dem Vorbild dieser beiden Leuchten der Dichtkunst habe ich nun, unsere alten Annalen als Fundament und Stütze verwendend, das Gebäude meiner *Franciade* errichtet, ohne mich darum zu kümmern, ob etwas wahr ist oder nicht, ob unsere Könige Trojaner oder Germanen, Skythen oder Araber waren, ob Francus nach Frankreich gekommen ist oder nicht, denn er konnte herkommen; sondern ich habe mich an das Mögliche gehalten und nicht an die Wahrheit. Alle diese Fragen zu erwägen ist die Aufgabe eines Historiographen, nicht die der Dichter, die nur nach dem Möglichen suchen, dann aus einem kleinen Funken eine starke Glut entstehen lassen und aus einer kleinen Hütte einen prächtigen Palast, dessen Äußeres sie reich schmükken, vergolden und verschönen mit Marmor, Jaspis, Porphyr, mit Guillochen, Kartuschen, aufgesetzten Giebeln, Sockeln, Friesen und Kapitellen, und im Inneren mit Bildern, mit in erhabener Arbeit gewirkten und durch Gold- und Silberfäden verstärkten Wandteppichen, und die Bilder innen ziseliert und eingraviert, mit rauhen Flächen und schwer mit den Händen zu halten wegen der tief eingegrabenen Gestalten, die darin zu leben scheinen. Und dann fügen sie Baum- und Blumengärten hinzu, eingegrenzte Beete und breite Alleen; und für all dieses muß der Dichter eine gute natürliche Begabung und treffliche Kenntnisse auf allen Wissensgebieten haben und seines Handwerks würdig sein, denn die meisten sind zu nichts Gutem imstande und Lehrlingen vergleichbar, die nur Farben reiben und nicht malen können. Und vergiß nicht, Leser, daß du weder die Geschichte und Fabel, die zu den Materialien gehört, verschweigen darfst, noch Wesen, Kraft und Merkmale der Bäume, Blumen, Kräuter und Wurzeln, besonders wenn ihnen bestimmte, nicht gewöhnliche Eigenschaften

verliehen sind und sie in der Medizin, bei Beschwörungen und Zauberriten verwendet werden, dann sage darüber ein Wort, sei es beiläufig durch ein Epitheton oder in einem halben Vers... Du sollst auch nicht die Berge, Wälder, Flüsse, Städte, Länder, Reeden und Häfen, Höhlen und Felsen vergessen, sowohl um dein Werk zu verschönern und zur rechten Länge anwachsen zu lassen, als auch um dir Ruhm zu verschaffen und einen hervorragenden Rang in den Augen der Nachwelt. Was die Hauptleute und Heerführer angeht und die Soldaten, so sollst du deren Väter und Mütter, Vorfahren, Geburtsorte nennen und von ihrer Bekleidung und den Umständen ihrer Geburt sprechen und eine Erzählung daraus machen...

Stelle niemals die Wörter um, weder in deiner Prosa noch in deinen Versen, denn unsere Sprache kann das nicht ertragen, ebensowenig wie die lateinische einen Solözismus. Man muß sagen:

der König fuhr zum Übernachten von Paris nach Orléans,
le Roi   alla   coucher   de Paris   à Orléans,

und nicht:

nach Orléans von Paris der König zum Übernachten fuhr.
à Orléans   de Paris le Roi   coucher   alla.

Ich war in meiner Jugend der Meinung, daß Verse, deren Sinn durch das Übergreifen auf den nächsten Vers gebrochen wird, in unserer Dichtung nicht gut seien, jedoch bin ich seither durch das Lesen der guten griechischen und lateinischen Autoren zur gegensätzlichen Meinung gelangt; ein Beispiel:

...Laviniaque venit
Litora............ [er kam an Laviniums / Küsten].

Ich glaubte auch, daß Wörter, die mit Vokal oder Diphthong enden und auf ein anderes, mit Vokal oder Diphthong beginnendes Wort stoßen, den Vers mißtönend machen: ich habe durch Homer und Vergil gelernt, daß das nicht ungefällig ist... Ich meine, daß unseren französischen Dichtern einige Freiheit gewährt werden sollte, vorausgesetzt, daß sie nur selten in Anspruch genommen wird. Viele schöne Redeweisen sind von Dichtern geschaffen worden, die in ihrer Verzückung die Gebote der Grammatik außer acht ließen...

Auch dieses mußt du beachten, Leser, was dich ohne Fehl auf den rechten Weg der Musen führen wird: daß der Dichter nämlich den Gegenstand seines Werkes stets aus einer Zeit wählen muß, welche wenigstens drei- oder vierhundert Jahre zurückliegt, damit niemand mehr lebt, der ihm nachweisen kann, was erfunden, was wahr ist; und er muß die Musen anrufen, die sich der Vergangenheit erinnern und die Zukunft voraussagen, auf daß sie ihn mit ihrem Atem erfüllen, und er sich mehr von göttlicher Ekstase als von menschlicher Erfindungskraft leiten lasse. In allen deinen Beschreibungen sollst du, dem Beispiel Homers folgend, die Erscheinungen der Natur nachahmen: denn wenn er in einem Kessel Wasser zum Kochen bringt, wirst du ihn zuerst sein Holz spalten, es sodann anzünden und blasend anfachen sehen; dann zeigt er, wie die Flamme den Bauch des Kessels ganz umfängt, wie der Schaum des Wassers weiß wird und laut brausend zu großen Blasen aufquillt, und so bei allen Dingen. Denn solche Schilderungen oder besser Nachahmungen der Natur sind wahrlich die Seele der heroischen Dichtung, welche selbst nichts anderes ist als der Enthusiasmus und Furor eines jungen Gehirns. Wer alt und durch das Erkalten des Blutes matt wird, tut gut, den Grazien und Musen adieu zu sagen.

Willst du erkennen, Leser, welche Verse gut sind und des Lobes eines vortrefflichen Meisters würdig? dann befolge den Rat des Horaz: nimm sie auseinander, löse sie aus ihrem wohlklingenden Rhythmus, ihrem Takt und Maß und stelle sie um, indem du aus den letzten Wörtern die ersten und aus den mittleren die letzten machst. Wenn du, nach einer solchen Zerstörung des Gebäudes, schöne und erlesene Wörter und nicht alltägliche Wendungen findest, die dich dazu zwingen, deinen Geist über die gewöhnliche Sprechweise zu erheben, dann weißt du, daß solche Verse gut und eines hervorragenden Dichters würdig sind. Ein Beispiel schlechter Verse:

> Madame, en bonne foi, je vous donne mon cœur:
> [Madame, redlichen Sinns schenke ich Euch mein
> Herz:]
>
> N'usez point envers moi, s'il vous plaît, de rigueur.
> [Verfahrt nicht mit mir, ich bitte Euch, grausam.]

Streiche *cœur* und *rigueur,* und du findest kein einziges Wort, das nicht alltäglich oder trivial ist. Wenn du aber diese hier liest:

> Son harnois il endosse, et furieux aux armes
> [Seine Rüstung legt er an, und in wütender Kampf-
> begier]
>
> Profendit par le fer un scadron de gendarmes
> [Zerschmetterte er mit dem Stahl ein Bataillon von
> Kriegern]

wirst du, nachdem du diese beiden Verse, die dir als Beispiel für andere dienen sollen, in ihre Glieder zerlegt hast, viele schöne und prunkvolle Wörter finden: *harnois, endosse, furieux, armes, profendit, fer, scadron.* Dieses muß nach dem von der menschlichen Kunstfertigkeit gesetzten Maß geschehen; denn oft lassen weder der Stoff noch die Vernunft eine solche Höhe der Sprache wünschenswert erscheinen, besonders bei den Berichten und Unterredungen der Heerführer, den Beratungen und Gesprächen über Staatsgeschäfte, die nüchterne und einfache Worte fordern, während die Darstellung von Taten einmal Redeschmuck

verlangt, einmal nicht: auch der Goldschmied begeht einen argen Fehler, wenn er Gold mit Blei verschmilzt ...
Ich möchte dich ermahnen, Leser, auf die Buchstaben zu achten und zu bedenken, welche einen stärkeren Klang haben und welche nicht. Denn a, o, u und die Konsonanten m, b und doppeltes s am Wortende, und vor allem rr, welch letztere die wahren heroischen Laute sind, erzeugen in den Versen ein großes Dröhnen und Getrommel. Nimm Vergil zum Vorbild, der ein großer Meister im Zusammenfügen und Aufbauen von Versen ist: sieh dir einmal an, welchen Lärm diese beiden hier am Ende des 8. Buches der *Aeneis* machen:

> *Una omnes ruere ac totum spumare reductis*
> *Convulsum remis rostris (s)tridentibus aequor.*

[– Alle stürmten zugleich vorwärts, und die ganze Flut schäumt auf, zerrissen durch die schlagenden Ruder und die zischenden (dreigezackten) Schnäbel.] ...

Jetzt wollen wir uns den Versen mit 10 oder 11 Silben zuwenden, welche, da sie kürzer und gedrängter sind, die Dichter dazu zwingen, länger und immer wieder darüber zu brüten und zu grübeln, und dieser Zwang zum Meditieren und Überdenken führt sehr oft zu vortrefflichen Einfällen, zum Finden reicher Wörter und kunstvoller Wendungen; soviel Nutzen bringt die Meditation, die mit der Länge der Zeit Trübsinn in ihnen erzeugt, wenn der Zügel des Zwangs den ersten ungestümen Lauf der Inspirationen und der in ihrem Geist aufsteigenden ungeheuerlichen Bilder hemmt und zum Stocken bringt, wie wir es bei den großen Strömen sehen, die gegen ihre Dämme kochen, schäumen und beben, aber, wenn sie ohne Zwang die Ebene durchqueren, langsam und träge dahinfließen, ohne gegen die Ufer zu drängen, ohne Schaum und Lärm ...
Weiter will ich dich dazu ermutigen, mit maßvoller Kühn-

heit neue Wörter zu erfinden, wobei du beachten mußt, daß sie nach einem im Volke schon gebräuchlichen Muster gegossen und geformt sind. Es ist sehr schwer, in unserer Sprache gut zu schreiben, wenn sie nicht durch neue Wörter und Ausdrucksweisen reicher gemacht wird, als sie es jetzt ist. Wer täglich schreibt, weiß wohl, was er davon zu halten hat, denn es ist eine Erschwernis ohnegleichen, immer ein Wort gebrauchen zu müssen ...
Vermeide es – außer du seiest durchaus dazu gezwungen –, dich der Wörter zu bedienen, die auf *-ion* enden und mehr als drei oder vier Silben haben, wie *abomination, testificatio*; denn solche Wörter wirken ermüdend und schwerfällig, und es kommt noch hinzu, daß sie, sich dahinschleppend, die Hälfte eines Verses einnehmen ...
Es ist etwas ganz anderes, in einer blühenden Sprache zu schreiben, die nunmehr vom Volke, in den Dörfern, Marktflecken und Städten als lebendig und natürlich empfunden und gutgeheißen wird von Königen, Prinzen, Senatoren, Geschäftsleuten und Krämern, und ein anderes, ein Werk in einer toten Sprache zu verfassen, die stumm ist und begraben unter dem Schweigen so langer Zeiträume, die man nur noch in der Schule lernt, angetrieben durch Rutenschläge, und aus Büchern. In diesen toten Sprachen ist es nicht erlaubt, irgend etwas zu erneuern: sie sind von der Zeit, da keine Kaiser, Könige, Staatsbeamte oder Gemeinden sie mehr stützten, abgelegt worden wie ein toter Gegenstand, der im Lauf der Jahre dahinschwindet, wie es alle menschlichen Dinge tun, die alt sterben und Platz machen für die anderen, nach ihnen erscheinenden, neuen; denn es wäre gegen die Vernunft anzunehmen, daß die Natur, zugunsten von zwei oder drei Nationen, so verschwenderisch mit ihren Gütern umginge, ohne wie für die Ersten auch für die Letzten Reichtümer bewahrt zu haben ...
Ich rate dir, fleißig die griechische und die lateinische Sprache zu lernen, ja auch die italienische und spanische, und dann, wenn du sie vollkommen beherrschst, zu deiner

Fahne zurückzukehren, wie ein guter Soldat, und in deiner Muttersprache zu schreiben, wie es Homer, Hesiod, Plato, Aristoteles und Theophrast, Vergil, Titus Livius, Sallust, Lukrez und tausend andere getan haben, welche die gleiche Sprache wie die Landarbeiter, die Diener und Zofen sprachen. Denn es ist eine Majestätsbeleidigung, der lebendigen, blühenden Sprache seines Landes den Rücken zu kehren und dafür irgendwelche Aschenreste der Alten auszugraben und mit lauter Stimme die Worte der Toten erschallen zu lassen und sich dessen auch noch rechthaberisch zu rühmen und zu sagen: »Ich rufe die Musen als Zeugen dafür auf, daß ich nicht unwissend bin und nicht in der Sprache des Volkes schreie, wie die, die da jetzt daherkommen und alles besser zu machen vorgeben, obwohl ihre seltsamen Schriften, und seien sie noch so vollkommen, nicht einmal in den Apothekerläden als Tüten Verwendung finden können.« ... Nützlicher [als in lat. Sprache zu schreiben] wäre es, als guter Bürger oder Patriot alte Wörter aus den Artus-, Lanzelot- und Gawein-Romanen herauszusuchen und ein Lexikon zu machen oder den Rosenroman[24] zu kommentieren, als sich mit einer lateinischen Grammatik zu beschäftigen, deren Zeit vorbei ist ... Mit Gott, wohlmeinender Leser!

Michel Eyquem, Seigneur de Montaigne (1533–92)

Essais[25]

III, V. ... Kundige Handhabung und Anwendung durch Männer von Geist erhöhen den Wert der Sprache. Nicht etwa, daß sie sie erneuern, sondern sie füllen sie mit stärkeren und vielseitigeren Forderungen, weiten sie aus und machen sie geschmeidig. Sie bringen keine Wörter hinzu;

ihren eigenen aber geben sie Glanz und beschweren und durchbrechen ihren Sinn und Gebrauch; und sie lehren die Sprache, sich in ungewohnter Weise zu bewegen, mit Vorsicht jedoch und Verstand. Und wie wenig dies allen gegeben ist, zeigt sich bei so vielen französischen Schriftstellern unserer Zeit. Sie sind kühn und überheblich genug, um den gewöhnlichen Weg zu meiden, doch da es ihnen an Erfindungskraft und Urteilsvermögen fehlt, scheitern sie. Da sieht man nur ein armseliges Suchen nach Außerordentlichem und leblose, verschrobene Verkleidungen, die ihren Gegenstand, anstatt ihn zu erhöhen, zunichte machen. Wenn sie sich nur brüsten können mit ihren Funden, kümmert sie das Ergebnis nicht; um ein neues Wort zu erhaschen, wenden sie sich ab vom üblichen, das oft stärker ist und lebendiger. Ich finde in unserer Sprache genügend Material, aber etwas zu wenig Geschick; denn es gibt nichts, wofür nicht unsere Jäger- und Soldatensprache benützt werden könnte: ein fruchtbarer Boden für Entlehnungen; und Redeweisen werden, wie die Kräuter, besser und kräftiger, wenn man sie umpflanzt. Ich finde sie genügend reich, aber nicht gefügig und lebendig genug. Einen kraftvollen Gedanken vermag sie gewöhnlich nicht zu tragen. Und wenn du straff vorwärtsschreitest, fühlst du oft, wie sie matt wird unter dir und nachgibt, und daß an ihrer Stelle das Lateinische zu Hilfe kommen will oder, bei anderen, das Griechische ...

I, XXVI. .... Geschichte, das ist eher mein Jagdgebiet, oder die Dichtung, zu der ich mich in besonderer Liebe hingezogen fühle. Denn wie Kleanthes es von der Stimme sagte, die, durch den engen Kanal einer Trompete gezwängt, schärfer und kräftiger herausschallt, so scheint es mir, daß der Gedanke, in den Takt der Versmetren gepreßt, viel geballter aufspringt und mich mit einem härteren Schlag trifft ...

I, XXXVII. ... Dies hier nun ist wunderlich: wir haben viel mehr Dichter als Leute, die Dichtung beurteilen und erklären können. Es ist leichter, sie zu machen, als sie zu erkennen. Auf einer gewissen niederen Stufe kann man nach den Vorschriften sowie durch Erfahrung über sie urteilen. Aber die gute, die alles überragende, die göttliche steht über den Regeln und dem Verstand. Wer ihre Schönheit durch festes und bedächtiges Anschauen zu fassen sucht, der sieht sie nicht, ebensowenig wie den hellen Glanz eines Blitzes. Sie wendet sich nicht an unseren Verstand, sie raubt ihn uns und zerstört ihn. Die Raserei, die den ergreift, der in sie einzudringen weiß, überfällt noch einen Dritten, der ihm nur zuhört, wenn er über sie spricht oder sie rezitiert, wie der Magnet nicht nur eine Nadel anzieht, sondern dieser auch noch seine Kraft eingießt, andere anzuziehen ... Von meiner frühen Kindheit an hat das die Dichtung an sich gehabt, mich in meiner Tiefe zu treffen und über mich hinauszuheben ...

II, XVII. ... Meine Schriften nun, sie sprechen mich so wenig an, daß ich, sooft ich sie wieder zur Hand nehme, mich ebensooft an ihnen ärgere ... Ich habe immer eine Vorstellung in der Seele, ein verschwommenes Bild, das mir, wie in einem Traum, eine bessere Gestalt zeigt als die, die ich hervorgebracht habe, aber ich kann sie nicht greifen und mir zunutze machen. Und auch diese Vorstellung gehört nur zum mittleren Stockwerk. Und daraus schließe ich, daß die Schöpfungen jener reichen und großen Seelen der vergangenen Zeit weit jenseits der äußersten Reichweite meiner Phantasie und meines Trachtens sind. Ihre Schriften befriedigen mich nicht nur und erfüllen mich, sondern sie wecken in mir eine Bewunderung, die mich betäubt und erstarren läßt. Ich weiß ihre Schönheit zu ermessen; ich sehe sie, wenn auch nicht bis in ihr Letztes, doch wenigstens einen so großen Teil davon, daß es mir unmöglich ist, ihr nachzustreben. Bei allem, was ich mir vornehme, sollte ich,

wie Plutarch es von jemandem gesagt hat, den Grazien ein
Opfer darbringen, um ihre Gunst zu gewinnen... Sie überlassen mich überall mir selbst. Bei mir ist alles ungeschlacht;
allem fehlt es an Eleganz und Schönheit. Ich kann den
Dingen im besten Falle den Wert geben, den sie haben.
Mein Zutun hilft dem Stoff gar nicht. Das ist der Grund,
weshalb ich starke Gegenstände brauche, die man von vielen Seiten anpacken kann und die aus sich selbst heraus
leuchten. Wenn ich alltägliche und oft heitere wähle, so
folge ich damit meinem Hang, da ich den gravitätischen
und trübseligen Ernst, wie die Welt ihn schätzt, nicht liebe,
und ich tue es, um mich selbst zu erheitern, nicht um meinen Stil heiterer zu machen, dem gewichtige und herbe angemessener sind (wenn ich überhaupt »Stil« sagen kann
für ein ungeformtes und regelloses Reden, eine familiäre
Sprache, ein Vorwärtsgehen ohne Definition, ohne Gliederung, ohne Abschluß)... Ich weiß weder Gefallen zu erwecken noch zu amüsieren, noch das Interesse anzustacheln:
die beste Geschichte der Welt verdorrt in meinen Händen
und verliert jeden Glanz...

Auch der Saite muß man Töne jeder Art abfordern, und
der hellste ist der, der am seltensten ins Spiel kommt. Es
bedarf eines zumindest ebenso vollendeten Könnens, ein
leeres Ding höher zu heben, wie dafür, einem gewichtigen
standzuhalten. In einem Fall müssen die Dinge an ihrer
Oberfläche behandelt werden; in einem anderen muß man
tief in sie hineingehen. Ich weiß wohl, daß die meisten
Menschen auf jener niederen Stufe verbleiben, weil sie die
Dinge nur an dieser äußeren Rinde fassen können; aber ich
weiß auch, daß die größten Meister, ein Xenophon sowohl
wie ein Plato, sich oft zu dieser niederen und alltäglichen
Weise, die Dinge zu nennen und zu betrachten, bereitfinden
und ihr all die Anmut geben, die ihnen immer zu Gebote
steht.

Ich will noch sagen, daß meine Sprache nichts Gefälliges,
nichts Geglättetes hat: sie ist holprig und nachlässig und

geht frei und ungeregelt ihren Weg. Aber ich merke wohl, daß ich mir manchmal zu sehr nachgebe und daß, eben weil ich Kunst und Unnatürlichkeit vermeiden will, ich auf andere Art hinein verfalle:

> ... brevis esse laboro,   obscurus fio   [Horaz]
> [kurz zu sein, suche ich, dunkel   werde ich]

Pierre de Deimier (um 1580 bis nach 1615)

L'Academie de l'Art Poëtique (1610)

Handbuch der Dichtkunst

Kap. XVI. Vernunft als Kontrollorgan der Dichtung

Einen gleich starken und hervorragenden Platz, wie ihn die Sonne im Weltall und die Seele im Körper einnehmen, nimmt die Vernunft bei allen menschlichen Handlungen für sich in Anspruch, und dies gilt sogar in der Dichtung, wo die Vernunft so unbedingt notwendig ist, daß ohne sie alle anderen Eigenschaften oder Teile, die die Dichtung verschönen sollen..., dennoch immer vollkommen untauglich wären, um ein Gedicht, in dem sie erstrahlten, durch und durch hervorragend und angenehm erscheinen zu lassen. So kann man auch feststellen, daß eine Dichtung, in der der Vernunft überall im Überfluß vorhanden ist, immer geschätzt und günstig aufgenommen werden wird... Wenn man andererseits feststellt, daß eine Dichtung etwas zum Gegenstand hat, dem der Schmuck der Vernunft fehlt, so lehnt man sie ab, verachtet sie und sagt, daß sie weder Sinn noch Verstand habe. Dennoch werden sich Leute finden, die sich Gegenargumente überlegen und mir dann vorhalten, daß es den Dichtern erlaubt sei, alles zu sagen, und daß auch die Teile einer Dichtung, die in irgendeiner Weise der Vernunft zuwiderliefen, dennoch zulässig seien, weil sich der Dichter aller möglichen Ideen bedienen dürfe, um seinen Gegenstand zu verschönen. Darauf möchte ich antworten: es ist wohl wahr, daß die Dichter die Erlaubnis haben, alles zu sagen, aber es ist ebenfalls wahr, daß man unter diesem Wort »alles« nur alles Schickliche und Vernünftige verstehen darf, denn nur den Possenreißern und Narren ist es gemeinhin erlaubt, kunterbunt über alle Dinge zu sprechen, werde die Vernunft nun davon beleidigt oder nicht; deshalb liegt es auf der Hand, daß derjenige, welcher spricht, ohne auf die Bedeutung der Vernunft zu achten, sich den Ruf eines Mannes ohne Urteilsvermögen erwirbt, sei es auf Grund eines Irrtums, der ihm unterläuft, oder irgendeiner Leidenschaft, die ihm den Geist trübt. Aus diesem Grund sind die Dichter verpflichtet, so zu schreiben, wie es die Vernunft verlangt; denn diese will in den Werken derer, die wagen, durch sie auf vernünftige Weise nach Ruhm zu streben, anerkannt und verehrt werden, damit man diese Dichter nicht für Narren oder Possenreißer hält noch sie tadelt, weil sie die Achtung, die man seiner Aufgabe schuldet, verletzt hätten. Auch ist es ein unverbrüchlicher Grundsatz, daß für dichterische Werke ein Höchstmaß an Regeln und Vernunft nötig ist, wie Themistokles, der Herrscher von Athen, dem Dichter Simonides, der ihn um etwas Unrechtes bat, wohl verstehen zu geben wußte. Er sagte ihm nämlich: du wärest kein guter Dichter, wenn du entgegen den Regeln der Musik etwas besängest, ich kein guter Herrscher über meine Stadt, wenn ich irgend etwas täte, das gegen die Gesetze der Bürger verstieße. Freilich, wie unter den Tugenden und Lastern der Menschen die einen viel größer sind als die anderen und die einen, gemessen an dem Grad ihrer Güte, großes Lob verdienen, die anderen aber nach ihrer Unvollkommenheit eher Strafe, so findet man gleichermaßen in einigen Dichtwerken un-vernünftige Teile, die man nur ein wenig ablehnen muß und die sogar im Hinblick auf andere Werke annehmbar sind, welche den Erfordernissen der Vernunft vollkommen zuwiderlaufen und unter keinen Umständen befolgt oder nachgeahmt werden dürfen.

Die Eigenart der Dichtung im Verhältnis zur Geschichtsschreibung

Auch sollten sich die Dichter unter keinen Umständen jemals unterfangen, Geschichte in Versen zu schreiben, ein schwerer Fehler, den in unseren Tagen einige Leute begangen haben. Sie folgten auf diesem Irrweg den Spuren von Claudian, Lucan und anderen lateinischen Versemachern, die Geschichte in Versen geschrieben haben. Wenn man aber in angemessener Weise Verse für historische Stoffe verwenden will, dann muß man die Epen eines Homer und Vergil nachahmen und mit dem gleichen Kunstverstand und Redeschmuck, die diese beiden göttlichen Autoren in ihren Werken verwandt haben, gewisse wahre Einzelbegebenheiten mit tausend erdachten und wahrscheinlichen Einzelheiten ausschmücken und nicht von Anfang bis Ende Reimchroniken schreiben, denn die Aufgabe und Herstellung eines Berichtes, der unverfälscht und wahrhaftig erzählt, was sich in der Regierungszeit oder unter der Herrschaft eines Fürsten an Hervorstechendem und Bedeutendem ereignet hat, obliegt ausnahmslos den Historiographen; und diese sind verpflichtet, in Prosa zu schreiben. Ich finde es aber an dieser Stelle auch angebracht, darauf hinzuweisen, daß sich die Historiographen in ihren Prosaberichten nicht unter die Dichter begeben sollen, genau wie die Dichter sich niemals unterfangen sollen, in ihren Gedichten Historiographen sein zu wollen. Hierin haben gewisse Historiographen, die seit hundert Jahren so schreiben, außerordentlich gefehlt, denn man sieht, wie sie sich vom wahren Pfad der Historie entfernen, und wo es nötig ist, einfach die Wahrheit zu berichten, haben sie sich im Gestrüpp privater Vorlieben verirrt und lassen sich so von Sturm und Wut einer unbedachten Leidenschaft fortreißen.

Die moralisch-religiöse Gebundenheit der Dichtung

Über die Liebe oder zum Ruhm der Schönheit einer jungen Dame zu schreiben ist für die Dichter fast so etwas Alltägliches wie das Erblühen der Rosen im Frühjahr. Diese Ziehkinder der Musen müssen sorgfältig darauf achten, daß ihre Liebesgedichte genau wie all ihre anderen Dichtungen mit Schicklichkeit geschrieben sind und so gut, daß man keine ehrbareren und tugendhafteren Begriffe verwendete, schriebe man für eine Minerva selber. Derart sollen Schriften, die von der Liebe handeln, beschaffen sein, damit man ihre Abfassung niemals bedauert, denn man bereut nie, wenn man etwas Gutes getan hat. Aber Verse ans Licht der Öffentlichkeit zu geben, die Laster und verderbte Leidenschaften bekannt machen und verherrlichen, das ist dasselbe, wie anstelle eines schönen Schlosses mit viel Fleiß eine Festung und ein sehr finsteres Verlies zu bauen, um sich dort für die Zukunft einzuschließen und, von Überdruß und Reue gequält und zermartert, zu verzehren. Um nun so zu schreiben, daß die Tugend davon niemals beleidigt wird, muß man sich auf den gleichen Weg begeben wie die Liebesdichtungen, die Petrarca für seine Laura, ein Edelfräulein aus Avignon, verfaßt hat; denn das sind Verse, in denen überall Liebessehnsucht gepaart mit Ehrbarkeit durchscheint. So soll sich ein Dichter, will er sowohl Ruhm wie Ruhe der Seele durch ein dichterisches Werk, das von den Leidenschaften der Liebe handelt, erreichen, bei der Beschreibung seiner Liebe der gleichen Art und Weise wie dieser florentinische Dichter bedienen. Nun möchte ich zur Vervollständigung des eben Gesagten noch hinzufügen, daß derjenige, der eine natürliche Begabung für die Dichtung hat, sich stets so gut aufführen muß, daß die Tugend in ihm immer eine Heimstatt hat und er in seinen Schriften niemals Anstand und Bescheidenheit verletzt, gleich welchen Gegenstand er auch in Arbeit hat. Auch muß er darauf achten, sich niemals zu der gleichen unsinnigen Auffassung zu verirren, mit der sich einige Versemacher dieses Jahrhunderts schmeicheln und vor Stolz blähen, denn man sieht unter ihnen einige, die von einer falschen Einbildungskraft so seltsam vorangetrieben werden, daß sie sich in allen ihren Erzeugnissen immer phantastisch und auf Abwechslung bedacht zeigen, indem sie glauben, sie würden durch ihr flatterhaftes und ungeregeltes Vorgehen als Dichter für sehr gebildet und geistreich gehalten werden. Aber wenn sie solche Pläne verfolgen, täuschen sie sich nur zu sehr, denn der Wert der Dichtung besteht nicht darin, sich wie rasend, verrückt oder wie Diogenes aufzuführen, sondern besteht in der harmonischen und vollendeten Abfassung von Gedichten, in denen die Schönheit der Verse und die Vortrefflichkeit vernünftiger Argumente gleichermaßen erstrahlen. Statt daß diese Effekthascher, diese verirrten Reimerlinge, sich durch derartige Verdrehtheiten den Ruhm großer Dichter erwerben, gewinnen sie nichts anderes als den Beinamen, große Narren und hirnlose Pedanten zu sein, und machen sich verhaßt und unerträglich von dem Tag an, wo man sie zum ersten Mal erblickt. Es stimmt wohl, daß ein Dichter Einsamkeit braucht, wenn sein Geist die Gedanken hervorbringen soll, die die dichterische Veranlagung dort gebildet hat, aber danach muß er bescheiden und genauso ruhig sein wie nur irgend jemand. Denn der Ruf eines verständigen Mannes ist überall viel besser als der eines unbesonnenen, so gelehrt dieser auch sei. Ein Dichter, der feststellt, daß er reichlich mit der Gabe der Dichtkunst, die

die Natur den Geistern eingibt, beschenkt ist, muß diese Gabe durch Streben nach einem guten moralischen Verhalten und durch die Liebe seines Herzens zu Gott verschönen und vermehren. Denn bei all den Vergnügungen, mit denen die Welt die Wünsche der Menschen verzaubern und zufriedenstellen kann, muß man sich immer daran erinnern, daß man Christ ist und daß das höchste Ziel der Menschen nicht in dieser Welt liegt. Auch muß man sich vergegenwärtigen, daß man noch mehr in Gott leben muß, wenn man in der Welt lebt. Der Geist eines Dichters wird sich um so weiter von den Unvollkommenheiten der Erde entfernen, je intensiver er damit beginnt, die Reichtümer des Himmels zu erwerben; auch wird er sich um so besser davor schützen, über die Laster zu straucheln, je mehr er erkennt, daß seine Seele durch die Gunst und den Ruhm der Musen erhöht wird. Denn diese Göttinnen, die die ersten Dichter wegen ihrer Tugend zu Recht für jungfräulich gehalten haben, lassen ihre Gunst lasterhaften Seelen keineswegs zuteil werden, nur den tugendreichen Seelen schenken sie ihre kostbarsten Schätze freigebig. Wie der Dichter deshalb willens sein muß, sich stets durch die Lektüre guter Bücher und den Umgang mit gebildeten und tugendhaften Menschen Wissen zu erwerben, so soll er gleichermaßen seine liebsten Vergnügungen darauf verwenden, sich durch Tugend auszuzeichnen, damit seine dichterische Veranlagung über den Vorteil hinaus, den ihm ein solches Leben einbringt, immer mehr Kraft und Stärke gewinnt, um sich zum Himmel aufzuschwingen, und er mit mehr Ruhe und Vollkommenheit die Gegenstände seiner Vorstellungen und Pläne beschreiben kann.

Jean de Mairet (1604–86)

Silvanire ou la Morte-Vive. Préface (1631)[26]

Silvanire oder Die Scheintote. Vorrede

Über die Hauptteile der Komödie

[Die ersten beiden, vom Dichter zu erfüllenden Bedingungen: 1. eine erfundene Komödienfabel; 2. Beachtung der Handlungs-Einheit.]

... Die dritte und am strengsten zu erfüllende ist das Gebot der Zeit, welche von den ersten Tragikern auf den Verlauf eines Tages beschränkt wurde und sich bei den anderen, wie bei Sophokles in *Antigone* und bei Terenz in seinem nach Menanders Vorbild verfaßten *Heautontimoroumenos*, auf den folgenden Tag ausdehnt: denn diese Regel und Bedingung ist die gleiche für Komödien und Tragödien. Im Stück muß also diese Regel, zum mindesten die der 24 Stunden, befolgt werden, in der Weise, daß alle Handlungen, vom ersten bis zum letzten der Akte, welche die Zahl Fünf weder unter- noch überschreiten dürfen, sich in diesem Zeitraum ereignet haben können.

Diese Regel, die man eines der Grundgesetze des Theaters nennen kann, ist von den Griechen und Römern stets auf das sorgfältigste beobachtet worden. Und ich bin erstaunt, daß von unseren heute so zahlreichen dramatischen Autoren die einen sich noch nicht dazu entschlossen haben, sie einzuhalten, und die anderen nicht genügend Verstand haben, wenigstens davon abzustehen, die Regel zu tadeln... Ich selbst habe eine so große Achtung vor den Alten, daß ich mich nie von ihrem Urteil noch von ihren Gewohnheiten abwende, wenn ich nicht durch einen klar erkennbaren, dem Zwecke dienenden Grund dazu gezwungen werde. Vielerlei Erwägungen machen es glaubhaft, daß sie diese

Regel im Hinblick auf die Vorstellungskraft des Zuschauers aufgestellt haben, denn dieser hat (wie die Erfahrung zeigt) eine unvergleichlich größere Freude an der Aufführung einer in solcher Weise angeordneten Handlung als an einer anderen, der diese Ordnung fehlt, und zwar deshalb, weil er hier ohne jede Mühe oder Ablenkung die Dinge so sieht, als ob sie sich wirklich vor seinen Augen ereigneten. Im anderen Falle aber ist es, wegen der Länge der Zeit, die sich manchmal über zehn oder zwölf Jahre erstreckt, unvermeidlich, daß die Vorstellungskraft um die Freude an der Darstellung, die sie als gegenwärtiges Geschehen empfand, gebracht wird; denn sie muß nun mühsam zu verstehen suchen, wie die gleiche Person, die soeben noch in der letzten Szene des ersten Aktes in Rom redete, sich in der ersten Szene des zweiten Aktes in Athen befindet oder – ganz nach Belieben – auch in Kairo. Das kann nur dazu führen, daß die Vorstellungskraft erschlafft, daß ein so plötzlich eingetretener Szenenwechsel sie verwirrt und daß es sie sehr verdrießt, ihrem Objekt von Provinz zu Provinz nachlaufen und fast von einem Augenblick zum anderen Berge überschreiten und Meere durchqueren zu müssen. »Wie denn«, wird jemand sagen, der vielleicht glaubt, einen guten Einwand zu haben, »was wird denn aus der Phantasie, und wie kann sie Freude haben an Geschichtswerken und an Romanen, in denen der Zeitablauf ein so anderer ist, oder warum geht sie ihrem Objekt nicht überall nach, da sie ja weder von den Bergen noch den Meeren aufgehalten werden kann?«
Hierauf erwidere ich, daß Geschichte und Komödie für die Vorstellungskraft nicht das gleiche sind. Der Unterschied liegt darin, daß Geschichte nur ein einfacher Bericht von früher geschehenen Dingen ist, der abgefaßt wurde, um die Erinnerung daran zu erhalten, und nicht, um die Phantasie zu erfreuen. Die Komödie dagegen ist eine lebendige und die Gefühle erregende Darstellung der Dinge, so als ob sie sich in diesem Augenblick ereigneten, und ihr wichtigstes

Ziel ist die Ergötzung der Phantasie. Deshalb wird in einem geschichtlichen Bericht meine Vorstellungskraft lange Reisen nicht erstaunlich finden, weil ich voraussetze, daß sie Zeit gefordert haben; aber im Bereich des Dramatischen wird sie, so stark sie auch sein mag, ganz gewiß nicht gut verstehen können, wie eine Person innerhalb einer Viertelstunde von einem Pol zum anderen gelangt ist... Ich glaube, daß die Alten mit wohlbedachtem Grund ihre dramatischen Stoffe durch diese strenge Regel begrenzt haben, da sie der Wahrscheinlichkeit dient und unserer Vorstellungskraft angepaßt ist, welche zwar ihrem Objekt überall hin folgen kann, aber keine Freude daran hat, es zu tun. So muß man also zugeben, daß diese Regel vortrefflich ist, zugleich aber auch, daß es schwer ist, sie zu befolgen, weil es in einer so kleinen Spanne Zeit nur wenige schöne und wirkungsvolle Handlungen geben kann...

Es ist müßig einzuwenden, daß die Härte dieser Bedingung es unmöglich mache, schöne Dramenstoffe zu finden, und daß die Bestrebung der Alten, eine Vermengung der Zeiten zu vermeiden, einen anderen Mißstand herbeigeführt habe: den Mangel nämlich an wirkungsvollen Handlungen, welche so selten anzutreffen sind in allen ihren Stücken..., daß deren Aufführung heute nur als sehr langweilig empfunden würde. Denn wenn es auch wahr ist, daß die Tragödien oder Komödien der Alten überaus arm an Handlung sind und deshalb in gewisser Weise langweilig, so ergibt sich daraus nicht, daß die zu strenge Befolgung des Zeit-Gebotes diesen Mangel an Handlungen und Ereignissen verursacht hat – so gewiß es ist, daß wir lieber mehr davon hätten.

Denn man muß bedenken, daß die gleichen Stücke, die also von Euripides, Sophokles und Seneca, die wir heute so einfach und karg finden, gut gefüllt erschienen im Vergleich mit denen des braven Thespis ... und des vortrefflichen Aischylos ...

Claude Favre Seigneur de Vaugelas
Baron de Pérouges (1585–1650)

Remarques sur la langue françoise, utiles à ceux qui veulent bien parler et bien escrire (1647)
Bemerkungen über die französische Sprache zum Nutzen derer, die richtig schreiben und sprechen wollen

[Auszüge aus dem Vorwort]

Ich stelle hier für unsere Sprache nicht aus eigener Machtvollkommenheit Gesetze auf. Täte ich dies doch, wäre ich wohl vermessen, um nicht zu sagen von Sinnen, denn mit welchem Recht könnte ich mich unterstehen, mir eine Macht anzumaßen, die nur dem *Sprachgebrauch* zusteht, den ein jeder als den Beherrscher und Fürsten der lebenden Sprachen anerkennt? Zuvor muß ich jedoch für ein derartiges Vorgehen rechtfertigen, aus Angst, daß diejenigen Leute, die jemanden verurteilen, ohne ihn vorher anzuhören, mich deswegen anklagen, wie sie es mit jener erlauchten und berühmten Gesellschaft [der Académie Française] getan haben, die heute eine der Zierden von Paris und der französischen Beredsamkeit ist. Ich habe nicht vor, unsere Sprache zu reformieren noch Wörter außer Kraft zu setzen oder neue zu schaffen, sondern ich will nur den guten Gebrauch derjenigen Wörter aufzeigen, die zum festen Bestand unserer Sprache gehören, und wenn dieser Gebrauch zweifelhaft oder unbekannt ist, ihn erläutern und bekannt machen. Und weit davon entfernt, mich zum Richter bei sprachlichen Streitigkeiten aufzuwerfen, will ich im Gegenteil nur ein einfacher Zeuge sein, der aussagt, was er gehört und gesehen hat, oder ein Mann, der eine Sammlung von Urteilen veranstaltet, die er der Öffentlichkeit vorlegt. Deswegen heißt dieses kleine Werk auch nur *Bemerkungen* und hat sich nicht einen prunkvollen Titel wie *Bestimmungen, Gesetze* oder ähnliches aufgebürdet; denn obgleich es sich dabei in der Tat um die Gesetze eines Fürsten handelt, eine Rolle, die dem Gebrauch der Sprache ja zukommt, so habe ich außer aus Abneigung gegen derartig anspruchsvolle Titel auch jeden Verdacht von mir abwenden müssen, als wollte ich etwas gesetzlich verankern, was ich doch nur einfach berichten will.

1. Um dies besser verständlich zu machen, muß ich erklären, was *Sprachgebrauch* eigentlich heißt, von dem man so viel spricht und den alle Welt einen König, Tyrannen, Schiedsrichter oder Beherrscher der Sprachen nennt. Denn wenn es sich hierbei um nichts anderes handelt, wie einige Leute meinen, als die gewöhnliche Redeweise eines Volkes in der Hauptstadt seines Reiches, dann müßten diejenigen, die dort geboren und aufgewachsen sind, ja nur die Sprache ihrer Ammen und Dienstboten sprechen, um ihre Landessprache gut zu sprechen, und Leute aus der Provinz und Ausländer müßten sie folglich nur nachahmen, um diese Sprache gut zu beherrschen. Aber diese Auffassung verstößt derart gegen die allgemeine Erfahrung, daß sie sich von selbst widerlegen läßt, und ich habe nie verstehen können, wie einer der berühmtesten zeitgenössischen Autoren [Malherbe] von diesem Irrtum angesteckt wurde. 2. Es gibt ohne Zweifel zwei Arten von Sprachgebrauch: einen guten und einen schlechten. Die Mehrzahl der Menschen hat einen schlechten Sprachgebrauch ausgebildet, und dieser ist fast in allen Bereichen nicht der beste; der gute Gebrauch hingegen wird nicht von der Mehrheit, sondern von einer Elite von Sprechern gebildet, und ihn nennt man wirklich den Beherrscher der Sprachen, ihm muß man folgen, wenn man gut sprechen und in allen Stillagen gut schreiben will, ausgenommen im satirischen und komischen Stil in seiner ursprünglichen und früheren Bedeutung sowie im burlesken

Stil, alles Stillagen, die aber so wenig verbreitet sind, daß sich ihnen nur wenige Leute widmen. Den guten Sprachgebrauch definiert man also folgendermaßen: 3. *als die Redeweise des verständigsten Teils des Hofes, die auch der Ausdrucksweise des verständigsten Teils der zeitgenössischen Schriftsteller entspricht.* Wenn ich sage *Hof*, so meine ich Männer wie Frauen und zugleich zahlreiche Bewohner der Stadt, wo der Fürst residiert, die durch den Umgang, den sie mit den Leuten bei Hof haben, an dessen kultiviertem Umgangston teilhaben. Der Hof ist ganz sicherlich mit einem Vorratslager vergleichbar, aus dem unsere Sprache eine große Zahl schöner Ausdrücke bezieht, um unsere Gedanken auszudrücken, und die Beredsamkeit auf der Kanzel und im Gerichtssaal verfügte nicht über die nötige Anmut, wenn sie sich diese nicht fast ausschließlich bei Hofe liehe. Ich sage *fast*, denn es gibt noch eine große Zahl anderer Redewendungen, die nicht dem Hof, sondern den besten griechischen und lateinischen Autoren entstammen, deren Erbe einen Teil des Reichtums unserer Sprache ausmacht, vielleicht gerade ihren prächtigsten und prunkvollsten Bestandteil. 4. Welche Vormachtstellung wir dem Hof auch einräumen, er kann allein nicht als Richtschnur dienen, der Hof und die guten Schriftsteller müssen zusammenwirken, und nur durch ihre allgemeine Übereinstimmung entsteht der Sprachgebrauch. 5. Das heißt nun aber nicht, daß der Hof nicht unendlich viel mehr zum Sprachgebrauch beitrüge als die Schriftsteller noch daß man einen Vergleich zwischen beiden anstellen könnte, denn das gesprochene Wort nimmt den ersten und würdigsten Platz ein, da das geschriebene Wort nur sein Abbild ist wie das erste auch nur ein Abbild des Gedankens. Aber die Billigung durch gute Schriftsteller ist wie ein Siegel oder eine Beglaubigung, die die Sprache des Hofes gutheißt, den guten Sprachgebrauch bezeugt und über den zweifelhaften Gebrauch entscheidet. Man kann jeden Tag bei den Leuten, die sich bemühen, sorgfältig zu sprechen und zu schreiben, die Auswirkungen dieses Vorganges beobachten, denn wenn sie beharrlich gute Bücher lesen, legen sie mehrere Fehler ab, die bei Hof häufig vorkommen, und erwerben eine Reinheit der Sprache und des Stils, die man nur bei guten Schriftstellern lernt. Da könnte nun jemand behaupten, es genügte, gute Bücher zu lesen, um einen ausgezeichneten Stil und eine ausgezeichnete Sprache zu erwerben, und Leute aus der Provinz und Ausländer müßten gar nicht erst bei Hofe suchen, was sie bequemer und mit größerer Vollkommenheit beim Studium der Bücher finden könnten. Was jedoch das Sprechen angeht, möchte ich antworten, daß hier bekanntlich die Lektüre allein nicht genügt, und das um so weniger, als eine gute Aussprache, die ein wesentlicher Bestandteil der lebenden Sprachen ist, verlangt, daß man bei Hof ein- und ausgeht; weiterhin, weil der Hof allein eine Unzahl von Begriffen lehrt, die stündlich in der Konversation und im Umgang der Gesellschaft, aber selten in den Büchern vorkommen. 6. Was aber das Schreiben angeht, will ich nicht leugnen, daß jemand, der nur gute Schriftsteller liest und sich an so vollendeten Vorbildern schult, nicht auch selber ein guter Autor werden könnte; und haben denn zahllose erlauchte Schriftsteller, die das Latein zu neuem Leben und neuer Blüte geführt haben, etwas anderes tun können, seit es eine tote Sprache ist? Der Kardinal Bembo, dem die italienische Sprache so viel schuldet und der den Glanz seines Purpurs mit dem Staub der Grammatik keineswegs verdunkelt hat, hat festgestellt, daß gerade die besten Schriftsteller, die in seiner Muttersprache schreiben, noch nicht mit der Reinheit dieser Sprache auf die Welt kamen, und zwar allein aus dem Grund, daß es auf der Welt noch nie einen Ort gegeben hat, nicht einmal Athen oder Rom, wo die Sprache so rein war, daß sich nicht doch einige Fehler darin eingeschlichen hätten, und daß es fast unmöglich ist, daß diejenigen, denen diese Fehler angeboren sind, nicht doch einige in ihre Schriften einfließen lassen. Wohingegen die erstgenannten Autoren den Vorteil haben, daß sie beständig vor den Fehlern ihrer Heimat auf der Hut sind und sich deshalb solch glänzende Vorbilder aussuchen, um sie nachzuahmen, daß sie diese oft noch übertreffen, weil sie von jedem nur das Beste übernehmen. 7. Zur Lektüre den Verkehr bei Hof und den Umgang mit sprachgebildeten Leuten noch hinzuzufügen, bedeutet sicherlich doch noch etwas ganz anderes, da das ganze Geheimnis, wie man lernt, vollendet zu schreiben und zu sprechen, nur darin besteht, diese drei Methoden miteinander zu verbinden. Wenn wir nur vom Hof und den Autoren gesprochen haben, so ist der dritte Weg nicht weniger notwendig, weil viele Zweifel und Schwierigkeiten vorkommen, die der Hof nicht lösen und die die Schriftsteller nicht erklären können, sei es, daß die Beispiele, die eine Erhellung bringen könnten, selten sind oder man sie nicht zur rechten Zeit findet, sei es, daß überhaupt keine derartigen Beispiele vorkommen.

8. Die Reinheit der Sprache ist also doch nicht so leicht zu erwerben, weil man nur durch diese drei Wege, die ich aufgezeigt habe, dorthin gelangt und zwei von ihnen mehrere Jahre verlangen, um wirksam zu werden; denn man darf sich nicht vorstellen, daß es für diesen Zweck genügte, von Zeit zu Zeit eine Reise an den Hof zu machen oder irgendeine Bekanntschaft mit Leuten zu schließen, die die Sprache vollkommen beherrschen. Man muß ununterbrochen bei Hofe sein und mit derartigen Leuten umgehen und sich dabei diese beiden Methoden zunutze machen; man darf sich aber nicht unmerklich durch einen zu langen Aufenthalt in der Provinz anstecken und verderben lassen...

François Hédelin Abbé d'Aubignac (1604–76)

La pratique du théâtre (1657)
Die Kenntnis der Bühne

Buch II

Kap. 2. Die Wahrscheinlichkeit

Sie ist die Grundlage aller Theaterstücke, ein jeder spricht von ihr, doch nur wenige verstehen sie; sie ist ein allgemeines Kennzeichen, an dem man alles, was auf dem Theater geschieht, messen muß: in einem Wort, die Wahrscheinlichkeit macht, wenn man so will, das Wesen des Schauspiels aus, ohne sie kann man nichts Vernünftiges auf der Bühne tun oder sagen.

Es ist eine allgemein anerkannte Regel, daß das *Wahre* nicht der Gegenstand des Theaters ist, weil es eine Menge wahrer Dinge gibt, die man dort nicht sehen sollte, und viele, die dort nicht dargestellt werden können. Deshalb hat Synesius[27] sehr richtig gesagt, daß die Dichtung und die anderen Künste, die allein auf der Nachahmung beruhen, sich nicht nach der Wahrheit richten, sondern nach der Anschauung und dem gewöhnlichen Empfinden der Menschen.

Es ist wahr, daß Nero seine Mutter erwürgen und ihren Leib öffnen ließ, um zu sehen, an welcher Stelle er neun Monate vor seiner Geburt ausgetragen worden war; diese Greueltat mochte zwar dem Täter gefallen, wäre aber für Zuschauer nicht nur schaudererweckend, sondern sogar unglaublich, weil so etwas eigentlich überhaupt nicht geschehen dürfte. Unter all den Begebenheiten, aus denen ein Dichter seinen Stoff suchen könnte, gibt es nicht eine, jedenfalls glaube ich das nicht, deren sämtliche Umstände für das Theater geeignet wären, obgleich sie wirklich vorgekommen sind, und in die man, ohne ihren Ablauf zu verändern, die Zeit, die Örtlichkeiten, die Personen und viele andere Einzelheiten hineinbringen könnte.

Auch das *Mögliche* ist nicht der Gegenstand des Theaters, denn es gibt viele Dinge, die entweder durch das Zusammentreffen natürlicher Umstände oder durch das Eintreten von im Menschen begründeten Ursachen möglich sind, die jedoch lächerlich und wenig glaubhaft wären, wenn sie dargestellt würden. Es ist möglich, daß ein Mensch plötzlich stirbt, und dies kommt oft vor, aber alle Welt würde sich über einen Dichter lustig machen, der, um bei einem Theaterstück die Auflösung herbeizuführen, einen Rivalen am Schlagfluß sterben ließe, was eine natürliche und häufig vorkommende Krankheit ist, oder aber er bedürfte hierfür zahlloser geschickter Vorbereitungen. Es ist möglich, daß jemand durch einen Blitzschlag stirbt, aber es wäre eine schlechte Erfindung, wollte ein Dichter sich dadurch eines Liebhabers entledigen, den er eingeführt hat, um die Intrige eines Lustspiels in Gang zu setzen.

Nur das *Wahrscheinliche* kann demnach, folgt man der Vernunft, Grundlage, Fortgang und Ende eines Dramas gewährleisten, wobei nicht gesagt ist, daß wahre und mögliche Begebenheiten aus dem Theater verbannt wären, aber sie kommen dort nur insoweit in Betracht, als sie in den Bereich des Wahrscheinlichen gehören. Will man sie also auf die Bühne bringen, so muß man alle Umstände fortlassen oder verändern, die nicht diese Beschaffenheit aufweisen, eine Beschaffenheit, die man folglich allen Vorgängen, die man zur Aufführung bringen will, beilegen muß.

Ich will mich hier nicht über die gewöhnliche und die außergewöhnliche Wahrscheinlichkeit auslassen, die alle Lehrmeister ausführlich behandelt haben, denn ein jeder weiß, daß Dinge, die von Natur aus unmöglich sind, durch göttliche Kraft oder Zauberei möglich und wahrscheinlich werden können und daß die Wahrscheinlichkeit des Theaters nicht dazu verpflichtet, nur die Begebenheiten darzustellen, die im Verlauf eines gewöhnlichen Menschenlebens vorkommen, sondern daß sie auch das *Wunderbare* in sich einschließt, das Ereignisse um so bedeutender macht, je unvorhergesehener sie sind, obgleich sie in jedem Fall wahrscheinlich sein müssen. Ich habe diesbezüglich jedoch festgestellt, daß nur wenige Leute verstehen, wie weit diese Wahrscheinlichkeit reicht. Zwar weiß alle Welt, daß sie bei der Haupthandlung eines Werkes und bei den Begebenheiten, die auch die Ungebildetsten verstehen sollen, beachtet werden muß, aber weitere Gedanken hat man sich bisher nicht gemacht. Man muß sich nun aber klarmachen, daß sogar die unbedeutendsten Handlungen, die auf der Bühne dargestellt werden, wahrscheinlich sein müssen; sind sie dies nicht, so sind sie durch und durch mangelhaft und dürfen dort nicht vorkommen. Es gibt keine menschliche Handlung, die so einfach wäre, daß nicht mehrere Begleitumstände wie Zeit, Ort, Person, Rang, Absichten, Mittel und Motive sie erst bestimmten. Da die Bühne diese Handlung vollständig widerspiegeln soll, muß sie sie in ihrer Ganzheit vorführen, muß die Wahrscheinlichkeit in allen Teilen dieser Handlung beachtet werden.

Wenn ein König auf der Bühne spricht, muß er auch wie ein König sprechen und darf vor allem nichts gegen seine Würde unternehmen, was unwahrscheinlich wäre, wenn es nicht einen anderen Grund gibt, der ihn hiervon entbindet, wie z. B. wenn er verkleidet ist. Ich gehe sogar noch weiter: ein solcher König, der seiner Würde entsprechend auf der Bühne spricht, befindet sich zweifelsohne auch an irgendeinem Ort, wenn er so spricht. Folglich muß die Bühne auch den Ort zeigen, wo er sich aufhält, denn es gibt Dinge, die man nur an ganz bestimmten Orten auf wahrscheinliche Weise sagen oder tun kann. Er muß weiterhin darstellen und zu verstehen geben, zu welchem Zeitpunkt er spricht, denn die Redeweise muß oft den zeitlichen Umständen angepaßt werden, und ein Fürst wird vor einer Schlacht ganz anders sprechen als zu dem Zeitpunkt, wo er sie gewonnen oder verloren hat. Um aber diese Wahrscheinlichkeit bei allen Umständen einer Bühnenhandlung beachten zu können, muß man genau die Regeln des Schauspiels kennen und anwenden, denn sie lehren nichts anderes, als alle Teile einer Handlung, die man auf die Bühne bringt, wahrscheinlich zu machen, um daraus ein vollständiges und erkennbares Bild zu gestalten ...

Kap. 3. Die Einheit der Handlung

Eine Regel des Aristoteles, und zwar eine sehr vernünftige, lautet, daß ein Schauspiel nur eine einzige Handlung enthalten könne, und zu Recht verdammt er die Autoren, die in einem einzigen Drama eine ganze große Begebenheit oder das Leben eines Helden behandeln. Denn obwohl es in einem Schauspiel nur eine Hauptperson geben kann, auf die alle guten und schlechten Ereignisse zurückfallen, gibt es gleichwohl mehrere Einzelhandlungen. Diese Lehre gilt heute als allgemein anerkannt, die Interpreten des Philosophen haben sie ausführlich dargelegt, und unsere Dichter sind darüber nicht mehr im Zweifel. Um diese allgemeinen Regeln noch etwas auszuführen, will ich den Grund für diese Vorschrift, so wie ich ihn mir vorstelle, darlegen, weiterhin, wie man auf der Bühne mehrere Begebenheiten in einer einzigen Handlung zusammenfassen kann.

Ganz sicherlich ist die Bühne nichts anderes als ein Bild; da es unmöglich ist, ein einziges Bild zu malen, das aus zwei verschiedenen Originalen besteht, ist es auch unmöglich, daß zwei Handlungen (ich meine Haupthandlungen) auf vernünftige Weise in einem einzigen Theaterstück dargestellt werden können. Und in der Tat, ein Maler, welcher über irgendeine Begebenheit ein Gemälde malen will, hat nichts anderes im Sinn, als eine Handlung abzubilden, und

dieses Bild ist derart begrenzt, daß es nicht zwei Teile der
Begebenheit, die er sich auswählt, und noch viel weniger
die ganze Begebenheit darstellen kann. Denn dann müßte
ein und dieselbe Person mehrfach gemalt werden, was ein
unvorstellbares Durcheinander in das Gemälde hineinbringen würde, und man könnte die Abfolge all dieser verschiedenen Handlungen nicht unterscheiden, was die dargestellte Begebenheit unendlich dunkel und unverständlich
machen würde. Der Maler wird vielmehr aus allen den
Einzelhandlungen, die diese Begebenheit ausmachen, die
wichtigste, die der Vortrefflichkeit seiner Kunst angemessenste, die zugleich in irgendeiner Weise alle anderen Einzelhandlungen beinhaltet, auswählen, damit man mit einem
Blick recht genau erkennen kann, was er alles hat schildern
wollen. Und wollte er zwei Teile derselben Begebenheit
darstellen, würde er in ebendies Gemälde in einigem Abstand einen anderen Rahmen einzeichnen, wo er eine andere
Handlung als die auf dem Gemälde dargestellte malen
würde, um so zu verstehen zu geben, daß er aus zwei verschiedenen Handlungen zwei Bilder machte und daß es
sich um zwei Gemälde handelte. Wenn er beispielsweise die
Geschichte der Iphigenie malen wollte, könnte er in einem
einzigen Gemälde nicht alle Erlebnisse dieser Prinzessin
darstellen. Er würde sich vielmehr mit dem Opfer, das die
Griechen der Diana bringen wollten, um ihren Zorn und
die Meeresstürme zu beschwichtigen, begnügen, denn in
dieser Handlung wäre die ganze Geschichte in gewisser
Weise enthalten: man würde das Unwetter, welches diese
große Flotte im Hafen von Aulis zurückhielt, als die Ursache, den Schmerz ihres Vaters und das Mitleid der übrigen Fürsten als Begleitumstände betrachten können, desgleichen ihre Entführung durch die außerordentliche Gunst
der Göttin, die diese Prinzessin retten wollte. Wenn der
Maler dann im Sinn hätte, insbesondere zu verstehen zu
geben, daß Diana sie nach Tauris brachte, wo sie fast ihren

Bruder Orest geopfert hätte, würde er in einer Ecke des Gemäldes einen besonderen Rahmen einzeichnen, wo sie im Gewand der Priesterin, das Schwert in der Hand, erschiene, und dann noch andere Einzelheiten dieses zweiten Vorganges hinzufügen, um so zwei verschiedene Gemälde über zwei verschiedene Handlungen zu malen, die beide der gleichen Begebenheit entstammen. In gleicher Weise muß der Verfasser von Dramen vorgehen; denn wenn er sich anschickt, ein Theaterstück zu schreiben, muß er sich vorstellen, er wolle ein handelndes und sprechendes Bild malen, und er muß sich bewußt sein, daß er darin nicht eine zusammenhängende große Begebenheit oder aber das ganze Leben eines Helden darstellen kann, denn dann müßte er eine unendliche Fülle von Einzelereignissen schildern, eine zu große Zahl von Schauspielern beschäftigen und so viele Dinge miteinander vermischen, daß er nicht nur ein unüberschaubar wirres Werk hervorbrächte, sondern auch an mehreren Stellen gegen die Wahrscheinlichkeit, die Schicklichkeit und die Vorstellungskraft der Zuschauer verstieße. Außerdem sähe er sich dann gezwungen, die zeitliche und räumliche Ausdehnung des Dramas um ein Vielfaches zu überschreiten; wollte er aber dies alles in den durch die Regeln seiner Kunst vorgeschriebenen Grenzen einschließen, müßte er alle Vorkommnisse überstürzen, sie aufeinandertürmen ohne Anmut und Überlegenheit, alle erhabenen Stellen unterdrücken oder auslassen und würde uns schließlich etwas Widernatürliches und Überspanntes vorführen wie diejenigen Autoren, die uns im ersten Akt einer Tragödie die Hochzeit einer Prinzessin, im zweiten die Geburt ihres Sohnes, im dritten die Leidenschaften des jungen Prinzen, im vierten seine Siege und im fünften seinen Tod sehen lassen, was alles Gegenstand für mehr als zwanzig Tragödien sein könnte.

Unser Dichter wähle deshalb aus dieser Stoffülle eine denkwürdige Handlung aus, sozusagen einen Augenblick, der durch das Glück oder das Unglück einer erlauchten Person besonders herausragt, wobei er den Rest auszugsweise mit einschließen kann und durch die Darstellung bloß eines Teils das Ganze geschickt vor den Augen der Zuschauer vorbeiziehen läßt, ohne die Haupthandlung zu vervielfältigen und ohne irgendwelche wichtigen Tatsachen fortzulassen, die zur Vollendung seines Werkes notwendig sind. Und fände er zufällig in einer einzigen Begebenheit zwei oder mehr bedeutsame Umstände, die so wichtig wären, daß sie beide würdiger Gegenstand einer Tragödie sein könnten und die dabei derart unabhängig voneinander oder einander widersprüchlich wären, daß sie nicht miteinander verbunden werden könnten, dann müßte er daraus zwei oder mehr Tragödien machen oder den auswählen, der ihm am wichtigsten und vor allem am erhabensten schiene ...

Kap. 6. Die Einheit des Ortes

Wenn ein Dichter seinen Gegenstand nach den von uns aufgezeigten Regeln [der Einheit der Handlung] oder nach noch besseren Regeln, die ihm ohne Zweifel seine persönliche Begabung und sein Wissen liefern, eingeteilt hat, dann muß er bedenken, daß er die wichtigsten Teile dieses Stoffes von Schauspielern darstellen läßt, die er auf eine fest umgrenzte Bühne stellt. Läßt er sie aber an verschiedenen Orten auftreten, macht er sein Werk lächerlich, weil er gegen die Wahrscheinlichkeit verstößt, die dessen Hauptgrundlage sein muß ...
Um sie [die Einheit des Ortes] zu verstehen, müssen wir auf unser bereits bekanntes Prinzip zurückgreifen, daß nämlich das Theater nichts anderes ist als etwas Dargestelltes. Man darf sich deshalb keinesfalls vorstellen, daß es etwas von dem, was wir auf der Bühne sehen, auch gäbe, sondern man soll sich gleich die Dinge selber vorstellen, deren Bilder wir dort vorfinden. Floridor ist also weniger Floridor als

vielmehr ebender Horace, den er darstellt. Seine Kleider stellen die eines Römers dar, er spricht wie er, handelt wie er, empfindet sogar wie er. Da sich aber dieser Held, der so handelt und spricht, wie Floridor ihn darstellt, an irgendeinem Ort befindet, muß zweifelsohne der Ort, wo Floridor erscheint, der gleiche sein, wo sich damals Horace aufhielt, sonst bliebe die Aufführung in dieser Hinsicht unvollkommen. Anders verhält es sich mit dem Epos, denn da dieses nur aus Erzählungen besteht, woher es ja sogar seinen Namen hat, und nicht aus Handlungen, ist der Dichter nicht verpflichtet, die Örtlichkeiten zu kennzeichnen, und tut dies auch nicht, wenn es nicht für das Verständnis seiner Erzählung nötig ist. Aber da das Drama nur aus Handlungen und nicht aus Erzählungen besteht und der Ort notwendig und natürlich mit der Handlung zusammenhängt, muß der Ort, wo ein Schauspieler auftritt, unbedingt ein Abbild des Ortes sein, wo sich seinerzeit die Person bewegte, die er darstellt.

Diese Tatsache, wohlverstanden, lehrt uns erkennen, daß der Ort im Verlauf eines Werkes nicht wechseln kann, da er sich ja auch nicht im Verlauf der Aufführung ändert. Denn ein einziges Gemälde, das seinen Zustand nicht verändert, kann auch nicht zwei verschiedene Dinge darstellen. Der gleiche Komödiant oder Schauspieler kann auf einmal auch nicht zwei verschiedene Menschen darstellen noch ohne irgendeine Veränderung den Augustus und den Marc Anton auf einmal spielen. Und wenn die Notwendigkeit dazu zwingt, sich eines gleichen Schauspielers zu bedienen, um zwei Personen darzustellen, verkleidet man ihn derart, daß man ihn vollkommen unkenntlich macht: er verändert die Kleider, Haar und Gesicht, und wenn man auch seine Stimme noch verändern könnte, so täte man dies. In Anbetracht der Tatsache, daß ein gewisser Verstoß gegen die Wahrscheinlichkeit darin liegt, wenn ein und derselbe Schauspieler mal diese, mal jene Person darstellt, und diejenigen Leute, die nicht besonders scharfsinnig sind, gewöhnlich durcheinandergeraten, weil die Stimme den Schauspieler verrät, kommt man bisweilen zu dem Schluß, es handele sich um die gleiche Person, die sich aufgrund der notwendigen Anlage einer gewissen Begebenheit verkleidet habe und nicht aus Mangel an Schauspielern, so daß man diesen Wandel auf die Person des Dargestellten und nicht des Darstellers zurückführt. Nun ist es nicht weniger ein Verstoß gegen die Wahrscheinlichkeit, wenn der gleiche Raum und der gleiche Platz, die keinerlei Veränderung erfahren, gleichzeitig zwei verschiedene Orte darstellen sollen, z. B. Frankreich und Dänemark, die Galerie du Palais oder die Tuilerien. Um dergestalt dennoch mit einer gewissen Wahrscheinlichkeit zu verfahren, müßte man wenigstens eines dieser Theater mit einer Drehbühne haben, weil dadurch der Ort und alle auftretenden Schauspieler wechseln würden, und selbst dann wäre es nötig, daß der Stoff einen wahrscheinlichen Grund für diesen Wechsel böte. Und da dies nur durch die Gewalt der Götter geschehen kann, die so oft einen Wechsel herbeiführen, wie es ihnen gefällt, oder durch die Beschaffenheit der Natur, zweifele ich, daß man mit Hilfe von zehn oder zwölf wunderbaren Begebenheiten ein Stück schreiben könnte, das noch den Regeln der Vernunft entspräche. So sei nun festgehalten, daß der Ort, an dem sich der erste Schauspieler, der das Stück eröffnet, befinden soll, bis zum Ende des Stückes der gleiche bleibt; und da sich dieser Ort in keinerlei Weise ändern kann, kann er auch bei seiner Darstellung auf der Bühne keinerlei Veränderungen zulassen. Folglich können auch alle anderen Schauspieler vernünftigerweise an keinem anderen Ort auftreten ...

Kap. 7. Vom Umfang der Bühnenhandlung oder von Zeit und gehöriger Dauer eines Dramas

Es gibt heutzutage keine bewegendere Frage als die, die ich jetzt zu behandeln habe: Die Dichter sprechen oft davon, die Schauspieler ihrerseits unterhalten sich bei jedem Zusammentreffen darüber, desgleichen die Theaterbesucher. Es gibt kein Schlafzimmer, wo die Frauen nicht versuchen, Vorschriften darüber aufzustellen. Dennoch ist dieser Gegenstand so wenig bekannt, daß ich allen Grund habe zu versuchen, ihn richtig bekannt zu machen.

Um dieses Problem mit Sachverstand zu behandeln, muß man sich klarmachen, daß das Drama eine zwiefache Dauer kennt, die jede eine ihr angemessene Zeitspanne währt.

Die erste ist die tatsächliche Dauer der Aufführung, denn obwohl ein Drama, wie wir mehrfach gesagt haben, für sich genommen, wenn man es recht betrachtet, nur ein Bild darstellt und folglich nur als etwas Dargestelltes betrachtet werden darf, muß man sich dennoch daran erinnern, daß den zur Aufführung gebrachten Vorgängen selbst ein Stück Wirklichkeit innewohnt. Die Schauspieler sind wirklich zu sehen und zu hören, die Verse werden wirklich gesprochen, man empfindet wirklich Freude oder Mitleid, wenn man derartigen Aufführungen beiwohnt, man verbringt dort eine tatsächliche Spanne Zeit, die den Geist aufmerksamer Zuhörer gewisse Augenblicke lang wirklich beansprucht, d. h. vom Beginn bis zum Ende der Vorstellung. Diese Zeitspanne nenne ich die wirkliche Dauer der Aufführung.

Diese Dauer darf nur soviel Zeit umfassen, bis sich ein vernünftiges Maß an Geduld der Zuschauer erschöpft. Denn da ein Drama dem Vergnügen dient, darf es nicht so lange dauern, daß es zu guter Letzt den Geist langweilt und erschöpft. Es darf aber auch nicht so kurz sein, daß die Zuschauer das Theater in dem Gefühl verlassen, sie seien nicht genügend zerstreut worden ...

Die zweite Dauer eines Dramas ist die der dargestellten Handlung, soweit man diese als wirklich betrachtet. Sie umfaßt die ganze Zeit, die nötig ist, um den Zuschauern die dargelegten Vorgänge zur Kenntnis zu bringen, und zwar von dem Zeitpunkt an, wo der erste Schauspieler erscheint, bis zu dem, wo der letzte Schauspieler endet. Dies ist die Hauptdauer, nicht nur, weil sie auf natürliche Weise mit dem Kern und der wesentlichen Aussage des Dramas verknüpft ist, sondern weil sie ganz von der Absicht des Dichters abhängt. Sie wird von seiner Erfindungsgabe bestimmt und durch den Mund seiner Schauspieler verdeutlicht, je nachdem wie geschickt er den Anfang macht oder findet. Diese Dauer ist heutzutage Gegenstand so vieler Meinungsverschiedenheiten gewesen...

Weiterhin haben wir gesagt, und niemand zweifelt daran, daß die Bühnenhandlung eine *Einheit* bilden muß und nicht mehrere Angelegenheiten umfassen darf, die für die Intrige unnötig sind oder nicht dazu gehören. Nun frage ich, ob dies in einem Stück möglich ist, dessen Handlung ganze 24 Stunden dauert. Müßten sich die Schauspieler nicht ausruhen, essen und sich mit vielen Dingen beschäftigen, die keineswegs zur Sache gehören und die Einheit der Handlung zerstörten, sie durch eine Vermischung völlig unnötiger Dinge verunstalteten? Und obwohl der Dichter in seinem gesamten Werk nicht davon spräche, würde dies doch immer noch wirklich erscheinen und den Zuschauern mißfallen, die es ja so verstehen müßten. Aber das ist noch nicht alles: die Bühnenhandlung muß eine *fortlaufende* sein, wir haben die Gründe dafür erläutert. Ist es nicht sicher so, daß sie diese Einheitlichkeit verlöre, wenn sie 24 Stunden dauerte? Die Natur verträgt ohne eine Unterbrechung keine Handlung von so langer Dauer, und alles, was Menschen vermögen, ist, einen ganzen Tag lang auf der Bühne zu stehen...

Um zu unserem Thema zurückzukommen und auch meinerseits zu seinem Abschluß beizutragen, lasse ich die Überlegungen folgen, die ich dazu angestellt habe. Erstens: der Dichter wähle sorgfältig den Tag aus, an dem er alle Verwickelungen seines Stücks zusammenkommen lassen will, und diese Wahl orientiere sich gewöhnlich am erhabensten Ereignis der ganzen Begebenheit, d. h. an dem, welches die Katastrophe herbeiführt und wo alle anderen Ereignisse münden, wie Linien in ihrem Schnittpunkt. Und ist er frei, diesen Tag nach seinem Gutdünken zu wählen, so nehme er den, der sich am leichtesten für die Zusammenfügung und das Zusammentreffen aller Umstände auf der Bühne eignet ...

Hat er so seine Wahl getroffen, ist es am geschicktesten, das Stück möglichst nahe bei der Katastrophe anfangen zu lassen, um wenig Zeit für die Bühnenhandlung zu verwenden und freier bei der Darlegung der Leidenschaften und anderer Dialoge, die Gefallen erwecken könnten, zu sein. Aber um dies glücklich auszuführen, müssen die Umstände mit erfinderischem Geschick vorbereitet werden und sich im Verlauf der Handlung ganz zufällig ergeben ...

Ist dies alles so angelegt, dann muß der Dichter noch versuchen, alle diese Umstände so geschickt an einem Tag zusammenzufassen, daß dies keineswegs gekünstelt oder gezwungen erscheint. Um dabei Erfolg zu haben, muß er den Ablauf der Ereignisse von Beginn des Stückes korrigieren, so tun, als ob sich einige eben an diesem Tag ergeben hätten, obwohl sie vorher geschehen sind, und sie alle mit so viel Geschick verknüpfen, daß sie von Natur aus zusammenzuhängen scheinen und nicht erst durch die Erfindung des Dichters ...

Pierre Corneille (1606–84)

Trois discours sur le poème dramatique (1660)[28]
Drei Traktate über die dramatische Dichtung

Erster Traktat

Über die Nützlichkeit und die Bestandteile der dramatischen Dichtung

Obwohl Aristoteles zufolge die dramatische Dichtung kein anderes Ziel hat als das, die Zuschauer zu erfreuen, und der größte Teil der hier veröffentlichten Stücke sie erfreut hat, muß ich doch zugeben, daß viele davon nicht das der Kunst gesetzte Ziel erreicht haben. *Man darf nicht verlangen,* sagt unser Philosoph, *daß diese Dichtungsgattung uns jede Art des Lustgefühls verschafft, sondern nur dasjenige, das ihr eigentümlich ist* (XIV); und um diese ihrem Wesen eigentümliche Lustempfindung zu entdecken und sie dem Zuschauer zu verschaffen, muß man die Vorschriften der Kunst befolgen und ihn ihren Regeln gemäß erfreuen. Es steht fest, daß es Vorschriften gibt, da es eine Kunst gibt; aber es steht nicht fest, wie sie beschaffen sind. Man ist sich über die Benennung einig, ohne sich über die Sache einig zu sein, und man stimmt den Worten zu und streitet sich dann über ihre Bedeutung. Daß die Einheiten der Handlung, des Ortes und der Zeit beachtet werden müssen, bezweifelt niemand, aber über die Schwierigkeit zu wissen, was diese Einheit der Handlung denn sei und wie weit diese Einheiten des Tages und des Ortes ausgedehnt werden können, ist nicht gering. Der Dichter muß seinen Gegenstand dem Wahrscheinlichen und dem Notwendigen entsprechend behandeln: Aristoteles sagt es, und alle seine Kommentatoren wiederholen seine Worte, die ihnen so klar und verständlich erscheinen, daß keiner von ihnen – ebensowenig wie er selbst – sich herbeiläßt, uns zu sagen, was dieses Wahrscheinliche und dieses Notwendige seien. Viele haben sogar dem letzten dieser Wörter, welches bei dem Philosophen – mit Ausnahme eines einzigen Falles, wo er vom Lustspiel spricht – stets das andere begleitet, so wenig Beachtung geschenkt, daß man schließlich dazu kam, einen völlig falschen Satz aufzustellen: den nämlich, daß der Gegenstand einer Tragödie wahrscheinlich sein müsse, womit man den vom Stoff der Tragödie zu erfüllenden Bedingungen die Hälfte auferlegt von dem, was er von der Art, ihn zu behandeln, fordert. Nicht daß es unmöglich wäre, eine Tragödie aus einem durchweg wahrscheinlichen Stoff zu schaffen: er führt als Beispiel Agathons *Blume* an, worin Namen und Sachen, wie im Lustspiel, reine Erfindung waren; aber die großen Geschehnisse, die die Leidenschaften heftig aufflammen und in Konflikt geraten lassen mit den Geboten der Pflicht oder denen der Blutsbande, müssen immer über das Wahrscheinliche hinausgehen und würden bei den Zuschauern keinerlei Glauben finden, wenn sie nicht entweder von der Autorität der Geschichte, welche machtvoll überzeugt, gestützt werden oder von der Vorgegebenheit der herrschenden Meinung, die die Zuschauer schon völlig überzeugt zu uns kommen läßt. Es ist nicht wahrscheinlich, daß Medea ihre Kinder tötet, daß Klytaimnestra ihren Mann ermordet, daß Orest seine Mutter erdolcht, aber die Geschichte sagt es, und die Darstellung dieser großen Verbrechen erweckt keinen Unglauben. Es ist weder wahr noch wahrscheinlich, daß die von einem Meeresungeheuer bedrohte Andromeda von einem fliegenden Ritter gerettet worden ist, der Flügel an den Füßen hatte; es ist jedoch eine Fabel, die die Alten gelten ließen, und da sie uns von ihnen überliefert wurde, nimmt niemand, der sie auf der Bühne sieht, Anstoß daran. Es wäre jedoch nicht erlaubt, nach solchen Mustern Neues zu erfinden. Was Wahrheit oder Meinung annehmbar macht, würde abgelehnt werden, wenn es sich auf nichts anderes gründete als auf eine Ähnlichkeit mit jener Wahrheit oder Meinung. Deshalb sagt unser Meister, daß uns *die Stoffe vom Schicksal gegeben werden,* welches die Dinge geschehen läßt, und *nicht von der Kunst,* die sie ersinnt (XIV). Das Schicksal gebietet über die Ereignisse, und die Wahl, die wir treffen können zwischen denen, die es uns darbietet, begreift in sich das geheime Verbot ein, uns seine Rechte anzumaßen und Ereignisse, die nicht von ihm hervorgebracht worden sind, auf die Bühne zu bringen. *So haben sich die alten Tragödien auch nur mit wenigen Familien befaßt, denn nur in wenigen Familien haben sich Dinge ereignet, die der Tragödie würdig sind* (XIII). Die nachfolgenden Jahrhunderte haben uns genug neue geliefert, so daß wir diese Grenzen überschreiten können und nicht mehr auf den Spuren der Griechen gehen müssen; aber ich glaube nicht, daß sie uns die Freiheit gegeben haben, von ihren Regeln abzuweichen. Wir müssen, soweit es möglich ist, lernen, uns mit ihnen zu vertragen und sie zu befolgen. Da wir uns des Chores entledigt haben, müssen wir unsere Bühnendichtungen mit mehr Handlung füllen, als sie es getan haben; wir fügen also etwas hinzu, doch darf das, obwohl es über ihre Gewohnheiten hinausgeht, nicht zur Überschreitung ihrer Grundsätze führen.

Wir müssen also wissen, worin diese Regeln bestehen. Zu unserem Unglück aber haben sich Aristoteles und nach ihm Horaz so dunkel darüber geäußert, daß sie Interpreten brauchen, und diejenigen, die sich bisher als solche um sie bemüht haben, waren meist Grammatiker und Philosophen und haben sie nur aus ihrer Sicht erklärt. Da sie zwar Wissen und Denkfähigkeit, aber kaum Bühnenerfahrung besaßen, können ihre Schriften uns gelehrter machen, aber wir werden von ihnen nicht viele gut begründete Aufschlüsse erhalten, die uns zum Erfolg führen.

Ich will nun hier, nach dreißig Jahren Arbeit für die Bühne, es wagen, meine Gedanken darüber auszusprechen, ganz einfach, ohne streiten zu wollen – was mich dazu verpflichten würde, sie zu begründen; und ohne zu verlangen, daß irgend jemand deshalb die aufgibt, die er selbst vertritt.

So soll auch das, was ich am Anfang dieses Traktats vorgebracht habe: daß das einzige Ziel der dramatischen Dichtung darin bestehe, die Zuschauer zu erfreuen, nicht starrköpfig gegen die gerichtet sein, die die Kunst dadurch zu adeln glauben, daß sie von ihr verlangen, sie möge nicht nur Freude bereiten, sondern auch nützlich sein. Ein solcher Disput wäre außerdem ganz nutzlos, da es unmöglich ist, im Rahmen der Regeln Wohlgefallen zu erwecken, ohne daß sich gleichzeitig viel Nützliches finden lasse. Allerdings steht fest, daß Aristoteles in seiner ganzen Poetik dieses Wort nicht ein einziges Mal verwendet hat; daß er den Ursprung der Dichtung der Freude zuschreibt, die wir empfinden, wenn wir menschliche Handlungen nachgeahmt sehen; daß er den Bestandteil der Dichtung, der vom Stoff geliefert wird, über den stellt, der sich mit dem menschlichen Verhalten befaßt, weil der erstere das enthält, was die stärkste Wirkung hervorbringt, wie die Erkennungen und die Peripetien (VI); daß er in die Definition der Tragödie die Schönheit der Sprache, in der sie verfaßt ist, aufnimmt; und schließlich, daß er sie mehr schätzt als die epische Dichtung, weil sie dieser die äußere Aufmachung und die Musik voraushat, welche einen starken Eindruck machen, und weil sie durch ihre Kürze und Übersichtlichkeit einen vollkommeneren Genuß bereitet. Aber es steht nicht weniger fest, daß Horaz uns lehrt, daß wir nicht alle befriedigen werden, wenn wir nicht auch Nützliches hineinmischen, und daß die gesetzten und ernsten Leute, die Alten und alle, die die Tugend lieben, Langeweile empfinden, wenn sie nichts daraus lernen können...

Somit muß das Nützliche, obwohl es nur in der Gestalt des Wohlgefälligen auftritt, als hier notwendig angesehen werden, und es ist richtiger, festzustellen, in welcher Weise es darin angebracht werden kann, als – wie ich schon sagte – sich mit der unnützen Frage der Nützlichkeit dieser Art von Dichtung abzugeben. Ich bin nun der Meinung, daß das Nützliche in vier Formen darin auftreten kann.

Die erste besteht in den Sentenzen und moralischen Belehrungen, die fast überall hineingestreut werden können; doch muß man sparsam damit sein, sie selten in allgemein gehaltenen Gesprächen anbringen oder dort nicht weit ausdehnen, besonders wenn man einen erregten Menschen sprechen oder einen anderen ihm antworten läßt, denn er kann weder die Geduld haben, sie anzuhören, noch die innere Gelassenheit, solche Gedanken zu finden und auszusprechen. In politischen Besprechungen, wo ein hochgestellter, vom König um Rat befragter Mann wohlüberlegt seine Meinung ausspricht, können solcherart Äußerungen länger sein, aber es ist immer gut, oft von der These zur Hypothese überzugehen, und ich finde es besser, eine Person sagen zu lassen: *die Liebe versetzt euch in große Unruhe*, als: *die Liebe versetzt die Seelen, von denen sie Besitz ergreift, in große Unruhe.*

Nicht daß ich die zuletzt genannte Form, sich auszudrücken, ganz ausschließen wollte, wenn es sich um moralische und politische Grundsätze handelt. Es würde für alle meine Dichtungen eine arge Verstümmelung bedeuten, wollte man alles herausschneiden, was ich ihnen an solchen Aussprüchen beigemischt habe; aber nochmals: man darf sie nicht zu sehr ausdehnen, ohne sie dem besonderen Fall anzupassen, sonst ist es ein Gemeinplatz, der den Zuschauer immer langweilt, weil er die Handlung zum Stocken bringt; und wie gut ein solches Zurschaustellen moralischer Weisheit auch ausfallen möge, so muß man sich doch davor hüten, daß es nicht zu jenem wuchernden Zierat werde, den Horaz auszumerzen befiehlt...

Der zweite Nutzen der dramatischen Dichtung besteht in der unverstellten Schilderung des Bösen und des Guten, welche ihre Wirkung niemals verfehlt, wenn sie vollendet durchgeführt ist und die Kennzeichen so deutlich sind, daß sie sich klar voneinander abheben und das Böse nicht als

Tugend erscheinen kann. Dann wird die Tugend, trotz bösem Schicksal, stets Liebe erwecken, und das Böse wird stets verabscheut werden, obwohl es siegt. Die Alten haben sich oft mit dieser Darstellung begnügt, ohne zu suchen, den guten Taten Belohnung und den bösen Strafe zuteil werden zu lassen. Klytaimnestra und ihr Buhle töten Agamemnon unbestraft; Medea desgleichen ihre Kinder, und Atreus die seines Bruders Thyestes, dem er sie zu essen gibt ...

Der Anteil, den der Mensch am Los der Tugendhaften zu nehmen geneigt ist, ist der Grund, weshalb man zu jener anderen Weise, das dramatische Gedicht zu beenden, kommen mußte: mit der Bestrafung der bösen Taten und der Belohnung der guten. Es ist dies keine Vorschrift, sondern eine Gewohnheit, die wir angenommen haben und von der ein jeder, der es wagen will, abweichen kann. Es gab sie schon zur Zeit des Aristoteles, und es mag sein, daß sie unserem Philosophen nicht recht gefiel, da er sagt, *daß sie nur in Mode gekommen sei infolge der schwachen Urteilsfähigkeit der Zuschauer und daß diejenigen, die dieser Mode folgen, sich dem Geschmack des Volkes beugen und so schreiben, wie ihre Zuschauer es sich wünschen* (XIII). Tatsächlich ist es so, daß wir auf unserer Bühne nicht einen rechtschaffenen Menschen sehen können, ohne zu wünschen, daß es ihm wohl ergehe, und sein Unglück zu beklagen. So kommt es, daß, wenn er unterliegt, wir traurig davongehen und in uns eine Art von Entrüstung zurückbleibt gegen den Autor und seine Personen; wenn aber das Geschehen unsere Wünsche erfüllt und die Tugend gekrönt wird, verlassen wir das Theater voller Freude und sind ganz und gar einverstanden sowohl mit dem Werk wie mit denen, die es aufgeführt haben. Der trotz Widrigkeiten und Gefahren glückliche Erfolg der Tugend regt uns dazu an, uns für sie zu entscheiden; und das Verderben, das über die kommt, die Verbrechen und Ungerechtigkeiten begehen, kann unseren natürlichen Abscheu verstärken, weil wir

gleiches Unheil fürchten.
Darin besteht der dritte Nutzen des Theaterstücks, und der vierte in der Läuterung der Leidenschaften durch Mitleid und Furcht. Da aber dieser Nutzen der Tragödie eigentümlich ist..., werde ich mich darüber erst im zweiten Bande äußern[29], der fast ausschließlich Tragödien enthält, und untersuche jetzt die Teile, aus denen sich nach Aristoteles die dramatische Dichtung zusammensetzt. Ich sage dramatische Dichtung, obwohl er bei der Behandlung dieses Gegenstandes nur von der Tragödie spricht, während alles, was er darüber sagt, auch für die Komödie gilt und der Unterschied zwischen den beiden Dichtungsarten nur in der Bedeutung der Personen und der von ihnen nachgeahmten Handlungen besteht, aber nicht in der Art der Nachahmung, noch in den Mitteln, die dieser dienen...
Die Umstände, unter denen sich die Handlung der Tragödie abspielt, sind andere als die im Lustspiel. Ich werde mich zunächst mit dem letzteren befassen, das Aristoteles schlicht als die nachahmende Darstellung niedriger und unredlicher Personen bezeichnet (V). Ich kann nicht umhin zu sagen, daß mich diese Definition nicht befriedigt...
Die dramatische Dichtung ist Aristoteles zufolge eine Nachahmung von Handlungen, doch nennt er an dieser Stelle nur den Stand der Personen, ohne zu sagen, welcher Art jene Handlungen sein sollen. Wie dem auch sei: diese Definition ergab sich aus den Gewohnheiten seiner Zeit, in der man im Lustspiel nur Personen sehr bescheidenen Standes auftreten ließ; aber sie ist für die unsere nicht mehr in vollem Maße gültig, da heute sogar Könige im Lustspiel erscheinen können, wenn ihre Handlungen deren Bereich nicht überschreiten. Wenn man eine einfache Liebesaffäre auf die Bühne bringt, in die Könige verwickelt sind, und ihnen keinerlei Gefahr droht, weder für ihr Leben noch für ihren Staat, dann glaube ich nicht, daß, obwohl die Personen bedeutenden Ranges sind, auch die Handlung es in genügendem Ausmaß sei, um die Höhe der Tragödie zu er-

reichen. Deren Würde fordert ein für den Staat wichtiges Ereignis oder eine Leidenschaft, die edler und stärker ist als die Liebe, wie Ehrgeiz oder Rachbegier; und sie soll Furcht erwecken vor Schicksalsschlägen, die schwerer sind als der Verzicht auf eine geliebte Frau. Es ist gut, Liebe hineinzubringen, weil das immer reizvoll wirkt und sie jenen wichtigen Ereignissen und den anderen Leidenschaften, die ich genannt habe, als Grundlage dienen kann; aber sie muß sich im Werk mit dem zweiten Rang begnügen und ihnen den ersten lassen.

Diese Maxime wird zunächst neu erscheinen; jedoch ist sie von den Alten befolgt worden, bei denen wir keine einzige Tragödie finden, in der nur ein durch Liebe entstandener Konflikt zu lösen ist. Im Gegenteil: sie haben sie oft ganz daraus ausgeschlossen, und wer die meinen daraufhin untersucht, wird feststellen, daß ich, ihrem Beispiel folgend, ihr niemals den ersten Platz gegeben habe und daß sogar im *Cid*, also fraglos dem meiner Stücke, in dem am meisten von Liebe gesprochen wird, die durch die Geburt auferlegte Pflicht und die Forderungen der Ehre stärker sind als alle zärtlichen Gefühle der Liebenden, die ich auftreten lasse ...[30]

Das über den Gegenstand der Komödie und die von ihr zu erfüllenden Bedingungen hier Gesagte muß genügen, ... und ich komme nun zum zweiten Bestandteil der Bühnendichtung: zu den Charakteren.

Aristoteles stellt vier Forderungen dafür auf (XV): sie sollen gut, angemessen, [dem überlieferten Vorbild] ähnlich und konsequent sein. Er hat diese Wörter so wenig erklärt, daß wir gezwungen sind, uns zu fragen, was er damit sagen will.

Ich kann nicht verstehen, daß das Wort »gut« zu der Annahme führen konnte, daß sie edel sein müssen. Die meisten Bühnendichtungen, ob alte oder moderne, würden in einem erbärmlichen Zustand zurückbleiben, wenn man daraus alles wegstreichen wollte, was in ihnen an Personen vorkommt, die schlecht oder bösartig oder mit irgendeinem Makel behaftet sind, der sich mit Tugend schlecht verträgt. Horaz hat es sich angelegen sein lassen, das allgemeine Verhalten eines jeden Lebensalters zu beschreiben, und sieht überall mehr Unzulängliches als Vollkommenes; und wenn er uns vorschreibt, Medea als wild und unbeugsam darzustellen, Ixion als treulos und Achilles als derart vom Zorne beherrscht, daß er behauptet, es gebe keine für ihn geltenden Gesetze, und daß er sein Recht nur mit den Waffen nehmen will, dann liefert er uns da nicht viel Tugendhaftes für unsere Schilderung. Es muß also eine Art des Guten gefunden werden, die mit solchen Verhaltensweisen in Übereinstimmung zu bringen ist; und wenn man es mir erlauben will, meine Vermutungen über das auszusprechen, was Aristoteles hier von uns verlangt, so glaube ich, daß es Glanz ist und Größe einer edlen oder verbrecherischen Haltung, je nachdem eine solche der im Stück auftretenden Person eigentümlich und angemessen ist. Kleopatra, in *Rodogune*, ist von Grund auf schlecht; es gibt keinen Verwandtenmord, vor dem sie zurückschreckte, wenn er ihr nur dazu verhülfe, auf dem Thron zu verbleiben, der ihr in ihrer Sucht zu herrschen wichtiger ist als alle anderen Dinge; aber hinter allen ihren Verbrechen zeigt sich eine seelische Größe, die etwas so Erhabenes hat, daß, sosehr man ihre Taten verabscheut, man die Quelle, aus der sie hervorgehen, bewundert ...

Diesen Gegenstand betreffend muß die schwierige Frage geklärt werden, was Aristoteles meint, wenn er sagt, *daß es eine Tragödie ohne Charaktere geben könne und daß die der Modernen seiner Zeit meist keine haben* (VI). Der Sinn dieser Stelle ist recht schwer zu verstehen, da ja, dem gleichen Aristoteles zufolge, ein Mensch auf Grund seines Charakters böse oder rechtschaffen, gescheit oder dumm, ängstlich oder verwegen, standhaft oder unentschlossen, ein guter oder ein schlechter Staatsmann ist und es keine Möglichkeit gibt, eine Person auftreten zu lassen, die nicht entweder gut oder böse ist und eine jener anderen Eigenschaften hat. Beim Versuch, die beiden Feststellungen, die sich zu widersprechen scheinen, in Einklang zu bringen, habe ich bemerkt, daß unser Philosoph anschließend sagt, *wenn ein Dichter schöne, den Charakter aufzeigende Berichte und gedankenreiche Reden verfasse, habe er damit noch nichts getan, was die Tragödie angeht* (VI). Das hat mich zu der Überlegung geführt, daß die Charaktere nicht nur der Ursprung des Handelns, sondern auch der des Denkens und Redens sind. Ein redlicher Mensch zeigt sich beim Handeln und Reden als redlicher Mensch, ein böser zeigt sich beim Handeln und Reden als böser Mensch, und beide äußern ihrer verschiedenen Haltung entsprechende verschiedene moralische Grundsätze. Es sind also diese grundsätzlichen, vom Verhalten diktierten Aussprüche, auf die die Tragödie verzichten kann, und nicht das Verhalten selbst, da dieses der Ausgangspunkt der Handlungen ist und die Handlungen die Seele der Tragödie sind, in der nur handelnd und um zu handeln gesprochen werden darf. So können wir, die eine Aristoteles-Stelle durch die andere erklärend, nun sagen, daß er, wenn er von einer Tragödie ohne Charaktere spricht, damit eine Tragödie meint, in der die Personen einfach ihre Empfindungen aussprechen oder sie nur durch Erwägungen stützen, die sich aus dem Geschehen ergeben ... aber nicht durch moralische oder politische Maximen ... Denn, ich sage es noch einmal, eine Bühnendichtung zu schreiben, in der auch nur eine der Personen weder gut noch böse, bedacht oder unbedacht ist, das ist völlig unmöglich.

Nach den Charakteren kommen [als nächster Bestandteil] die Gedanken, mit denen die Person bekannt gibt, was sie will oder nicht will, wobei sie sich mit einer einfachen Aussage über das, was sie zu tun vorhat, begnügen kann, wie ich soeben gesagt habe. Dieser Bestandteil bedarf der Redekunst, um Leidenschaften und seelischen Zwiespalt zu schildern; um Erwägungen anzustellen; Entscheidungen zu treffen; für Übersteigerung und Abschwächung. Hierfür besteht aber insofern ein Unterschied zwischen dem dramatischen Dichter und dem Orator, als dieser seine Kunst frei entfalten und sichtbar machen darf, während jener sie sorgsam verbergen muß, denn er selbst ist niemals der, der spricht, und diejenigen, die er sprechen läßt, sind keine Redner.

Die Kunst des Ausdrucks wird von der Grammatik bestimmt. Aristoteles nennt als ihr zugehörig Figuren, die wir jedoch rhetorische Figuren zu nennen pflegen. Ich habe hierzu nichts zu sagen, außer daß die Sprache klar, die Figuren am rechten Platz stehen und abwechslungsreich sein müssen, der Vers mühelos scheinen und sich über die Form der Prosa erheben soll, doch nicht die Fülle der epischen Dichtung erreichen darf, da die Personen, die der Dichter sprechen läßt, keine Dichter sind...[31]

Als Letztes in diesem Traktat muß ich nur noch die quantitativen Teile besprechen: dieses sind der Prolog, das Epeisodion, der Exodos und der Chor. *Der Prolog ist das, was vor dem ersten Chorgesang vorgetragen wird; das Epeisodion das zwischen den Chorgesängen Gesprochene; und der Exodos wird nach dem letzten Chorgesang gesprochen* (XII). Das ist alles, was Aristoteles darüber sagt, und er gibt uns also im Grunde nur an, wo und in welcher Reihenfolge im Stück diese Teile stehen, aber nicht, was sie jeweils von der Handlung enthalten müssen. Um sie unseren Gewohnheiten anzupassen, können wir sagen, daß der Prolog unser erster Akt ist, daß das Epeisodion die drei folgenden Akte, der Exodos den letzten Akt bildet...

Ich beschränke den Prolog, um dem Plan des Aristoteles zu entsprechen, auf den ersten Akt; und um gewissermaßen das zu ersetzen, was er uns nicht gesagt hat oder was im Verlauf der Zeiten uns von seinem Buche verloren gegangen ist, sage ich, daß der erste Akt den Keim enthalten muß von allem, was sich ereignen wird, und zwar in der Haupthandlung wie in den Nebenhandlungen, derart, daß in den folgenden Akten keine Person auftritt, die nicht seit dem ersten Akt bekanntt oder wenigstens von jemandem genannt worden ist, der darin erscheint. Diese Forderung ist neu und recht hart, und ich habe sie nicht immer beachtet; aber ich meine, daß sie viel dazu beiträgt, eine wahre Einheit der Handlung zu schaffen, da sie alle Handlungen, die in der Dichtung nebeneinander vor sich gehen, verbindet. Die Alten sind stark von ihr abgewichen, besonders bei den Erkennungsszenen, für die sie fast immer Personen verwendet haben, die durch einen Zufall im fünften Akt dazukamen und die erst im zehnten Akt erschienen wären, wenn das Stück zehn gehabt hätte...

Ich möchte also, daß der erste Akt so vollkommen die Grundlage aller Handlungen liefert, daß er allem Zusätzlichen die Tür versperrt. Auch wenn er oft nicht alle für das Verständnis des Stückes notwendigen Aufschlüsse gibt und wenn nicht alle Personen erscheinen, so genügt es, daß von ihnen gesprochen wird oder daß die, die man auftreten läßt, jene aufsuchen müssen, um ihre Absichten durchführen zu können. Was ich hier sage, betrifft nur die Personen, die im Stück mit ihren Handlungen ein gewichtiges eigenes Ziel verfolgen oder die eine besondere Nachricht bringen, die eine starke Auswirkung hat. Ein Diener, der nur auf Befehl seines Herrn etwas tut, ein vertrauter Gefährte, der von seinem Freund in dessen Geheimnis eingeweiht wird und ihn in seinem Unglück beklagt, ein Vater, der sich nur zeigt, um die Heiratspläne seiner Kinder gutzuheißen oder zu mißbilligen, eine Frau, die ihren Mann tröstet und ihn berät, kurz, alle solche nicht handelnden Personen brauchen im ersten Akt nicht erwähnt zu werden...

Dieser erste Akt hieß zur Zeit des Aristoteles Prolog; und üblicherweise wurde darin der Gegenstand des Stückes dargelegt und der Zuschauer über alles unterrichtet, was sich vor dem Beginn der Handlung, die jetzt aufgeführt werden sollte, ereignet hatte und auch über alles, was er wissen mußte, um das, was er nun sehen würde, zu verstehen. Die

Art und Weise, diese Kenntnis zu vermitteln, hat sich im Lauf der Zeiten gewandelt. Euripides hat sich wenig Mühe damit gemacht: einmal läßt er, mittels einer mechanischen Vorrichtung, einen Gott erscheinen, von dem die Zuschauer diese Dinge erfahren, ein anderes Mal eine seiner Hauptgestalten, die sie selbst darüber aufklärt, wie in seiner *Iphigenie* und seiner *Helena*, wo die Heldinnen sogleich ihre ganze Geschichte erzählen und den Zuschauer darüber unterrichten, ohne eine andere Person bei sich auf der Bühne zu haben, für die der Bericht bestimmt sein könnte ...

Plautus hat geglaubt, dieser Nachlässigkeit des Euripides dadurch abzuhelfen, daß er dem Stück einen besonderen Prolog voranstellte, der von einer Person vorgetragen wurde, die oft einfach Prologus hieß und nichts mit dem Ganzen des Stücks zu tun hatte. Er sprach also nur zu den Zuschauern, um sie über das Vorangegangene zu unterrichten und den Gegenstand des Stückes an den Punkt heranzuführen, an dem im ersten Akt die Handlung begann ...

Unsere Zeit hat für die Stücke, in denen Theatermaschinen verwendet werden, eine andere Art von Prolog erfunden, der nichts mit dem Gegenstand zu tun hat und nur eine gewandte, dem Fürsten dargebrachte Huldigung ist, vor dem diese Werke aufgeführt werden sollen. In *Andromeda* entleiht sich Melpomene Sonnenstrahlen, um die Bühne für den König, dem sie ein prachtvolles Schauspiel zugedacht hat, zu erleuchten. In *La Toison d'or* [Das goldene Vließ] ist der Prolog, der die Vermählung Seiner Majestät und den Friedensschluß mit Spanien verherrlicht, noch etwas prunkvoller. Solche Prologe bedürfen großer Erfindungskraft, und ich halte es nicht für denkbar, daß anderes darin aufgenommen werden könnte als die fiktiven Götter des Altertums, die gleichwohl von den Dingen unserer Zeit reden können, dank der poetischen Phantasie, die für die Bühnendichtung eine große Hilfe ist ...

Ich sage nichts über den Exodos, der nichts anderes ist als

unser letzter Akt. Ich glaube, seine wichtigste Aufgabe schon dort genannt zu haben, wo ich sagte, daß die Handlung einer dramatischen Dichtung vollständig sein muß. Ich füge dem nur noch hinzu, daß man, wenn möglich, die ganze Katastrophe in ihm unterbringen und sogar so weit nach dem Ende hin verschieben muß, wie man irgend kann. Je länger man sie hinauszögert, desto stärker wird die Spannung der Zuschauer, und ihre Ungeduld zu erfahren, nach welcher Seite hin sie erfolgen wird, steigert das Lustgefühl, das sie erweckt: wozu es nicht kommt, wenn sie am Anfang des Aktes einsetzt. Der Zuschauer, der sie zu früh erkennt, ist nicht mehr neugierig, und während des ganzen restlichen Teils, in dem er nichts Neues mehr erfährt, nimmt seine Aufmerksamkeit immer mehr ab ...

Zweiter Traktat[32]

Über die Tragödie und über die Möglichkeiten, sie unter Wahrung der Wahrscheinlichkeit oder der Notwendigkeit zu verfassen

... Aristoteles selbst gibt uns das Recht, in dieser Weise vorzugehen[33], indem er uns darauf hinweist, *daß der Dichter die Dinge nicht, wie sie sich ereignet haben, darstellen muß, sondern wie sie sich hätten ereignen können oder sollen, der Wahrscheinlichkeit oder der Notwendigkeit zufolge* (IX). Er wiederholt diese Wörter oft und erklärt sie nie. Ich werde, so gut ich es eben kann, versuchen, es selbst hier zu tun, und hoffe, daß man mir verzeihen wird, wenn ich fehlgehe.

Als erstes sage ich, daß die Freiheit, die er uns gibt, historische Ereignisse durch Erfindungen, die der Wahrscheinlichkeit entsprechen, zu verschönern, keinerlei Verbot einbegreift, im Notfall vom Wahrscheinlichen abzuweichen.

Es handelt sich hier um ein Vorrecht, das er uns einräumt, und nicht um einen Zwang, den er uns auferlegt: das geht aus seinen eigenen Worten klar hervor. Wenn wir die Dinge dem Wahrscheinlichen oder dem Notwendigen zufolge behandeln dürfen, können wir das Wahrscheinliche beiseite lassen zugunsten des Notwendigen, und diese Alternative stellt uns frei, diejenige der beiden Möglichkeiten zu wählen, die wir für die angemessenere halten.

Diese Freiheit des Dichters wird in noch eindeutigeren Worten im 25. Kapitel bestätigt, welches die Verteidigungs- oder besser die Rechtfertigungsargumente enthält, die er gegen die Kritik vorbringen kann: *Er muß*, sagt er, *sich an eine dieser drei Arten, die Dinge zu behandeln, halten und sie entweder darstellen, wie sie gewesen sind, oder wie gesagt wird, daß sie gewesen seien, oder wie sie gewesen sein müssen* (XXV), womit er ihm die Wahl läßt zwischen der historischen Wahrheit, der herrschenden Meinung, auf der die Fabel gegründet ist, oder der Wahrscheinlichkeit. Er sagt dann weiter: *Wenn man ihm vorwirft, daß er die Dinge nicht der Wahrheit entsprechend geschildert habe, so soll er erwidern, er habe sie geschildert, wie sie gewesen sein müssen; wenn man ihn beschuldigt, weder das eine noch das andere getan zu haben, berufe er sich zu seiner Verteidigung auf die herrschende Meinung, so etwa auf das, was man sich von den Göttern erzählt, woran in den meisten Fällen nichts Wahres ist*. Und einige Zeilen tiefer: *Manchmal ist die Weise, wie sie sich ereignet haben und er sie beschrieben hat, nicht die bessere, aber sie haben sich eben tatsächlich so ereignet* (XXV), und folglich kann man ihn nicht tadeln. Die letzte Stelle zeigt, daß wir nicht verpflichtet sind, von der Wahrheit abzuweichen, um durch den Schmuck der Wahrscheinlichkeit der Tragödienhandlung eine bessere Form zu geben, und sie zeigt es um so deutlicher, als feststeht, der zweiten dieser drei Stellen zufolge, daß die herrschende Meinung zu unserer Rechtfertigung genügt, wenn wir die Wahrheit nicht auf unserer

Seite haben und wir das, was wir machen, besser machen
könnten, wenn wir jene Wahrscheinlichkeit zu Hilfe näh-
men, die der Darstellung Schönheit verleiht. Wir setzen
uns damit der Gefahr aus, eine geringere Wirkung zu erzeugen, aber wir vergehen uns damit nur gegen die Schuldigkeit, die wir unserem Ruhm gegenüber haben, und nicht
gegen die Theaterregeln.

Ich will eine zweite Überlegung aussprechen über diese
Wörter, *das Wahrscheinliche* und *das Notwendige*, die
manchmal in umgekehrter Anordnung bei unserem Philosophen erscheinen, der einmal *entsprechend dem Notwendigen oder dem Wahrscheinlichen* sagt, und einmal *entsprechend dem Wahrscheinlichen oder dem Notwendigen*.
Ich ziehe daraus den Schluß, daß es Fälle gibt, in denen
das Wahrscheinliche dem Notwendigen, und andere, in
denen das Notwendige dem Wahrscheinlichen vorzuziehen
ist. Der Grund hierfür ist, daß in Fällen, die eine Entscheidung fordern, man das letztere als Notlösung wählt,
die man hinnehmen muß, wenn man das erstere nicht ver-
wirklichen kann, und daß man sich um das erstere bemühen muß, ehe man sich mit dem letzteren abfindet, auf
welches man nur zurückgreifen darf, wenn das erstere
wegfällt.

Um diesen jeweiligen Vorrang des Wahrscheinlichen vor
dem Notwendigen und des Notwendigen vor dem Wahrscheinlichen zu klären, muß man in der Tragödienhandlung zwei Dinge unterscheiden. Das erste besteht aus diesen
Handlungen selbst, mitsamt den von ihnen untrennbaren
Gegebenheiten der Zeit und des Ortes; das andere ist die
zwischen ihnen bestehende Verbindung, die die eine Handlung aus der anderen hervorgehen läßt. Beim ersten ist das
Wahrscheinliche über das Notwendige zu stellen; und das
Notwendige über das Wahrscheinliche beim zweiten.

Man muß die Handlungen dorthin verlegen, wo sie sich in
zwanglosester und angemessenster Weise abspielen können,
und ihrem Verlauf die gebührende Ruhe zugestehen; sie

also nicht unnatürlich zusammendrängen, wenn nicht die Notwendigkeit, sie an einem Ort und an einem Tag stattfinden zu lassen, uns dazu zwingt. Ich habe schon im anderen Traktat festgestellt, daß wir, um die Einheit des Ortes zu wahren, oft Leute auf einem öffentlichen Platz miteinander sprechen lassen, die sich wahrscheinlich in einem Zimmer unterhalten würden; und ich bin sicher, daß, wenn in einem Roman erzählt würde, was ich im *Cid*, in *Polyeucte*, in *Pompée* oder im *Menteur* geschehen lasse, man der Dauer des Geschehens etwas mehr als einen Tag einräumen würde. Der Gehorsam, den wir den Regeln der Einheit der Zeit und des Ortes schulden, gibt uns volle Freiheit gegenüber dem Wahrscheinlichen, ohne uns jedoch das Unmögliche zu erlauben; aber wir geraten nicht immer in diese Notlage ...

Diese Gegenüberstellung von Tragödie und Roman ist der Prüfstein für die Unterscheidung zwischen notwendigen und wahrscheinlichen Handlungen. Wir werden im Bühnenwerk eingeengt durch den Ort, die Zeit und die durch die Aufführung auferlegten Beschränkungen, die uns daran hindern, viele Personen gleichzeitig den Blicken der Zuschauer auszusetzen, weil zu befürchten ist, daß davon mehrere untätig bleiben müssen oder die Handlungen der anderen stören. Im Roman gibt es keinen Zwang dieser Art: er mißt den Handlungen, die er beschreibt, all die Zeit zu, die sie für ihren Verlauf brauchen; er zeigt diejenigen, die er sprechen, handeln oder über etwas nachdenken läßt, in einem Zimmer, im Wald, auf einem öffentlichen Platz, wie es gerade passend ist für ihr jeweiliges Verhalten ...

Da das Bühnenstück es uns nicht so leicht macht, alles der Wahrscheinlichkeit gemäß darzustellen, weil wir darin nichts anderes erfahren, als was kurz vor dem Zuschauer erscheinende Leute sagen, entbindet es uns auch leichter von der Pflicht, uns um sie zu bemühen. Man kann der Meinung sein, daß die Erlaubnis, die Grenzen der Wahr-

scheinlichkeit auszudehnen, uns noch nicht von dieser Pflicht befreit, aber da Aristoteles uns das Recht gibt, die Dinge der Notwendigkeit entsprechend zu behandeln, möchte ich sagen, daß – wenn man es sich recht überlegt – alles, was darin anders vor sich geht, als es in einem Roman vor sich ginge, nicht wahrscheinlich ist und den notwendigen Handlungen zugeordnet werden muß ...
Die [im vorangehenden Abschnitt] gegebenen Beispiele mögen genügen, um zu erklären, wie eine Handlung der Notwendigkeit entsprechend dargestellt werden kann, wenn man sie nicht der Wahrscheinlichkeit entsprechend darstellen kann, welche immer dort, wo es um die Handlungen selbst geht, dem Notwendigen vorzuziehen ist.
Dies ist nicht der Fall bei der Verknüpfung, welche eine Handlung aus der anderen hervorgehen läßt: hier hat das Notwendige den Vorrang vor dem Wahrscheinlichen, was aber nicht heißt, daß die Verknüpfung nicht stets wahrscheinlich sein müsse, sondern daß sie sehr viel besser ist, wenn sie zugleich wahrscheinlich und notwendig ist. Der Grund hierfür ist leicht einzusehen. Wenn sie nur wahrscheinlich ist, ohne notwendig zu sein, kann das Bühnenwerk darauf verzichten, denn sie fügt ihm nichts Wichtiges hinzu; wenn sie aber wahrscheinlich und notwendig ist, wird sie zu einem wesentlichen Teil der Dichtung, welche ohne sie nicht bestehen kann ...
Ehe ich zu den Definitionen und Unterteilungen des Wahrscheinlichen und des Notwendigen komme, will ich noch etwas zu den Handlungen sagen, aus denen sich die Tragödie zusammensetzt. Ich meine, daß wir, jeweils unserem Ermessen folgend, drei Arten dafür verwenden können: die einen folgen der Geschichte, die anderen fügen der Geschichte etwas hinzu, die dritten fälschen die Geschichte. Die ersten sind wahr; die zweiten manchmal wahrscheinlich und manchmal notwendig; und die dritten müssen immer notwendig sein.
Wenn sie wahr sind, muß man sich keine Sorge um die

Wahrscheinlichkeit machen, sie brauchen ihre Hilfe nicht; *alles, was sich offensichtlich ereignet hat, hat sich ereignen können,* sagt Aristoteles, *denn wenn es sich nicht hätte ereignen können, hätte es sich nicht ereignet* (IX). Was wir der Geschichte hinzufügen, hat, da es nicht durch ihre Autorität gestützt wird, dieses Vorrecht nicht. *Wir haben eine natürliche Neigung zu glauben,* sagt unser Philosoph weiter, *daß das, was sich nicht ereignet hat, sich noch nicht hat ereignen können* (IX), und deshalb muß das, was wir erfinden, so wahrscheinlich sein wie nur irgend möglich, um glaubhaft zu wirken.

Nach gründlichem Abwägen dieser beiden Stellen glaube ich, seinen Gedanken nicht zu mißdeuten, wenn ich, um das Wahrscheinliche zu definieren, zu sagen wage, daß es *eine im Rahmen des Angemessenen offensichtlich mögliche Sache ist, die weder offensichtlich wahr noch offensichtlich unwahr ist.* Man kann es in zwei Gruppen unterteilen: die eine ist das allgemeine und das besondere Wahrscheinliche, die andere das gewöhnliche und das ungewöhnliche Wahrscheinliche.

Das allgemeine Wahrscheinliche ist das, was einem König, einem Heerführer, einem Verliebten, einem ehrgeizigen Menschen zu tun angemessen ist; das besondere ist das, was Alexander, Caesar, Alkibiades demzufolge, was die Geschichte von ihren Taten berichtet, getan haben oder hätten tun können. Deshalb überschreitet alles, was die Geschichte entstellt, die Grenzen dieses Wahrscheinlichen, denn es ist offensichtlich unwahr; und es ist nicht wahrscheinlich, daß Caesar, nach der Schlacht von Pharsalos, wieder zu gutem Einvernehmen mit Pompeius zurückfand, oder Augustus mit Antonius nach der von Actium, obwohl – allgemein gesprochen – es wahrscheinlich ist, daß im Bürgerkrieg, nach einer großen Schlacht, sich die Anführer der gegnerischen Parteien versöhnen, besonders wenn sie beide edler Gesinnung sind.

Eine solche offensichtliche Unwahrheit, die der Wahrscheinlichkeit widerspricht, kann sogar in Stücke geraten, die völlig erfunden sind. Man kann darin nicht die Geschichte fälschen, weil sie nichts damit zu tun hat; aber es gibt Umstände, Zeit- und Ortsgegebenheiten, durch die sich ein Autor, der schlecht disponiert, der Unwahrhaftigkeit schuldig macht. Wenn ich einen König von Frankreich oder von Spanien unter einem erfundenen Namen auftreten ließe und als Zeit meiner Handlung ein Jahrhundert wählte, in welchem von der Geschichte genannte Könige die beiden Reiche regiert haben, läge die Unwahrheit klar zutage; und es wäre eine noch greifbarere, wenn in meinem Stück Rom zwei Meilen von Paris entfernt läge, so daß man sich am gleichen Tag hin- und zurückbegeben könnte. Es gibt Dinge, über die der Dichter niemals freie Verfügung hat. Er kann sich einige Freiheiten gegenüber der Geschichte herausnehmen in bezug auf die Handlungen bestimmter Personen, wie die Caesars oder des Augustus, und sie Dinge tun lassen, die sie nicht getan haben, oder ihre Taten auf andere Weise geschehen lassen, als sie sie verrichtet haben; aber er kann nicht die Chronologie auf den Kopf stellen und Alexander zur Zeit Caesars leben lassen, und noch weniger kann er die Lage der Orte verändern oder die Namen bekannter Reiche, Provinzen, Städte, Gebirge und Flüsse...

Aristoteles zeigt sich in diesem Punkte nachsichtiger, da er es dem Dichter verzeiht, wenn er gegen eine andere Kunst als die eigene sündigt, wie gegen die Medizin oder die Astrologie (XXV) ... Wenn man diese Nachsicht billigen will, würde ich jedoch einen Unterschied machen zwischen solchen Künsten und Wissenschaften, von denen er, ohne sich deshalb schämen zu müssen, nichts zu wissen braucht, denn er wird selten Anlaß haben, auf der Bühne darüber zu sprechen, so über die von mir genannte Medizin oder die Astrologie; und solchen, ohne deren gründliche oder zulängliche Kenntnis er kein Stück fehlerfrei schreiben kann, wie Geographie und Chronologie. Da er kein Geschehnis darstellen kann, ohne ihm einen Ort und eine Zeit zuzuweisen, gibt es keine Entschuldigung für ihn, wenn er bei der Wahl dieses Orts und dieser Zeit Unkenntnis verrät.

Ich komme jetzt zur anderen Unterteilung des Wahrscheinlichen in das gewöhnliche und das ungewöhnliche. Das gewöhnliche zeigt sich in einer Handlung, die öfter oder wenigstens ebensooft stattfindet wie ihr Gegenteil; das ungewöhnliche zeigt sich in einer Handlung, die zwar fraglos seltener stattfindet als ihr Gegenteil, die aber durchaus noch möglich und nicht schon zu den Wundern oder jenen einzigartigen Ereignissen zu zählen ist, die in den Rachedramen vorkommen können, dank der Stütze, die ihnen die Geschichte oder die herrschende Meinung gibt und die nur für die Handlung des Stückes, zu dessen Bestand sie gehören, verwendet werden dürfen, weil sie ohne jede Stütze unglaubhaft sind. Aristoteles gibt uns zwei Anregungen oder allgemein gefaßte Beispiele für dieses außerordentliche Wahrscheinliche: einmal das eines scharfsinnigen und gewitzten Mannes, der von einem anderen, der weniger scharfsinnig ist, betrogen wird; das andere das eines schwächlichen Menschen, der mit einem, der stärker ist als er, kämpft und ihn besiegt (XVIII), was besonders dann immer erfreut, wenn die vom Einfältigeren oder Schwächeren vertretene Sache die redlichere ist. Es sieht dann so aus, als ob ein Richtspruch des Himmels den Ausgang bestimmt hätte, was auch noch deshalb leichter Glauben findet, weil es dem Wunsche des Publikums entspricht, das immer für die Partei ergreift, deren Handlungsweise die bessere ist ... *Es ist wahrscheinlich,* sagt unser Meister, *daß sich viele Dinge gegen die Wahrscheinlichkeit ereignen* (XVIII), und da er damit zugibt, daß solche außerordentlichen Ereignisse gegen die Wahrscheinlichkeit stattfinden, möchte ich sie einfach glaubhaft nennen und sie dem Notwendigen zuordnen, da man sich ihrer niemals ohne Notwendigkeit bedienen darf.

Man kann mir entgegenhalten, daß der gleiche Philosoph sagt, *man solle in der Dichtung das glaubhaft Unmögliche dem unglaubhaften Möglichen vorziehen* (XXIV), und daraufhin meinen, daß ich kaum das Recht habe, vom Wahrscheinlichen, so wie ich es definiert habe, zu fordern, daß es offensichtlich möglich sein muß, um glaubhaft zu sein, da es ja Aristoteles zufolge Unmögliches gebe, das glaubhaft ist.
Um diesen schwierigen Punkt zu klären und herauszufinden, welcher Art dieses unmögliche Glaubhafte ist, wofür er kein einziges Beispiel gibt, erwidere ich, daß es Dinge gibt, die an sich unmöglich sind, aber durchaus möglich erscheinen und folglich glaubwürdig, wenn man sie von einer anderen Seite her betrachtet. Hierher gehören alle diejenigen, mit denen wir die Geschichte fälschen. Es ist unmöglich, daß sie sich so, wie wir sie darstellen, ereignet haben, da sie sich ja anders ereignet haben und es nicht einmal in Gottes Macht steht, etwas am Vergangenen zu ändern, aber sie erscheinen offensichtlich möglich, wenn sie in den Rahmen des allgemeinen Wahrscheinlichen passen, was wir feststellen können, indem wir sie losgelöst von der Geschichte prüfen und eine Weile vergessen, worin sie dem, was wir erfinden, widerspricht. Alles, was in *Nicomède* vorkommt, ist unmöglich; ... alles, was in *Héraclius* geschieht, ist es nicht minder ... Trotzdem werden die in den beiden Tragödien sich abspielenden Handlungen nicht für unglaubhaft gehalten, und die Leute, die wissen, daß die Geschichte damit nicht einverstanden ist, schieben diese unbeschwert beiseite, um sich an der Aufführung zu erfreuen, weil das Geschehen zwar nicht der besonderen, aber der allgemeinen Wahrscheinlichkeit entspricht ...
Nachdem ich versucht habe zu klären, was das Wahrscheinliche ist, wird es Zeit, daß ich mich um eine Definition des Notwendigen bemühe, von dem Aristoteles so viel spricht und welches allein uns das Recht gibt, die Geschichte zu verändern und uns vom Wahrscheinlichen zu

entfernen. Ich sage also, daß, im Bereich der Dichtung, das Notwendige nichts anderes ist als das, was der Dichter braucht, um an sein Ziel zu gelangen oder um seine Personen zu dem ihren gelangen zu lassen. Diese Definition gründet sich auf die verschiedenen Deutungen des griechischen Wortes ἀναγκαῖον, das nicht immer das bezeichnet, was absolut notwendig ist, sondern manchmal auch das, was nur nützlich ist für etwas, was man erreichen will.

Das Ziel der Personen unterscheidet sich, je nach der Rolle, die die Vielfalt der Dramenstoffe ihnen zuweist. Der Liebende strebt danach, die geliebte Frau zu besitzen, der Ehrgeizige will sich einer Krone bemächtigen, ein gekränkter Mann will sich rächen, und andere anderes. Die Dinge, die sie tun müssen, um es zu erreichen, stellen dieses Notwendige dar, das über das Wahrscheinliche gestellt werden muß oder, um es richtiger zu sagen, das dem Wahrscheinlichen bei der Verknüpfung der Handlungen und ihrer Abhängigkeit voneinander hinzuzufügen ist. Ich glaube, daß ich hierüber schon genug gesprochen habe, und sage nichts weiter dazu.

Das Ziel des Dichters ist, unter Wahrung der Regeln seiner Kunst, das Publikum zu erfreuen. Um dies zu tun, muß er manchmal den Glanz der edlen Taten erhöhen und das Grauen der unheilvollen abschwächen. Dieses sind die der Verschönerung dienenden Notwendigkeiten, welche ihm ohne weiteres erlauben, durch eine Abänderung des geschichtlichen Verlaufs von der besonderen Wahrscheinlichkeit abzuweichen, ihn jedoch nicht von der Beachtung der gewöhnlichen Wahrscheinlichkeit befreien oder jedenfalls selten und nur um solcher Dinge willen, die von überragender Schönheit sind und von so strahlendem Glanz, daß sie die Zuschauer blenden. Keinesfalls darf er über die außergewöhnliche Wahrscheinlichkeit hinausgehen, weil die von seiner Phantasie geschaffenen Zierden nicht absolut notwendig sind und er besser tut, ganz darauf zu verzichten, als sein Werk ohne jede Rücksicht auf irgendeine Wahrscheinlichkeit damit zu schmücken. Um unter Wahrung der Regeln seiner Kunst das Publikum zu erfreuen, muß er die Einheit der Zeit und des Ortes beachten; und da dies eine absolute und unumgängliche Notwendigkeit ist, ist ihm zugunsten dieser beiden Vorschriften viel mehr erlaubt als zugunsten der Ausschmückung.

Da die Geschichte und die menschliche Einbildungskraft schwerlich eine große Zahl glanzvoller und der Tragödie würdiger Ereignisse zu liefern fähig sind, die mitsamt den Vorberatungen und der Durchführung des Beschlossenen am gleichen Ort und am gleichen Tag stattfinden können, ohne daß dem normalen Verlauf der Dinge etwas Gewalt angetan werden müßte, kann ich diese Art von Gewaltsamkeit nicht für ganz verdammenswert halten, wenn sie nicht so weit geht, Unmögliches hervorzubringen. Es gibt schöne Stoffe, bei denen man sie nicht vermeiden kann, und ein zu ängstlicher Autor würde sich selbst um eine schöne Gelegenheit, Ruhm zu erlangen, und das Publikum um einen großen Genuß bringen, wenn er nicht kühn das Wagnis auf sich nähme, sie auf der Bühne darzustellen, nur weil er fürchtet, daß er den Ablauf schneller vor sich gehen lassen muß, als es die Wahrscheinlichkeit gestattet. Ich möchte ihm hierfür einen Rat geben, der ihm vielleicht hilfreich sein könnte: er soll in seinem Werk gar nichts über die Zeit sagen, noch einen bestimmten Ort nennen, an dem seine Personen auftreten. Die Vorstellungskraft des Zuschauers könnte sich, ohne solche Festlegungen, freier dem Verlauf der Handlung überlassen; vielleicht würde er deren Beschleunigung nicht bemerken, wenn solche Angaben nicht in seiner Erinnerung haften und seine Gedanken, wider seinen Willen, auf sich ziehen. Ich habe immer bereut, daß ich im *Cid* den König zu Rodrigue sagen lasse, er möge sich, nach seinem Sieg über die Mauren, eine oder zwei Stunden ausruhen, ehe er sich mit Don Sanche duelliert: ich hatte es getan, um zu zeigen, daß das Stück die Vierundzwanzig-Stunden-Regel einhält, und es hat nur da-

zu geführt, die Zuschauer auf den Zwang aufmerksam zu
machen, den ich dem Stück dafür antun mußte. Wenn ich
den Zweikampf ohne Zeitangabe hätte stattfinden lassen,
hätte man vielleicht nichts davon bemerkt ...

Dritter Traktat

Über die drei Einheiten der Handlung, des Tages und des Ortes

... Ich bin also der Meinung, daß die Einheit der Handlung, in der Komödie, in der Einheit der Intrige besteht oder des Hindernisses, das sich den Absichten der Hauptpersonen in den Weg stellt; und die der Tragödie in der Einheit der Gefahr, welche den Untergang des Helden herbeiführen oder von ihm überwunden werden kann. Damit will ich nicht sagen, daß in der einen nicht mehrere Gefahren und in der anderen nicht mehrere Intrigen oder Hindernisse vorkommen dürfen, unter der Voraussetzung, daß man zwangsläufig vom einen ins andere gerät, denn dann vollendet die Überwindung der ersten Gefahr die Handlung nicht, da sie ja eine zweite auslöst; und die Klärung einer Intrige läßt die Personen nicht zur Ruhe kommen, weil sie sie in eine neue verwickelt ...

Weiter bedeutet der Ausdruck Einheit der Handlung nicht, daß die Tragödie nur eine einzige Handlung auf die Bühne bringen darf. Diejenige, die der Dichter zu seinem Gegenstand macht, muß einen Anfang, eine Mitte und ein Ende haben. Diese drei Teile bilden nun nicht nur ihrerseits ebenso viele Handlungen, welche in die Haupthandlung einmünden, sondern jeder der Teile kann außerdem mehrere enthalten, die sich ebenso unterordnen. Es darf nur eine vollständige Handlung geben, die der Geist des Zuschauers ruhig verfolgt; aber sie kann zu einer solchen nur durch mehrere andere, unvollständige werden, die ihren Verlauf fördern und den Zuschauer in angenehme Spannung versetzen. Dieses muß am Ende eines jeden Aktes herbeigeführt werden, damit die Handlung weiterläuft. Man braucht nicht genau zu erfahren, was die Personen alles in den die Akte trennenden Pausen machen, und auch nicht einmal, ob sie irgend etwas tun, wenn sie nicht auf der Bühne stehen; aber jedes Aktende muß den Zuschauer in der Erwartung dessen zurücklassen, was sich im nachfolgenden ereignen wird ...

Wenn ich sage, daß keine Rechenschaft darüber abgelegt zu werden braucht, was die Personen während ihrer Abwesenheit von der Bühne tun, will ich damit nicht sagen, daß ein solcher Bericht nicht manchmal sehr nützlich sein kann, sondern nur, daß man nicht dazu verpflichtet ist und daß man sich diese Mühe nur dann machen soll, wenn das, was hinter den Kulissen geschehen ist, zum Verständnis dessen dient, was vor den Augen der Zuschauer geschehen wird. So sage ich [in *Rodogune*] nichts über das, was Kleopatra zwischen dem zweiten und dem vierten Akt getan hat, weil es möglich wäre, daß sie während dieser ganzen Zeit gar nichts getan hätte, was für die von mir vorbereitete Haupthandlung wichtig ist; aber ich lasse vom ersten Vers des fünften Aktes an den Zuschauer wissen, daß sie die ganze dazwischenliegende Zeit dazu benutzt hat, Seleukos zu töten, weil sein Tod zur Handlung gehört. Dies gibt mir Gelegenheit zu erwähnen, daß der Dichter nicht alle Nebenhandlungen, die zur Haupthandlung hinführen, auf der Bühne zu zeigen braucht; er muß für die Darstellung diejenigen aussuchen, von denen er sich die größte Wirkung verspricht, sei es wegen der Schönheit des Spieles, sei es wegen des Glanzes und der Gewalt der sich darin entfachenden Leidenschaften oder wegen anderer wohlgefälliger Dinge, die sie enthalten; und die anderen verbirgt er hinter der Bühne und unterrichtet den Zuschauer darüber durch einen Bericht oder einen anderen geschickten Kunstgriff. Vor allem darf er nicht vergessen, daß zwischen den einen und den anderen eine so enge Verbindung bestehen muß, daß die späteren immer von denen veranlaßt werden, die ihnen vorangegangen sind und daß alle ihren Ursprung in der Protasis haben, die mit dem ersten Akt abgeschlossen ist. Diese Regel, die ich schon im ersten Traktat aufgestellt habe, gründet sich – obwohl sie neu ist und dem Usus der Alten widerspricht – auf zwei Stellen in der Poetik des Aristoteles. Hier die erste: *Es besteht ein großer Unterschied*, sagt er, *zwischen solchen Ereignissen, von denen die einen nach anderen stattfinden, und solchen, von denen die einen wegen der anderen stattfinden* (X). Im *Cid* kommen die Mauren nach dem Tod des Grafen und nicht wegen des erfolgten Todes des Grafen; und in *Don Sanche* kommt der Fischer, nachdem die Vermutung, Carlos sei Prinz von Aragonien, geäußert worden ist, und nicht weil man dieses vermutet; deshalb sind beide Geschehnisse zu verurteilen. Die zweite Stelle ist noch bestimmter und bringt klar zum Ausdruck, *daß alles, was sich in der Tragödie abspielt, auf Grund der Notwendigkeit oder der Wahrscheinlichkeit aus dem, was vorher geschehen ist, hervorgehen muß* (X) ...

Obwohl die Handlung der dramatischen Dichtung ihre Einheit haben muß, sind in ihr doch zwei Bestandteile zu beachten: die Knüpfung des Knotens und die Lösung. *Die Knüpfung besteht*, laut Aristoteles, *zum Teil aus dem, was außerhalb der Bühne, vor dem Beginn der dort geschilderten Handlung, geschehen ist, und zum Teil aus dem, was auf der Bühne geschieht; der Rest gehört zur Lösung. Der Wandel einer Schicksalslage in die andere ist der Trennungspunkt der beiden Teile. Alles, was ihm vorangeht, gehört zum ersten; und dieser Wandel und alles, was nach ihm kommt, zum anderen* (XVIII). Die Knüpfung ist ganz der Wahl des Dichters und der Regsamkeit seiner Phantasie überlassen, und dafür gibt es keine Regel, es sei denn die, daß er alles so einrichten muß, daß es dem

Wahrscheinlichen oder dem Notwendigen entspricht, worüber ich im zweiten Traktat gesprochen habe. Ich gebe ihm hier noch den zusätzlichen Rat, sich so wenig wie möglich mit Dingen zu beschweren, die vor der dargestellten Handlung geschehen sind. Diese Berichte sind meist ein Ärgernis, denn man rechnet nicht mit ihnen, und sie verwirren den Zuschauer, der sein Gedächtnis mit dem, was sich zehn oder zwölf Jahre vorher zugetragen hat, belasten muß, um das, was aufgeführt wird, zu verstehen; während die Berichte über das, was sich vom Beginn der Handlung an hinter der Bühne ereignet, stets besser wirken, weil sie mit Neugier erwartet werden und zu der Handlung gehören, die vorgeführt wird ...

Bei der Lösung sehe ich zwei Dinge, die man vermeiden muß: die einfache Änderung des Willens und die Maschine. Es ist keine große Kunst, eine Bühnendichtung abzuschließen, wenn derjenige, der sich den Absichten der Hauptpersonen vier Akte hindurch widersetzt hat, im fünften Akt davon abläßt, ohne daß irgendein bedeutsames Ereignis ihn dazu zwingt; ich habe mich damit im ersten Traktat befaßt und füge nichts hinzu ...

Von der Handlung komme ich nun zu den Akten, von denen ein jeder ein Quantum davon enthalten muß, aber nicht so gleich bemessen, daß nicht dem letzten mehr als den anderen zugeteilt werden könnte, und dem ersten weniger als den anderen. Man braucht im ersten Akt sogar nichts anderes zu tun, als die Charaktere zu beschreiben und anzugeben, an welcher Stelle der Geschichte, die jetzt aufgeführt werden soll und die lange vorher begonnen haben kann, sie sich befinden. Aristoteles schreibt keine Zahl dafür vor; Horaz begrenzt sie auf fünf, und obwohl er verbietet, ihre Zahl zu vermindern, versteifen sich die Spanier darauf, nur drei zu bringen, und die Italiener tun oft dasselbe. Die Griechen setzten sie durch die Chorgesänge voneinander ab ... Dieses Verfahren, sie abzuteilen, war weniger vorteilhaft als das unsere, denn entweder hörte man dem Chor zu, oder man hörte ihm nicht zu; wer ihm zuhörte, war allzu angespannt und hatte keine Zeit, sich auszuruhen; wer ihm nicht zuhörte, wurde durch die Länge des Gesanges zu sehr abgelenkt, und wenn ein neuer Akt begann, mußte er seinen Geist anstrengen, um sich das, was er schon gesehen hatte, und die Begebenheit, bei der die Handlung unterbrochen worden war, wieder in Erinnerung zu bringen. Unsere Violinen[34] haben keinen jener beiden Nachteile: der Geist des Zuschauers ruht sich aus, während sie spielen, und denkt sogar nach über das, was er gesehen hat, und lobt oder tadelt es, je nachdem es ihm gefallen oder mißfallen hat; und die Kürze der Zeit, die man sie spielen läßt, macht es ihm leicht, die soeben angestellten Überlegungen wach zu erhalten, so daß er beim nächsten Auftritt der Personen keine Mühe hat, sich an alles zu erinnern und wieder aufmerksam zu sein.

Für die Zahl der Szenen, die ein Akt enthält, gibt es keine Vorschrift; da aber jeder Akt eine bestimmte Anzahl an Versen haben muß, die seine Dauer der der anderen angleicht, kann man darin mehr oder weniger Szenen, je nachdem sie länger oder kürzer sind, unterbringen, um die Zeit, die der ganze Akt in Anspruch nimmt, auszufüllen. Wenn möglich, sollte man dabei den Grund für das Auftreten und das Abtreten einer jeden Person deutlich machen; besonders beim Abtreten scheint mir diese Vorschrift unumgänglich, denn nichts erscheint törichter als ein Schauspieler, der nur deshalb die Bühne verläßt, weil ihm keine Verse mehr zu sagen bleiben ...

Aristoteles ist der Meinung, daß eine gute Tragödie auch ohne Aufführung und Mitwirkung der Schauspieler ihre Schönheit zeigen und Genuß bereiten könne. Um es dem Leser zu erleichtern, diese Freude zu haben, muß man suchen, seinen Geist ebensowenig in Verlegenheit zu bringen wie den des Zuschauers, denn die Mühe, die er sich geben muß, die Tragödie zu erfassen und sie in seiner Vorstellung für sich selbst aufzuführen, mindert die Befriedigung, die sie ihm bereiten soll. Deshalb bin ich der Ansicht, daß der Dichter sehr sorgfältig am Rande die kleinen Handlungen angeben sollte, die es nicht wert sind, in seine Verse aufgenommen zu werden, und die diesen sogar etwas von ihrer Würde nehmen könnten, wenn er sich so weit erniedrigen wollte, sie in Worten auszudrücken. Auf der Bühne sorgt der Schauspieler dafür, daß sie sichtbar werden; aber beim Lesen wäre man oft darauf angewiesen zu raten, und manchmal könnte man falsch raten, würde man nicht durch solche Hinweise über diese kleinen Dinge unterrichtet. Ich weiß wohl, daß es bei den Alten nicht üblich war; aber ich weiß auch, daß, eben weil sie auf solche Angaben verzichteten, sie uns viele Unklarheiten in ihren Werken hinterlassen haben, die nur von den Meistern in dieser Kunst entwirrt werden können; und ich bin nicht einmal sicher, ob sie immer so damit fertig werden, wie sie es glauben ...

Wir haben noch einen besonderen Grund, es nicht wie sie zu unterlassen, diese kleine Hilfe zu geben: sobald unsere Stücke gedruckt sind, geraten sie in die Hände der Provinzschauspieler, die wir nur auf diese Weise darüber aufklären können, was sie zu tun haben; sie würden peinliche Schnitzer machen, wenn wir ihnen nicht mit diesen Anweisungen zu Hilfe kämen ...

Die Regel der Tageseinheit gründet sich auf den Ausspruch des Aristoteles, *man solle in der Tragödie die Dauer der Handlung auf einen Sonnenumlauf beschränken oder suchen, nicht weit darüber hinauszugehen* (V). Diese Worte sind der Anlaß für den berühmten Streit, ob man darunter die vierundzwanzig Stunden des natürlichen Tages oder die zwölf des künstlichen Tages zu verstehen habe: jede der beiden Meinungen wird von sehr bedeutenden Männern vertreten. Ich selbst möchte dazu sagen, daß es Stoffe gibt, für die die Beschränkung auf eine so kurze Zeit solche Schwierigkeiten macht, daß ich mir das Recht nähme, ihnen nicht nur die vierundzwanzig Stunden zuzubilligen, sondern sogar die von unserem Philosophen gewährte Freiheit, diese etwas zu überschreiten, in Anspruch zu nehmen und sie bedenkenlos bis zu dreißig Stunden dauern zu lassen. Wir haben einen Rechtssatz, der sagt, daß die Begünstigung erweitert, die Härten eingeschränkt werden sollen, ... und ich meine, daß ein Autor in eine recht mißliche Lage gebracht wird durch diese Fessel, die ein paar von den Alten dazu gezwungen hat, bis zum Unmöglichen zu gehen. Euripides läßt, in den *Schutzflehenden*, Theseus mit einer Armee aus Athen abmarschieren, vor den zwölf oder fünfzehn Meilen entfernt liegenden Toren von Theben eine Schlacht liefern und im nächsten Akt als Sieger zurückkehren; und zwischen seinem Aufbruch und der Ankunft des Boten, der über den Sieg berichtet, haben Aithra und der Chor nur sechsunddreißig Verse zu sprechen. Das ist keine schlechte Leistung in so kurzer Zeit. Der *Cid* und *Pompée*, in denen die Handlung sich etwas überstürzt, sind von solcher Willkür weit entfernt; und wenngleich in ihnen der gewöhnlichen Wahrscheinlichkeit etwas Gewalt angetan wird, so geht darin doch wenigstens nichts derart Unmögliches vor sich.

Viele ereifern sich gegen diese Regel, die sie tyrannisch nennen, und sie hätten recht, wenn ihre einzige Basis die Autorität des Aristoteles wäre; aber was uns dazu zwingt, sie anzuerkennen, ist die hinter ihr stehende natürliche Vernunft. Die Bühnendichtung ist eine Nachahmung oder, besser gesagt, ein Abbild der Handlungen der Menschen; es besteht kein Zweifel, daß Abbilder um so vortrefflicher sind, je mehr sie dem Original ähneln. Die Aufführung dauert zwei Stunden, und ihre Ähnlichkeit wäre vollkommen, wenn die Handlung, die aufgeführt wird, bei ihrem wirklichen Geschehen keine längere Zeit forderte. Deshalb sollen wir weder an die zwölf noch an die vierundzwanzig Stunden denken, sondern die Handlung des Stückes so raffen, daß die Dauer ihres Ablaufs die kürzeste ist, die wir ihr geben können, damit ihre Aufführung ähnlicher und vollkommener ist. Geben wir, wenn es möglich ist, der einen nur die zwei Stunden, die die andere beanspruchen würde. Ich glaube nicht, daß für *Rodogune* mehr Stunden nötig sind, und vielleicht würden sie für *Cinna* genügen. Wenn es nicht möglich ist, sie auf diese zwei Stunden zu begrenzen, können wir vier, sechs, zehn nehmen, aber wir dürfen nicht zu weit über die vierundzwanzig Stunden hinausgehen, um nicht das Maß zu verlieren und das Abbild so zu verkleinern, daß es keine angemessenen Proportionen mehr hat und nur noch ein Muster des Unvollkommenen ist. Vor allem möchte ich, daß diese Gegebenheit der Dauer ganz der Vorstellungskraft der Zuschauer überlassen bleibt und niemals die Zeit, die darüber vergeht, angegeben wird, wenn der Gegenstand es nicht fordert... Und sogar wenn in einer Dichtung durch die Notwendigkeit, diese Regel zu befolgen, nichts gewaltsam entstellt zu werden braucht, weshalb muß man dann am Beginn des Stückes sagen, daß die Sonne aufgeht; daß es Mittag ist im dritten Akt; und daß sie untergeht am Ende des letzten?...

Ich wiederhole hier, was ich an anderer Stelle gesagt habe: wenn wir eine längere Zeit ansetzen, vielleicht zehn Stunden, dann bin ich dafür, daß die überzähligen acht Stunden während der Pausen vergehen sollen, während jedem Akt nur die Zeit zugeteilt wird, die die dargestellte Handlung braucht; und dies vor allem, wenn stets die Szenenverknüpfung durchgeführt wird, denn diese Verknüpfung duldet keine Leere zwischen zwei Szenen. Der fünfte Akt aber, so meine ich, sollte auf Grund seines besonderen Ranges das Recht haben, die Zeit in der Art etwas zusammenzudrängen, daß der in ihm enthaltene Teil der Handlung mehr beanspruchen würde, als ihm die Aufführung zugesteht. Der Grund hierfür ist, daß der Zuschauer nun mit Ungeduld dem Ende entgegensieht, und wenn dieses von Personen, die sich hinter der Bühne befinden, herbeigeführt wird, muß jede Art von Gespräch zwischen denjenigen, die dageblieben sind und auf die anderen warten, ermüden und für die Handlung unfruchtbar scheinen...

Wenn das Ende der Handlung durch Personen herbeigeführt wird, die die Bühne nicht verlassen haben und nicht erst erwartet werden, wie in *Cinna* und in *Rodogune*, bedarf der fünfte Akt dieses Vorrechts nicht, weil sich dann die ganze Handlung vor den Augen abspielt, was nicht der Fall ist, wenn sich ein Teil davon, von Beginn des Aktes an, hinter der Bühne ereignet. Die übrigen Akte brauchen diese Vergünstigung nicht. Wenn dort die Zeit nicht dafür ausreicht, eine Person, die abgetreten ist, zurückkommen zu lassen oder bekanntzugeben, was diese Person seit ihrem Abtreten getan hat, kann man das auf den folgenden Akt verschieben, und die Geige [sic], die einen Akt vom anderen trennt, darf soviel Zeit verbrauchen, wie dafür nötig ist; aber im fünften Akt ist kein Aufschub möglich: die Aufmerksamkeit ist erlahmt, und man muß zum Ende kommen.

Ich darf nicht vergessen zu sagen, daß, obwohl wir das gesamte tragische Geschehen auf einen Tag begrenzen müssen, es trotzdem möglich ist, in der Tragödie durch Berichte oder andere kunstreichere Mittel den Zuschauer darüber zu unterrichten, was der Held während mehrerer Jahre getan hat, denn es gibt ja solche, deren Knüpfung aus dem seine Geburt umgebenden Dunkel hervorgeht, welches geklärt werden muß, wie in *Ödipus*. Ich will nicht noch einmal sagen, daß, je weniger man das Stück mit vergangenen Ereignissen belastet, man um so sicherer sein kann, sich das Wohlwollen des Zuschauers zu erwerben, denn man macht es ihm leichter dadurch, daß man alles vor seinen Augen geschehen läßt und er sich nichts anderes in Erinnerung zu rufen braucht als das, was er gesehen hat. Aber ich darf auch nicht vergessen zu sagen, daß die Wahl eines glanzvollen und seit längerem erwarteten Tages einer Bühnendichtung große Schönheit verleiht. Diese Mög-

lichkeit bietet sich nicht immer, und in meinen ersten zwei
Bänden entspricht dieser Art nur *Horace*, worin zwei
Völker durch eine Schlacht die Entscheidung darüber herbeiführen sollten, wem die Vormacht zusteht . . .
Was die Einheit des Ortes angeht, so finde ich dafür weder
bei Aristoteles noch bei Horaz irgendeine Vorschrift. Deshalb sind manche Leute geneigt zu glauben, daß sich diese
Regel nur aus der der Zeiteinheit herausgebildet habe, und
daraufhin zu behaupten, daß man den Ort bis dorthin
ausdehnen dürfe, wohin ein Mensch innerhalb von vierundzwanzig Stunden gehen und von da zurückkehren
kann. Dieser Gedanke ist etwas leichtfertig: wenn man eine
Person mit der Post fahren ließe, könnte man auf den
beiden Seiten der Bühne jeweils Paris und Rouen zeigen.
Ich halte es, um durch nichts den Zuschauer zu verwirren,
für wünschenswert, daß das, was während der Zeit von
zwei Stunden vor ihm aufgeführt wird, sich wirklich in
zwei Stunden ereignen könnte und daß das, was man ihm
auf einer Bühne zeigt, die sich nicht verändert, immer in
dem einen Zimmer oder dem einen Saale stattfände, je
nachdem, was man dafür gewählt hat. Oft aber ist das so
schwierig, wenn nicht sogar unmöglich, daß durchaus ein
Weg gefunden werden muß, den Ort, ebenso wie die Zeit,
auszuweiten . . .
Die Alten, die ihre Könige auf öffentlichen Plätzen sprechen ließen, hatten keine Mühe, ihren Tragödien die absolute Einheit des Ortes zu geben . . .
Wir nehmen uns nicht diese Freiheit, Könige und Prinzes-
sinnen aus ihren Gemächern herauszuholen; und da oft die
Unterschiede und Gegensätze, die zwischen den Plänen
und Wünschen von Personen bestehen, die im gleichen
Palast wohnen, es nicht zulassen, daß sie im gleichen
Raume vertraulich miteinander sprechen und sich ihre Geheimnisse offenbaren, müssen wir eine andere Art der Einheit des Ortes finden, wenn wir sie in allen unseren Dichtungen einhalten wollen: andernfalls müßten wir viele

Werke verurteilen, die mit glänzendem Erfolg aufgeführt werden.
Ich halte es für richtig, daß man sich, soweit wie es möglich ist, um die genaue Beachtung dieser Einheit bemühen sollte; da sie sich aber nicht mit allen Arten von Gegenständen vereinbaren läßt, wäre ich ganz damit einverstanden, daß dem, was sich in einer einzigen Stadt abspielt, die Einheit des Ortes zuerkannt wird. Das heißt nicht, daß ich auf der Bühne die ganze Stadt dargestellt sehen will, das würde etwas zu viel einbegreifen; sondern nur zwei oder drei bestimmte Orte, die sich innerhalb ihrer Mauern befinden. So wie in *Cinna* das Spiel Rom nicht verläßt, aber einmal in den Gemächern des Augustus, im Palast, statthat und einmal im Hause Emiliens ... Um diese Verdoppelung des Ortes, wenn sie unvermeidlich ist, in gewisser Weise auszugleichen, möchte ich, daß zwei Bedingungen erfüllt werden. Die eine ist, daß man den Ort niemals im gleichen Akt wechselt, sondern nur vom einen zum anderen, wie es in den ersten drei Akten in *Cinna* geschieht; das andere, daß die beiden Orte keine verschiedene Ausstattung brauchen und daß keiner von ihnen jemals genannt wird, sondern nur der Hauptort, wo sich beide befinden, wie Paris, Rom ... Das würde dazu beitragen, den Zuschauer zu täuschen, der nichts merkt, weil er nichts sieht, was ihn auf die Verschiedenheit der Orte aufmerksam machte, und der höchstens spöttische Überlegungen anstellt, wozu aber wenige fähig sind, denn die meisten verfolgen mit brennendem Interesse die Handlung, die sich vor ihnen abspielt ...
Da es aber nicht wahrscheinlich ist, daß Menschen, die in ihren Wünschen und Plänen im Gegensatz zueinander stehen, am selben Ort geheime Gespräche führen, welche manchmal im gleichen, aus verknüpften Szenen bestehenden Akt stattfinden, was Ortseinheit fordert, müssen wir nach einem Mittel suchen, das deren Wahrung vereinbar macht mit der dazu in Widerspruch stehenden strengen

Wahrscheinlichkeit.
Unsere Rechtsgelehrten dulden juristische Fiktionen; und ich möchte, nach ihrem Beispiel, Theaterfiktionen einführen, um auf der Bühne einen Ort zu schaffen, der weder das Zimmer der Kleopatra noch das der Rodogune wäre, in dem Stück, das den Namen der letzteren trägt, ... sondern ein Saal, hinter dem diese verschiedenen Räume liegen, und dem ich zwei besondere Funktionen zuerkennen würde: die eine, daß von jedem, der dort spricht, angenommen wird, daß er in der gleichen geborgenen Vertraulichkeit spricht, wie wenn er in seinem Zimmer wäre; die andere ist diese: während es, der bestehenden Ordnung der Dinge zufolge, manchmal angemessener wäre, daß die auf der Bühne Befindlichen die anderen, die in ihren Privaträumen sind, aufsuchten, um mit ihnen zu sprechen, sollten die letzteren, ohne daß es unangemessen erschiene, zu jenen auf die Bühne herauskommen können, damit die Einheit des Ortes und die Szenenverknüpfung unverletzt bleiben. So geht Rodogune, im ersten Akt, zur Dienerin Laonice, die sie zu sich rufen müßte, um mit ihr zu reden; und im vierten Akt sucht Kleopatra [ihren Sohn] Antiochus am gleichen Ort auf, an dem ihm Rodogune soeben ihre Liebe gestanden hat, obwohl der Prinz, der strikten Wahrscheinlichkeit zufolge, zu seiner Mutter in deren Zimmer hätte gehen müssen, da diese Rodogune zu sehr verabscheut, um ihn in deren Gemach aufzusuchen, welches, auf Grund der ersten Szene, der Handlungsort des ganzen restlichen Aktes hätte sein müssen, wenn man der strengen Einheit des Ortes nicht jene Abschwächung, von der ich gesprochen habe, zugesteht.

Alle Stücke dieses Bandes werden in dieser Hinsicht als fehlerhaft gelten, wenn man nicht diese gemäßigte Anwendung billigt, mit der ich mich jedoch in Zukunft überall dort, wo ich der Regel in all ihrer Strenge nicht Genüge tun kann, zufrieden geben werde ... Für die Theoretiker ist es leicht, streng zu sein; aber wenn sie es unternähmen, zehn oder zwölf Dichtungen dieser Gattung vor die Öffentlichkeit zu bringen, würden sie vielleicht die Regeln noch stärker ausweiten, als ich es tue, da dann die Erfahrung sie zu erkennen gelehrt hätte, welchen Zwang die genaue Befolgung uns auferlegt und wieviel Schönes diese von unserer Bühne verbannt. Wie dem nun auch sei: dieses hier sind meine Gedanken über die wichtigsten Fragen der Kunst oder, wenn man will, meine Ketzereien; und ich sehe keine bessere Möglichkeit, die alten Regeln mit den modernen Bedürfnissen in Einklang zu bringen. Ich bezweifele nicht, daß leicht bessere gefunden werden können, und ich bin gern bereit, mich ihrer zu bedienen, sobald andere sie erprobt und damit den gleichen Erfolg erlangt haben werden, der den meinen zuteil geworden ist.

Jean Racine (1639–99)

Bérénice. Préface (1671)[35]

Vorrede zu Bérénice

Titus, reginam Berenicen ... cum etiam nuptias pollicitus ferebatur ... statim ab Urbe dimisit invitus invitam.

Das heißt: Titus, der Bérénice mit Leidenschaft liebte und der, wie man glaubte, ihr versprochen hatte, sich mit ihr zu vermählen, befahl ihr, in den ersten Tagen seiner Regierung, Rom zu verlassen, zu seinem eigenen und zu ihrem Leid. Diese Begebenheit ist in der Geschichte sehr berühmt, und sie schien mir sehr geeignet für die Bühne, wegen der Vehemenz der Leidenschaften, die sich darin entfachen können. Es ist gewiß, daß wir bei keinem Dichter etwas finden, was uns mehr erschüttert als die Verse Vergils, in denen er die Trennung des Aeneas von Dido beschreibt.

Und wer wollte bezweifeln, daß das, was genügend Stoff liefern konnte für einen ganzen Gesang einer heroischen Dichtung, in der diese Handlung mehrere Tage dauert, einen angemessenen Gegenstand für eine Tragödie darstelle, die nur eine Dauer von wenigen Stunden haben darf? Ich lasse jedoch Bérénice nicht bis zum Äußersten gehen und sich – wie Dido es getan hat – das Leben nehmen, denn da Bérénice mit Titus hier nicht die letzte Bindung eingegangen ist, die zwischen Dido und Aeneas bestand, ist sie nicht wie jene gezwungen, auf das Leben zu verzichten. Im übrigen aber sind die letzten Abschiedsworte, die sie an Titus richtet, und ihr Ringen um den Entschluß, sich von ihm zu trennen, nicht das am wenigsten Tragische des Stückes; und ich wage zu sagen, daß da im Herzen der Zuschauer die Erregung wiedererweckt wird, in die das Vorangegangene sie versetzt hatte. Es braucht in einer Tragödie kein Blut und keine Toten zu geben; es genügt, daß die Handlung Größe hat, daß die Personen edel gesinnt sind, daß sich die Leidenschaften entzünden und daß alles jene hoheitsvolle Trauer spüren läßt, die der besondere Reiz der Tragödie ist.

Ich glaubte, all dieses in meinem Stoff finden zu können; aber noch mehr gefiel mir daran, daß er so außerordentlich einfach ist. Ich wollte seit langem herausfinden, ob ich eine Tragödie schreiben könnte, deren Handlung die Einfachheit hat, die die Alten so sehr schätzten: denn dies ist eine der wichtigsten Vorschriften, die sie uns hinterlassen haben. »Was ihr auch tun mögt«, sagt Horaz, »es sei immer einfach und in sich eins.« ...

Und man soll nicht glauben, daß die Regel »nur das Wahrscheinliche erschüttert in der Tragödie« sich nur auf die Vorstellung jener stütze, die sie geprägt haben. Wo bleibt die Wahrscheinlichkeit, wenn an einem Tag eine große Menge von Dingen geschieht, die kaum in mehreren Wochen geschehen könnten? Es gibt Leute, die meinen, daß diese Art von Einfachheit ein Zeichen für mangelnde Erfindungskraft sei. Sie bedenken nicht, daß im Gegenteil das Erfinden darin besteht, aus nichts etwas zu machen, und daß alle diese vielen Ereignisse stets die Zuflucht von Dichtern waren, die wußten, daß ihr Genius weder reich noch stark genug sei, um die Zuschauer fünf Akte hindurch in Spannung zu halten mit einer einfachen Handlung, die kraftvoll wird durch die Gewalt der Leidenschaften, die Schönheit der Empfindungen und die Erlesenheit der Sprache. Ich glaube keineswegs, daß alle diese Dinge in meinem Werk erscheinen; aber ich kann auch nicht glauben, daß das Publikum es mir verargt, daß ich ihm eine Tragödie geschenkt habe, die durch viele Tränen ausgezeichnet worden ist und die bei der dreißigsten Aufführung ebenso gut besucht war wie bei der ersten.

Einige Leute hat es allerdings gegeben, die mir ebenjene Einfachheit, die zu finden ich mich so bemüht hatte, zum Vorwurf gemacht haben. Sie waren der Meinung, daß eine Tragödie, in der es so wenig Verwicklungen gibt, nicht den dramatischen Regeln entsprechen könne. Ich ließ nachfragen, ob sie darüber klagten, daß sie sich dabei gelangweilt haben. Man sagte mir, sie gäben alle zu, daß sie nicht langweilig sei; daß mehrere Stellen darin sie sogar erschüttert hätten; und daß sie sie gern ein zweites Mal sehen würden. Was wollen sie mehr? Ich beschwöre sie, genug Vertrauen in ihr eigenes Urteil zu haben und es für unmöglich zu halten, daß ein Stück, das sie erschüttert und das ihnen Freude macht, völlig wider die Regeln sein könne. Die erste der Regeln ist, daß ein Stück gefällt und erschüttert: alle anderen sind nur dazu aufgestellt worden, um diese erste erfüllbar zu machen; aber alle diese Regeln bedürfen vieler Erklärungen, mit denen sie sich, wenn sie meinem Rat folgen wollen, nicht belasten sollten: sie haben Wichtigeres zu tun. Sie sollen uns die Mühe überlassen, die schwierigen Fragen der aristotelischen Poetik zu klären, und sich selbst nur der Lust zu weinen und sich rühren zu lassen hingeben ...

César-Pierre Richelet (1631–98)

La Versification françoise (1672)

Französische Verslehre

Kap. IV. Von den zwölfsilbigen Versen; warum sie Alexandriner heißen

... Unsere bedeutendste Versart, auch Alexandriner genannt, hat zwölf Silben mit einer Pause in der Mitte. Diese Pause muß notwendigerweise entweder von dem Ende eines Wortes oder einem einsilbigen Wort gebildet werden, bei dem das Gehör auf angenehme Art und Weise verweilen kann.

Weiterhin muß die Pause immer mit der sechsten Silbe zusammenfallen, wenn diese männlich, mit der siebenten, wenn sie weiblich ist. Aber in diesem letzten Fall darf die siebente Silbe nur aus einem stummen e im Singular bestehen, damit sie in einem nachfolgenden Vokal aufgehen kann:

> Oüy, la meilleure Femme en malice est féconde;
> Au Diable soit le sexe, il damne tout le monde.
>
> (M. Moliere)

> Vn Poëte à la Cour *fut jadis à la mode,*
> Mais des Foux aujourd'hui c'est le plus incommode;
> Et l'Esprit le plus beau, l'Auteur le plus poli,
> N'y parviendra jamais *au sort de l'Angeli.*
>
> (M. Despreaux)

Die Pause heißt Pause, weil das Gehör und der Vortrag sich an dieser Stelle in gewisser Weise ausruhen. Man nennt sie auch Zäsur, weil sie den Vers in zwei Teile zerschneidet oder teilt, die jeder Hemistichium, d. h. Halbvers, heißen. Diese Pause oder Zäsur darf jedoch mit keinem der folgenden einsilbigen Wörter wie *pour, sans, me, te* zusammenfallen, insofern das Gehör hierbei nicht verweilen könnte. Aus diesem Grund darf die Zäsur auch nicht mit einem der folgenden Wörter wie *je, qui, a, que* oder irgendeiner Präposition zusammenfallen. Man betrachte die folgenden Beispiele:

> *Devant elle & devant le feu de son amour.*
> *Iris, ne trouve je pas un sujet de plainte,*
> *De voir que ...*
> *La belle Philis qui causa tout mon malheur.*
>
> (Le Pere le Moine, *S. Louis*, L. 13)
>
> *Quand il en sort, il a plus d'yeux, & plus aigus,*
> *Que le jaloux Argus.*
>
> (Regnier, *Sat. 11*)
>
> *Et le Nil nous les a sur ce Tertre amenez.*
>
> (Le Pere le Moine, *S. Louis*, L. 7)

Einige Leute vertreten die Ansicht, daß die Zäsur dieser beiden letzten Verse noch akzeptiert werden könne. Doch die Mehrzahl derer, die ich befragt habe, lehnt diese Zäsur ab. Alle sind sich jedoch darüber einig, daß die Zäsur überhaupt keinen Wert hat, wenn sie auf *a*, eine Präposition oder einen Artikel fällt, z. B.

> *Adieu, je m'en vais à Paris pour mes affaires.*

Weiterhin soll man Adjektiv und Substantiv nie so verteilen, daß das eine die Zäsur des Verses bildet, das andere aber den zweiten Halbvers einleitet, wie

> *Iris, dont la beauté charmante nous attire.*

Der Vers wäre jedoch sehr gelungen, wenn das Substantiv die Zäsur des ersten Halbverses bildete und ihm dann zwei Beiwörter folgten, die den Vers völlig zu Ende führten, z. B.

Il périt d'une mort basse, obscure & tragique
(Le Pere le Moine, *S. Louis*, L. 6)

Il est une ignorance & sainte & salutaire
(M. de Saci, *Poëme S. Prosper*)

Die dritte Person des Verbs *estre* darf, wenn sie zwischen einem Adjektiv und einem Substantiv steht, ebenfalls nicht die Zäsur eines Verses bilden:

On sçait que la chair est fragile quelquefois.
(M. Moliere)

Mehrere Leute sind der Meinung, daß die Zäsur dieses letztgenannten Verses nicht völlig zu verurteilen ist, daß man sie aber dennoch nicht nachahmen sollte. Das gleiche gilt für die folgenden Verse:

Elle viendra devant que la semaine passe.
(M. Montreüil)

Frape des yeux avant qu'il frape de la main
(Le Pere le Moine, *S. Louis*, L. 2)

Avant que, devant que und ähnliche, die aus zwei Wörtern bestehen und die man ausspricht, als ob sie nur ein einziges seien, dürfen in einem Vers nicht dergestalt stehen, daß das erste Wort den ersten Halbvers beendet und das zweite den anderen einleitet.

Die zwölfsilbigen Verse verwendet man in der Epik und Dramatik, weiterhin in Satiren, Eklogen, Elegien und Sonetten, seltener in Scherzepisteln, Balladen, Ringelgedichten und Epigrammen...

Kap. XXVII. Vom gelungenen Vers

Ich nenne einen Vers gelungen, bei welchem nichts fehlt. Ein Vers ist dann so beschaffen, wie er sein soll, wenn man nichts wegstreichen kann, ohne dem darin ausgedrückten Gedanken zu schaden; wenn er einen schönen Sinn ergibt, wenn sein Verfasser sich mit Geist und Genauigkeit ausgedrückt hat, wenn ein jedes Wort recht wahrhaftig französisch und wenn seine Einteilung angenehm und natürlich ist. Verse sind dann genau, wenn ihre Bestandteile in Bezug zueinander stehen, Vernunft verraten und scharfsinnig begründet sind. Ein Verfasser hat sich geistreich ausgedrückt, wenn die Sprache lebendig, klar und schön ist, entsprechend dem behandelten Gegenstand, wenn alle Wörter einem schönen Gebrauch angehören und ihre Anordnung nichts Ungezwungenes, Hartes oder Wirres hat. Die Einteilung zu guter Letzt ist angenehm, wenn sich aus der Anordnung der Wörter eine gewisse Harmonie ergibt, die dem Gehör schmeichelt und die die Verskunst schön und fließend, gegebenenfalls ernst und majestätisch macht...

Kap. XXVIII. Vom mißratenen Vers

Ein Vers ist mißraten, wenn ihm etwas fehlt. Dann ist er hart und unklar, seine einzelnen Bestandteile sind nicht schön angeordnet. Er ist kraftlos, kalt, prosahaft, wenig französisch, voller Füllsel, ohne Ausdruckskraft, Gedankentiefe und Genauigkeit. Auch Geziertheit, Schwulst, ein Zuviel an Redefiguren und pompösen Ausdrücken sind an diesem Vers zu tadeln. Dennoch erträgt man diese Fehler leichter als die anderen. Sie ziehen wenigstens für eine Weile die Aufmerksamkeit auf sich, wohingegen der niedrige und gewundene Stil sie sofort abschreckt. Auch Dunkelheit ist ein Fehler in der Dichtung. Es wäre fast besser, auf verständliche Weise Narreteien von sich zu geben, als zu sprechen und nicht verstanden zu werden...

Nicolas Boileau-Despréaux (1636–1711)

Art poétique (1674)

Poetik

I, 1–12

Vergebens schmeichelt sich ein verwegener Autor, durch die Verskunst eine hohe Stufe auf dem Parnaß zu erreichen, wenn er weder einen geheimen Einfluß des Himmels in seinem Innersten fühlet, noch das Gestirn ihn bei der Geburt zu einem Dichter gebildet hat. Er bleibt stets im engen Wirkungskreise seiner Geisteskräfte, wie ein Gefangener, verschlossen: für ihn ist Phöbus taub und Pegasus störrisch.
O ihr dann, die ihr, brünstig von einer gefährlichen Hitze, die dornichte Bahn des schönen Geistes wählet, grämet euch nicht durch nutzloses Versemachen ab, und haltet noch nicht für das Genie den bloßen Kitzel des Reimes. Fürchtet euch vor dem betrüglichen Köder eines eitlen Vergnügens, und prüfet lange vorher euren Geist und eure Kräfte...

I, 27–62

Was immer für einen Stoff man wähle, sei er scherzhaft oder erhaben; so sei man allezeit darauf bedacht, daß der Reim mit der gesunden Vernunft übereinstimme. Falsch ist der Wahn, daß eines das andere hasse. Der Reim sei nur ein Sklave, sein Tun Gehorchen. Ein unverdrossenes Bestreben, ihm recht nachzuspüren, verschafft allmählich unserm Geist eine Fertigkeit, ihn auch leicht zu finden: er beugt sich gern unter das Joch der Vernunft, und weit entfernt, dieselbe zu hindern, bedient er vielmehr und bereichert sie zugleich. Alsdann nur, wann man ihn ganz außer Achtung setzet, wird er ein Rebell; und um ihn einzuholen, läuft ihm der Gedanke nach. Darum liebet die Vernunft! Eure Schriften sollen von ihr allein ihren Glanz und ihren ganzen Wert borgen.

Zuweilen ist ein Autor von einem Gegenstande zu sehr eingenommen und kann seiner Materie nicht los werden, bis er sie ganz erschöpft hat. Trifft er einen Palast an: geschwinde den Pinsel her! die ganze Außenseite wird abgemalt: dann führt er mich von einer Terrasse zur anderen: dort zeigt sich ein Ruheplatz von Stein, da öffnet sich ein prächtiger Gang; hier ein Erker mit einem vergoldeten Dockengeländer. Er zählet mir alle Deckenornamente her, die runden und die eiförmigen: »Da gibt's nichts als Girlanden, nichts als Astragale«[36]. Zwanzig Blätter überhüpfe ich, um ein Ende zu finden, und rette mich kümmerlich durch den Garten hinaus. Oh! fliehet solcher Autoren unfruchtbaren Überfluß der Worte, und beladet euch niemals mit nichtstaugenden Kleinigkeiten.

Alles was man zuviel sagt, ist abgeschmackt und verdrießlich: der Geist, der übersatt ist, gibt es alsbald wieder von sich ...

I, 103—182

Leget dem Leser nichts vor, als was ihm gefallen mag. Überwachet die Kadenz mit scharfem Ohre. Allezeit trenne der Sinn, durch einen Abschnitt der Worte, die eine Hälfte des Verses von der anderen und bezeichne genau den zwischenliegenden Ruhepunkt. Hütet euch, daß kein zu hastiger Selbstlaut unterwegs auf einen anderen stoße.

Es gibt eine glückliche Wahl gewisser harmonischer Worte. Fliehet jede verhaßte Zusammenkunft der Mißtöne. Der vollkommenste Vers, der edelste Gedanke kann dem Geiste nicht gefallen, wenn das Ohr verletzet wird.

In den ersten Zeiten der französischen Poesie erschuf allein die Willkür alle Versgesetze. An der äußersten Spitze der Worte, die ohne Taktmaß beisammenstanden, vertrat der Reim die Stelle der Zieraten, des Numerus und der Zäsur. VILLON war der erste in diesen rohen Jahrhunderten, welcher die krause Kunst unserer alten Romanschreiber entwirrt hat. Bald darauf brachte MAROT die Balladen in Flor, gab den Trioletten eine neue Gestalt, reimte Maskeraden, unterwarf die Ringelgedichte regelmäßigen Wiederholungsversen und brach für die Reimkunst eine ganz neue Bahn. RONSARD, der auf ihn gefolgt, erfand noch eine andre Methode, von allem gab er Regeln und verwirrte alles; er schuf eine neue Kunst nach seiner Weise: und doch genoß er lange ein günstiges Schicksal. Aber in dem folgenden Alter sah seine Muse, die bisher durch den französischen Mund Latein und Griechisch sprach, sich auf einmal, durch einen grotesken Umschwung, all des pedantischen Prunks ihrer aufgedunsenen Worte entblößt. Dieser hochtrabende Poet fiel von seiner ganzen Höhe und lehrte DESPORTES und BERTAUT, behutsamer zu sein. Endlich erschien MALHERBE und ließ, der erste in Frankreich, ein wohlklingendes Silbenmaß in seinen Versen hören: er zeigte die wahre Kraft eines Wortes, das am rechten Orte steht, und führte die ausschweifende Muse zu ihrer Schuldigkeit zurück. Nun hatte die Sprache, durch diesen weisen Schriftsteller erneuert, nichts Rauhes mehr für ein reines Gehör. Die Stanzen lernten von ihm, sich mit Grazie zu schließen; und kein Vers wagte es mehr, in den andern hinüberzuschreiten. Alles erkannte seine Gesetze; und dieser getreue Anführer dienet noch heute den Autoren zur Vorschrift. So tretet denn in seine Fußstapfen: liebet dessen reine Schreibart, und ahmt die Klarheit seiner glücklichen Wendungen nach.

Wenn der Sinn eurer Verse sich immer ins Dunkle verhüllt, läßt auch allmählich mein Geist ab, ihm folgen zu wollen, und freudig windet er sich von eurem Gewäsche los, freudig entfernt er den Autor, dessen Sinn er nur mühsam ausspüren muß.

Es gibt gewisse Köpfe, deren düstere Gedanken sich stets hinter einem dicken Gewölke verstecken. Alles Licht der Vernunft könnte es nicht durchbrechen. Darum, ehe daß ihr schreiben wollt, lernet zuvor – denken! Je nachdem unsere Begriffe mehr oder weniger dunkel sind, folgt auch ein zu wenig deutlicher oder ein mehr klarer und heller Ausdruck. Das, was man sich wohl im Gemüte vorstellt, trägt man ebenso klar vor, und um das Gedachte zu sagen, bieten sich die Worte von selbst dar.

Vor allem traget Sorge, daß in euren Schriften die Sprache geehrt, ihr Heiligtum, auch unter den stärksten Entzückungen, niemals entweiht werde. Vergebens bemühet ihr euch, durch einen lieblichen Ton mir ans Herz zu greifen, wenn das Wort uneigentlich ist oder die Wendung fehlerhaft. Meinem Geiste mißfällt sowohl ein prächtiger Barbarismus als auch der stolze Sprachschnitzer eines hochfahrenden Verses. Mit einem Worte: der göttlichste Autor, was er immer schreibe, ist ohne Richtigkeit der Sprache allezeit ein elender Schriftsteller.

Arbeitet mit guter Muße, seien die Befehle noch so dringend, und strebet nicht nach närrischer Geschwindigkeit. Ein zu behender Schreibefinger, der reimend dahineilt, verrät eher zu wenig Beurteilungskraft als einen hohen Grad der Begabung. Ich liebe mehr einen Bach, der über eine geblümte Flur auf weichem Sande sanft fortrieselt, als einen über die Ufer getretenen Strom, welcher mit einem ungestümen Lauf und voller Kiesel ein kotiges Erdreich durchwühlt. Eilet sachte und ohne jemals den Mut zu verlieren, nehmet euer Werk zwanzigmal unter die Hand, schleifet das Rauhe hinweg, schleifet es wieder: füget manchmal etwas hinzu und streicht noch öfter aus.

Man hat wenig getan, wenn in einem Werke, das von Fehlern wimmelt, nur von Zeit zu Zeit ausgestreute Geniezüge funkeln. Wahre Pflicht ist es, daß jedes Ding an seinem

Orte stehe, daß so der Anfang als das Ende der Mitte entspreche, daß die mit feiner Kunst zusammengesetzten Stücke nicht mehr denn ein einzig Ganzes von mannigfaltigen Teilen ausmachen, daß die Rede niemals von der Materie abgehe und sich auf Nebenwegen zu weit verliere, um ein und anderes Glanzwort zu erjagen ...

II, 82–96

Dahin gehört, was man von diesem seltsamen Gott [Apoll] erzählt. Einst entschloß er sich, alle Verseschreiber der Franzosen zum Äußersten zu treiben, und er erfand die strengen Gesetze des Sonetts. Auf sein Gebot mußte, in zwei vierzeiligen Strophen von gleicher Verslänge, der Reim mit zwei Tönen achtmal das Ohr berühren, und hierauf sollten sechs andere künstlich angeordnete Verse sich, durch ihren Sinn, in zwei dreizeilige Strophen teilen. Vornehmlich verbannte er aus dieser Versart jede Freiheit, er selbst bestimmte den Numerus und den Schlußfall, er verbot, daß sich ein matter Vers einschleiche, daß ein gehörtes Wort zweimal töne. Und dazu gab er ihr den höchsten Grad der Schönheit. Ein Sonett ohne Fehler gilt allein – ein langes Gedicht. Allein jenes zu erreichen, bestreben sich der Sänger tausende vergebens: und man hat diesen glücklichen Phönix noch lange zu suchen ...

III, 9–26

Ihr also, die ihr, von edlem Feuer für das Theater beseelt, mit prächtigen Versen um den Preis ringet, wollet ihr auf der Bühne, wo ganz Paris seine Stimme gibt, Stücke aufführen, welche mit jeder Vorstellung immer schöner werden und nach zwanzig Jahren immer wieder begehrt werden sollen, so laßt rege Leidenschaft durch euern Dialog an die Herzen dringen, gebt ihnen Wärme und Rührung. Wenn der angenehme Sturm einer gewaltigen Gemütsbewegung uns nicht immer wieder mit sanftem Schrecken erfüllt oder zärtliches Gefühl des Mitleidens in unsrer Seele erwecket, werdet ihr vergebens gelehrte Szenen auskramen. Ohnehin immer träge zum Händeklatschen ist das Parterre; euer kaltes Vernünfteln wird es noch frostiger machen, und durch die eiteln Bemühungen eurer Rhetorik mit Recht ermüdet, schläft es ein oder tadelt. Das erste Geheimnis der Kunst ist Gefallen und Rühren. Suchet jene Saiten zu treffen, mit welchen ihr meine Seele an euch reißen könnt...

III, 160—170

Mit einer viel erhabeneren Miene erhält sich die epische Muse in dem weiten Umfange einer langen Handlung durch die Fabel und lebt ganz von der Erdichtung. Alles wird da aufgeboten, um uns zu bezaubern. Alles bekommt einen Körper, ein Leben, einen Geist, ein Gesicht. Jede Tugend wird eine Gottheit: MINERVA ist die Klugheit, die Schönheit VENUS. Den Donner erzeugen nicht mehr die Dünste der Atmosphäre: JUPITER tut's, der seine Rechte zum Schrecken der Erde bewaffnet. Brüllet ein Sturm furchtbar den Schiffenden: NEPTUN ist es, der im Zorne die Wellen peitscht...

III, 189—208

Ohne diese Zierate wird der Vers matt, die Poesie erstirbt oder kriechet kraftlos dahin: der Dichter ist weiter nichts als ein schüchterner Redner, ein frostiger Erzähler einer abgeschmackten Fabel. Es ist also eitle Täuschung, daß einige Schriftsteller unter uns diesen Modeschmuck aus ihren Gedichten verbannen und dafür Gott, seinen Heiligen und Propheten Rollen der Götter geben, welche dem Hirn der Dichter entsprossen sind. Sie versetzen bei jedem Schritte ihren Leser in die Hölle und zeigen ihm nichts anderes als Astaroth, Beelzebub und Luzifer. Die schauervollen Geheimnisse der christlichen Religion leiden keine ergötzende Verzierungen, das Evangelium zeiget dem Geiste von allen Seiten nichts dann Buße und wohlverdiente Pein, und die strafbare Vermischung eurer Erdichtungen gibt selbst seinen Wahrheiten das Ansehen einer Fabel. Und welch eine Szene stellet ihr endlich uns vor, wenn der Teufel immer gegen den Himmel heult, den Ruhm eures Helden zu erniedrigen suchet und oft Gott selbst den Sieg streitig machet? ...

III, 359–392

Daher wählet zum Gegenstand eurer Nachforschung einzig die Natur, Ihr, die ihr einen Anspruch auf den Ruhm der Komödie mit Recht verdienen wollet! Nur wer den Menschen wohl einsieht und mit Tiefsinn auf den verborgensten Grund so vielerlei Herzen dringt, wer deutlich erkennt, was ein Verschwender, ein Geiziger, was ein Kavalier, was ein Tor, ein Eifersüchtiger und ein Tollkopf ist: nur der ist imstande, glückliche Rollen aufzuführen und denselben unter unsern Augen Leben, Handlung und Sprache zu geben. Zeichnet die Abbildungen nach der Natur, so daß jeder darin mit den lebhaftesten Farben geschildert sei. Die an närrischen Porträts so fruchtbare Natur zeigt sich in jeder Seele mit verschiedenen Zügen, oft verrät sie eine einzige Gebärde, ein Nichts machet sie durchscheinen. Aber diese zu erkennen, hat nicht jeder Geist einen genug geschärften Blick. Die Zeit, welche alles ändert, ändert auch unsere Neigungen. Jedes Alter hat seine Freuden, seine Denkungsart, sein Verhalten.

Ein Jüngling, allezeit hitzig in seinen Kapricen, läßt sich vom üblen Beispiel verführen: ist faselnd im Reden, flatterhaft in den Begierden, widerspenstig gegen die Ermahnung und in der Trunkenheit der Ergötzungen ein Tor.

Das reifere Alter des Mannes trägt schon mehr die Miene der Vernunft, drängt sich zu den Großen hin, intrigiert, ist auf seiner Hut, verschanzet sich gegen die bösen Streiche des Glückes und sieht im Gegenwärtigen lange das Künftige vor.

Hingegen der Greis immer verdrießlich, immer bedacht sich etwas zu erwerben, hütet, aber nicht für sich, die angehäuften Schätze: kaltblütig in seinen Entschließungen, gehet er mit langsamen Schritten zu Werk: unaufhörlich klagt er über die neue Welt, verschwendet Lobsprüche auf die alten Zeiten, und nunmehr zu den Freuden untüchtig, welche die Jugend mißbraucht, schilt er ihr Vergnügen, das ihm sein Alter versagt.

Lasset euere Personen nicht aufs Geratewohl, den Greis nicht wie einen Jüngling, den Jüngling nicht wie einen Greis sprechen.

Studieret den Hof, studieret die Stadt; beide bieten euch Muster in Menge dar...

Charles Perrault (1628–1703)

Parallele des Anciens et des Modernes en ce qui regarde les arts et les sciences. Dialogues (1688–97)

Vergleich zwischen den Alten und den Modernen bezüglich der Künste und Wissenschaften. Dialoge

Parallele I, 73–76

Der Abbé.
Ich gebe zu, daß es für die Alten großes Lob und großes Verdienst bedeutet, die Erfinder der Künste gewesen zu sein, und daß sie hierfür gar nicht genug respektiert werden können. Die Erfinder, wie Platon sagt oder doch hätte sagen können, denn das ist seine Ausdrucksweise, nehmen eine Mittlerstellung zwischen den Göttern und den Menschen ein und wurden oft sogar unter die Götter gerechnet, weil sie außerordentlich nützliche Dinge erfunden haben. Dennoch ist es gut, einmal zu untersuchen, ob den Alten mehr Ruhm für Erfindungen zusteht als den Modernen. Es war anerkennenswert, daß die ersten Menschen diese kunstlosen Dächer gebaut haben, von denen Vitruv spricht, aus Baumstämmen zusammengesetzt, die unten kreisförmig in Abständen angeordnet und oben an der Spitze zusammengefügt und dann mit Schilf und Rasen bedeckt wurden. Da man angesichts der zwingenden Notwendigkeit, sich gegen die Unbilden der Witterung zu schützen, unmöglich etwas anderes erdenken konnte, lassen sich diese ersten Gebäude und die Geschicklichkeit, mit der sie errichtet wurden, kaum mit den prächtigen Palästen der nachfolgenden Jahrhunderte und mit der wunderbaren Kunstfertigkeit, die ihre Bauweise regelte, vergleichen. Der erste Mensch, der sich ausdachte, einen Baumstamm auszuhöhlen und daraus ein Boot zu machen, um einen Fluß zu überqueren, verdient sicher Lob, aber dieses

Boot und die Art und Weise, wie es ausgehöhlt wurde, sind in nichts mit den großen Schiffen, die auf dem Ozean schwimmen, noch ihrer bewundernswerten Bauweise vergleichbar. Wenn man sogar diese ersten kunstlosen Dächer und diese ersten Schiffe genauer untersuchte, würde man feststellen, daß ihre Erbauer, genau betrachtet, nicht deren erste Erfinder sind, sondern daß sie ihre Ausbildung in der Architektur verschiedenen Tieren verdanken, deren Baue, besonders die der Biber, tausendmal fester und kunstreicher gefügt sind als die ersten Behausungen der Menschen, und daß eine Nußschale, die auf dem Wasser schwimmt, ihnen die Erfindung und das Modell des ersten Schiffs hat liefern können. Das gleiche gilt für das Weben von Leinwand und Stoffen, wo sie die Spinne als Lehrmeisterin hatten, oder für die Jagd, deren Listen und Kniffe sie die Wölfe und Füchse gelehrt haben. Daran kann man jedoch erkennen, daß die Menschen erst nach sehr langer Zeit die Fähigkeit erlangten, wie diese Tiere zu laufen und sich bei dieser Tätigkeit abzulösen. Man sieht hier, daß der Ruhm der ersten Erfindung nicht so groß ist, wie man es sich gemeinhin vorstellt...

Parallele I, 86–87

Der Abbé.
Ich gebe zu, daß die Alten immer den Vorzug haben werden, als erste viele Dinge erfunden zu haben, aber ich halte dafür, daß die Modernen sinnreichere und wunderbarere Dinge erfunden haben. Ich bin damit einverstanden, daß die Alten große Männer waren, daß sie sogar, wenn Sie so wollen, mehr Geist als die Modernen gehabt haben, obwohl es für eine derartige Annahme überhaupt keinen Grund und keinen Anlaß gibt; aber ich werde immer sagen, daß sich daraus noch nicht folgern läßt, ihre Werke seien besser gewesen als diejenigen, die man heutzutage hervorbringt. Ich bin zum Beispiel einverstanden, daß der

Erfinder der ersten Uhr, von dem wir gesprochen haben, mehr Erfindungsgeist besaß und größeres Lob verdient als alle Uhrmacher, die nach ihm kamen, aber ich behaupte, diese Uhr zur Pendeluhr weiterentwickelt und sie dann noch tragbar konstruiert zu haben, beides wunderbare Erfindungen, die wir dem berühmten Herrn Huygens verdanken, ist etwas Sinnreicheres als die bloße Erfindung der ersten Uhr. Ich behaupte noch viel nachdrücklicher und ohne daß jemand zu widersprechen wagen könnte, daß diese ersten Uhren keineswegs an Genauigkeit und Tauglichkeit an die Uhren heranreichten, die die schlechtesten unserer Uhrmacher jetzt herstellen. Denn man muß Hersteller und Arbeit auseinanderhalten, und selbst vorausgesetzt, daß die ersten Erfinder mehr Talent gehabt hätten als die, die ihre Erfindungen vervollkommnet haben, hindert das nicht, daß die jüngst hergestellten Arbeiten noch viel schöner und vollendeter sind als die der ersten Hersteller, da diese sich noch im Versuchsstadium vortasteten, die späteren aber volle Kenntnisse und eine lange Erfahrung in der Herstellung besaßen ...

Parallele I, 103–104

Der Abbé.
... Ich schätze die Alten und ihre Werke wie keiner, aber ich bete sie nicht an, und ich bin keineswegs überzeugt, daß man heute nichts Vergleichbares mehr herstellt. Verachtung für die Werke der Alten wäre ungerecht, denn es gibt darunter ausgezeichnete, die man nur bewundern kann, wenn man nicht blöde oder empfindungslos ist. Eine derartige Verachtung hätte übrigens für die Jugend, der man nicht genug Ehrfurcht gegenüber den Autoren, die man sie lehrt, beibringen kann, höchst gefährliche Folgen. Aber ich plädiere doch für eine gewisse Mäßigung, wenn man die Alten lobt, und für etwas weniger Verachtung gegenüber den Modernen. Was die studierende Jugend an-

geht, die man bis zur letzten Klasse in tiefer Verehrung für
die Alten erzogen hat, so wünschte ich mir, daß man sie
allmählich, wenn ihr Urteilsvermögen ausgebildet ist, die
Stärken und Schwächen eben dieser Alten erkennen ließe
und daß man ihnen beibrächte, es sei nicht nur möglich,
es ihnen gleichzutun, sondern man könne sie bisweilen sogar
übertreffen, indem man nämlich die Fehler vermeidet, in
die sie verfallen sind; denn wie es gefährlich ist, die Jugendlichen
dünkelhaft werden zu lassen, so ist es noch
gefährlicher, ihnen den Mut zu nehmen, wenn man ihnen
nämlich sagt, sie könnten die Alten doch nie einholen und
selbst das Schönste, was sie hervorbrächten, sei immer noch
geringer als das größte Mittelmaß in den Werken dieser
großen Männer.

Parallele II, 27–31

Der Präsident.
Soll ich Ihnen einmal die Wahrheit sagen, Herr Abbé? Bei
Ihrem lobenswerten Vorhaben, unserem Jahrhundert und
den Modernen Ehre widerfahren zu lassen, sollten Sie sich
auf die Künste und Wissenschaften beschränken, wo eine
lange Zeit nötig war, um diese ihrer letzten Vollendung
zuzuführen, wie bei Physik, Astronomie, Seefahrt, Geographie
und mehreren anderen derartigen Wissenschaften;
denn in allen Künsten und Wissenschaften hat man verschiedene
Entdeckungen gemacht, die man in ihren Anfängen
unmöglich bereits hätte machen können. Was aber
Eloquenz und Dichtung angeht, die derartiger langwieriger
Untersuchungen nicht bedürfen und allein viel Geist,
Talent und eine glückliche Vereinigung naturbegabter Talente
verlangen, Voraussetzungen, die ohne weiteres vor
einigen Jahrhunderten bestimmten Menschen gegeben sein
konnten, wie dies in der Tat im Jahrhundert eines Alexander
oder Augustus in den Gestalten von Demosthenes und
Cicero der Fall war, so hätten Sie diese Gebiete auslassen

müssen und Ihre Sache nicht dadurch verderben sollen, daß Sie zu Ihren einleuchtenden und annehmbaren Behauptungen eine derart seltsame Behauptung hinzufügten, uns nämlich glauben machen zu wollen, daß Eloquenz und Dichtung der Alten nicht die der Modernen überträfen.

Der Abbé.
Warum haben Ihrer Meinung nach, Herr Präsident, Eloquenz und Dichtung nicht ebenso vieler Jahrhunderte zu ihrer Vollendung bedurft wie Physik und Astronomie? Ist das Herz des Menschen, das man kennen muß, um es zu überzeugen und zu ergötzen, etwa leichter zu erforschen als die Geheimnisse der Natur? Wurde es nicht zu allen Zeiten als der tiefste aller Abgründe angesehen, in dem man jeden Tag etwas Neues entdeckt und dessen ganze Tiefe nur Gott allein ergründen kann? So wie die Alten ungefähr wie wir die sieben Planeten und die bedeutendsten Gestirne, aber nicht die Trabanten der Planeten noch eine große Anzahl kleiner Sterne kannten, die wir erst entdeckt haben, so kannten sie ebenfalls wie wir die Leidenschaften der Seele, nicht aber eine Unzahl kleiner Stimmungen und seelischer Begleitumstände, die den Trabanten der Gestirne vergleichbar sind. Erst in jüngerer Zeit hat man in der Astronomie und der Sittenlehre wie in tausend anderen Dingen derart schöne und merkwürdige Entdeckungen gemacht. In einem Wort, wie die Anatomie im Herzen Klappen, Fasern, Bewegungen und Erscheinungen gefunden hat, die der Kenntnis der Alten entgangen waren, so hat die Sittenlehre dort ebenfalls Neigungen, Abneigungen, Wünsche und Widerwillen entdeckt, die ebendiese Alten nie kannten. Ich könnte Ihnen das, was ich hier vorbringe, verdeutlichen, wenn ich die Leidenschaften eine nach der anderen mit Ihnen durchginge, und Sie überzeugen, daß es tausend verständige Urteile über einzelne Leidenschaften in den Werken unserer Autoren, ihren moralphilosophischen Traktaten und Tragödien, ihren Romanen

und Reden gibt, die man bei den Alten noch keineswegs findet. Allein in den Tragödien Corneilles gibt es mehr feinsinnige und tiefgründige Gedanken über den Ehrgeiz, die Rache, die Eifersucht, als in allen Büchern der Antike.

François de Salignac de la Mothe-Fénelon (1651 bis 1715)

Lettre à l' Académie (um 1714, ersch. 1716)[37]
Brief an die Akademie

Plan einer Poetik

Eine Poetik scheint mir nicht weniger wünschenswert zu sein als eine Rhetorik. Die Dichtung ist ernsthafter und nützlicher, als man gemeinhin glaubt. Die Religion hat seit den Anfängen des Menschengeschlechts die Dichtung in ihren Dienst gestellt. Bevor die Menschen den Text der Heiligen Schrift besaßen, bewahrten die heiligen Gesänge, die sie auswendig kannten, die Erinnerung an den Ursprung der Welt und überlieferten die Wunder Gottes. Nichts kommt der Erhabenheit und Freude der Lobgesänge des Moses gleich. Das Buch Hiob ist ein Gedicht voll kühnster und majestätischster Bilder. Das Hohelied beschreibt mit Anmut und Zartheit die mystische Vereinigung des Gottbräutigams mit der Seele des Menschen, die seine Braut wird. Die Psalmen werden immer Gegenstand der Bewunderung und zugleich des Trostes für alle Zeiten und Völker sein, wo der wahre Gott verehrt und gefühlt wird. Die ganze Heilige Schrift ist voller Poesie, selbst an den Stellen, wo man keine Verse findet.
Im übrigen hat die Poesie der Welt die ersten Gesetze ge-

geben. Sie hat die wilden und ungebändigten Menschen sanft gestimmt und hat sie aus den Wäldern, wo sie verstreut umherirrten, zum Zusammenschluß geführt, hat sie gesittet gemacht, ihre Lebensweise geordnet, Familien und Völkerschaften gebildet, ein Gefühl für die Annehmlichkeiten des gesellschaftlichen Zusammenschlusses geweckt, die Anwendung der Vernunft in Erinnerung gerufen, die Tugend gepflegt und die schönen Künste erfunden. Sie hat die Herzen für den Krieg begeistert oder milder für den Frieden gestimmt.

... Die von lebendigen Bildern, großartigen Redefiguren, Leidenschaften und dem Zauber der Harmonie belebte Rede nannte man die Sprache der Götter. Selbst die barbarischsten Völker waren ihr gegenüber nicht unempfindlich. Sosehr man die schlechten Dichter verachten muß, sosehr muß man auch einen großen Dichter bewundern und verehren, der aus der Poesie keinen Geistesblitz macht, um sich nichtigen Ruhm zu erwerben, sondern sie dazu verwendet, die Menschen für die Weisheit, die Tugend und die Religion einzunehmen.

Darf ich hier meinen Schmerz darüber äußern, daß Vollkommenheit im französischen Versbau mir nahezu unmöglich erscheint? Mich bestärkt in diesem Gedanken die Tatsache, daß unsere größten Dichter viele schwache Verse geschrieben haben. Niemand hat schönere geschrieben als Malherbe, aber wie viele gibt es auch, die seiner nicht würdig sind? Gerade die schätzenswertesten unserer Dichter, bei denen man die wenigsten Unregelmäßigkeiten findet, haben oft holperige, dunkle und matte Verse geschrieben. Sie wollten ihren Gedanken eine sinnreiche Wendung geben, die man suchen muß. Sie sind voll gekünstelter Epitheta, um den Reim zu treffen. Wenn man einige Verse streicht, nimmt man keinerlei Schönheit fort: das merkt man ohne Mühe, wenn man jeden ihrer Verse mit aller Strenge untersucht. Wenn ich mich nicht irre, verliert unsere Verskunst durch die Reime mehr, als sie gewinnt: nämlich viel Abwechslungsreichtum, Leichtigkeit und Harmonie. Oft bewirkt ein Reim, den ein Dichter auf Umwegen sucht, nur ein Stocken und eine Dehnung der Aussage; er benötigt zwei oder drei unpassende Verse, um einen Vers einzuführen, den er wirklich braucht. Man ist peinlich darauf bedacht, nur volltönende Reime zu verwenden, man ist jedoch nicht so sorgfältig, wenn es um Gedanken und Gefühle, Klarheit der Begriffe, Natürlichkeit der Wendungen oder Adel des Ausdrucks geht. Der Reim beschert uns nur Gleichförmigkeit der Wortausgänge, die langweilig wirkt und die man in der Prosa vermeidet; so weit ist sie davon entfernt, dem Ohr zu schmeicheln. Diese Wiederholung der Ausgangssilben ermüdet selbst bei den großen heroischen Versen, wo auf zwei männliche Silben immer zwei weibliche folgen.

Es ist wahr, man findet in den Oden und Stanzen, wo die verschlungenen Reime mehr Wohlklang und Abwechslungsreichtum haben, auch eine größere Harmonie. Aber die größten heroischen Verse, die nach dem geschmeidigsten, abwechslungsreichsten und majestätischsten Klang verlangen, ermangeln oft gerade am meisten dieser Vollkommenheit.

Die unregelmäßigen Verse haben die gleiche Reimverschlingung wie die Oden. Ihre Unregelmäßigkeit ohne einheitliche Regel gewährt die Freiheit, ihr Silbenmaß und ihre Kadenz zu variieren, je nachdem ob man steigern oder abschwächen will. La Fontaine benützt diesen Weg sehr gut.

Ich habe keinesfalls im Sinn, die Reime abzuschaffen. Ohne sie würde unsere Verskunst hinfällig. Es gibt in unserer Sprache nicht diese Verschiedenartigkeit von kurzen und langen Silben, die im Griechischen und Lateinischen die Regel von den Versfüßen und das Messen der Verse ermöglichte. Aber ich glaube, es wäre angebracht, unseren Dichtern ein wenig mehr Ungezwungenheit beim Reimen beizubringen, um sie in den Stand zu versetzen, bezüglich Sinn und Wohlklang genauer zu verfahren. Wenn man mit dem Reim etwas lockerer umginge, verhülfe man der Vernunft zu größerer Vollkommenheit; man strebte mit mehr Leichtigkeit nach dem Schönen, Großen, Einfachen, Leichten. Man ersparte den bedeutendsten Dichtern gezwungene Wendungen, zusammengesuchte Epitheta und Gedanken, die beim ersten Lesen oder Hören nicht deutlich genug verständlich sind.

Das Beispiel der Griechen und Lateiner mag uns zu dieser Freiheit ermuntern. Ihre Verskunst war unvergleichlich weniger hinderlich als unsere. Unser Reim allein ist viel schwieriger als alle ihre Regeln zusammen. Gleichwohl griffen die Griechen auf verschiedene Dialekte zurück. Außerdem kannten einige Dichter überflüssige Silben, die sie frei hinzufügten, um ihre Verse zu füllen. Horaz machte es sich mit dem Versbau in seinen Satiren, seinen Episteln und sogar einigen Oden sehr bequem. Warum sollten wir nicht ähnliche Erleichterungen suchen, wir, die der Versbau so behindert, der so leicht die Begeisterung eines guten Dichters erstickt? Das strenge Verbot unserer Sprache gegen fast alle Satzumstellungen vergrößert die Schwierigkeit, französische Verse zu schreiben, noch einmal unendlich. Man unterwirft sich ohne jeden Nutzen einer Art Folter, um ein Werk zu schreiben. Wir sind versucht zu glauben, daß man eher das Schwierige als das Schöne gesucht hat. Bei uns muß ein Dichter genauso an die Anordnung einer Silbe denken wie an die höchsten Gefühle, die lebendigsten Schilderungen, die kühnsten Gedanken. Die Alten hingegen ermöglichten durch häufige Umstellungen die schönen Kadenzen, den Abwechslungsreichtum, die leidenschaftliche Ausdrucksweise. Die Umstellungen wurden zu einem starken Ausdrucksmittel und hielten den Geist in gespannter Erwartung des Wunderbaren ...

Ich gebe zu, daß man in unsere Sprache nicht plötzlich viele derartige Umstellungen einführen soll; man ist daran keineswegs gewöhnt, sie würden hart und dunkel erscheinen. Die Pindarische Ode von Herrn Despréaux ist, wie mir scheint, nicht frei von dieser Unvollkommenheit. Ich stelle dies mit um so größerer Unbefangenheit fest, als ich sonst die Werke dieses großen Dichters bewundere. Man müßte ganz allmählich die wohlklingendsten dieser Inversionen, die denen am nächsten kommen, die unsere Sprache bereits erlaubt, auswählen...

Ronsard hatte sich zuviel auf einmal vorgenommen. Er hatte unserer Sprache durch zu kühne und unverständliche Umstellungen Gewalt angetan. Das war eine rohe und ungestaltete Sprache. Er fügte ihr zu viele zusammengesetzte Wörter hinzu, die in die Umgangssprache des Volkes noch nicht eingegangen waren. Er sprach Französisch in griechischem Gewand, und das gegen den Willen der Franzosen. Er hatte keineswegs unrecht, wie mir scheint, einen neuen Weg zu versuchen, um unsere Sprache zu bereichern, unsere Dichtung anzuspornen und unsere aufblühende Verskunst geschmeidiger zu machen. Aber in Fragen der Sprache erreicht man nichts ohne das Einverständnis der Menschen, für die man spricht. Man soll nie zwei Schritte auf einmal machen, und man muß anhalten, wenn man sieht, daß einem die Menge nicht mehr folgt. Einzelgängertum ist in allen Dingen gefährlich; es ist unentschuldbar in Fragen, die allein vom Sprachgebrauch abhängen.

Die unnötige Übertreibung Ronsards hat uns ein wenig ins andere Extrem verfallen lassen. Man hat unsere Sprache beraubt, ausgetrocknet und behindert. Sie wagt nur noch, nach den höchst genauen und gleichmäßigen Regeln der Grammatik zu verfahren: immer kommt zuerst ein Substantiv im Nominativ, das sein Adjektiv gleichsam an der Hand führt; das zugehörige Verb marschiert in jedem Fall hinterher, gefolgt von einem Adverb, das keine zwei Möglichkeiten zuläßt, und das Objekt ruft sofort einen Akkusativ herbei, der niemals umgestellt werden kann. Dies schließt jede geistige Spannung, Erwartung, Überraschung, jeglichen Abwechslungsreichtum und oft jede herrliche Klangfülle aus.

Ich stimme andererseits damit überein, daß man niemals eine doppeldeutige Redewendung wagen soll; ich schließe mich sogar Quintilian an und vermeide jeglichen Satz, den der Leser zwar versteht, den er aber nicht verstehen könnte, wenn er nicht das Fehlende ergänzte. Man braucht eine einfache, genaue und ungezwungene Redeweise, bei der sich alles aus sich selbst heraus entwickelt und dem Leser entgegenkommt. Wenn ein Autor zum Publikum spricht, darf er keine Mühe scheuen, um seinem Leser eine solche zu ersparen. Die ganze Arbeit ist für ihn allein da, das ganze Vergnügen zusammen mit dem Nutzen für den, von dem er gelesen werden will. Ein Autor darf in seinen Gedanken nichts Unklares lassen. Nur die Hersteller von Rätseln dürfen das Recht haben, einen verborgenen Sinn vorzuführen. Augustus wollte in seiner Rede lieber häufige Wiederholungen in Kauf nehmen als die Gefahr einer Unklarheit. Und in der Tat, die vornehmste Pflicht eines Mannes, der nur schreibt, um verstanden zu werden, besteht darin, seinen Lesern zu helfen, indem er sich zuallererst verständlich ausdrückt.

Ich gebe zu, daß unsere größten französischen Dichter, durch die strengen Gesetze unserer Verskunst behindert, an einigen Stellen diesen Grad vollkommener Klarheit verfehlen. Ein Mann, der viel denkt, will viel sagen; er kann sich nicht dazu entschließen, irgend etwas preiszugeben. Er spürt den Wert all dessen, was er gefunden hat; er macht große Anstrengungen, um alles in den engen Grenzen eines Verses einzuschließen. Man strebt sogar nach zuviel Gewissenhaftigkeit: sie artet in Spitzfindigkeit aus. Man will zu sehr blenden und verblüffen, man will mehr Geist besitzen als der Leser und es ihn merken lassen, um ihm seine Bewunderung zu entlocken; statt dessen sollte man nie mehr Geist besitzen wollen als er und ihm etwas davon mitteilen, ohne so auszusehen, als ob man Geist hätte. Man gibt sich nicht mit der einfachen Vernunft, naiver Anmut, dem lebhaftesten Gefühl zufrieden, die die wirkliche Vollkommenheit ausmachen. Man geht aus Eigenliebe noch ein wenig über dieses Ziel hinaus. Auf der Suche nach dem Schönen weiß man sich nicht zu mäßigen. Man kennt nicht die Kunst, vor ehrgeizigem Redeschmuck innezuhalten. Das Bessere ist der Feind des Guten, sagt ein italienisches Sprichwort. Man verfällt in den Fehler, etwas zuviel Salz zu verstreuen und der Speise, die man würzen möchte, einen zu neuartigen Geschmack verleihen zu wollen. Man macht es wie diejenigen, die einen Stoff mit zuviel Stickereien überladen. Ein ausgesuchter Geschmack fürchtet in allem das Übermaß, ohne den Geist dabei auszunehmen. Der Geist ermüdet sehr, wenn man zuviel davon gebraucht und ihn verschwendet. Wenn man sich darauf versteht, etwas Geist fortzulassen, um sich dem Geist der Menge anzupassen und ihm den Weg zu ebnen, bedeutet dies, daß man noch Geist übrigbehält. Die Dichter, die zu dem höchsten Aufschwung des Geistes, dem weitesten Flug der Gedanken und der größten gedanklichen Fruchtbarkeit in der Lage sind, müssen diese Klippe eines Übermaßes an Geist am meisten fürchten. Das ist ein schöner Fehler, könnte man da sagen, ein seltener Fehler, ein wunderbarer Fehler. Ich stimme zu, aber es ist ein wirklicher Fehler, und zwar einer, der nur sehr schwer zu beheben ist ...

Wenn man sich auf einfache, leichte, klare und scheinbar vernachlässigte Schönheiten beschränkt, gewinnt man viel und verliert allen überflüssigen Pomp. In der Dichtung wie in der Architektur müssen alle notwendigen Bestandteile zu natürlichem Schmuck werden. Aber jeder Schmuck, der nur Schmuck ist, ist zuviel. Man nehme ihn fort, nichts fehlt, nur die Eitelkeit leidet darunter. Ein Autor, der zuviel Geist besitzt und immer Geist zeigen will, ermüdet und erschöpft den meinigen: ich will davon nicht zuviel sehen. Wenn er weniger zeigte, ließe er mich Atem schöpfen und bereitete mir größeres Vergnügen. Er strengt mich zu sehr an, die Lektüre seiner Verse wird zur Mühe. So

viele Geistesblitze blenden mich, ich suche ein mildes Licht, das meinen schwachen Augen entgegenkommt. Ich wünsche mir einen angenehmen Dichter, der sich dem Durchschnitt der Menschen anpaßt, der alles für sie tut, nichts für sich selber. Das Erhabene soll so vertraut sein, so angenehm und so einfach, daß ein jeder zuerst einmal versucht ist zu glauben, er hätte es selber ohne Mühe finden können, obwohl nur wenige Leute in der Lage sind, es zu finden. Ich ziehe das Angenehme dem Überraschenden und Wunderbaren vor. Ich suche einen Mann, der mich vergessen läßt, daß er der Autor ist, der sich mit mir auf gleicher Ebene unterhält. Ich möchte, daß er mir einen Ackersmann vor Augen stellt, der um seine Ernten fürchtet, einen Schäfer, der nur sein Dorf und seine Herde kennt, eine Amme, die sich um ihr Kleines sorgt. Er soll mich nicht an sich selber und seinen schönen Geist, sondern an die Schäfer, die er sprechen läßt, denken lassen ...
O welche Größe liegt darin, seine Ansprüche so herabzustimmen, um sich all dem anzupassen, das man schildert, um alle diese verschiedenartigsten Charaktere zu erreichen! Wie hoch steht ein Mann über dem sogenannten Geist, wenn er sich nicht fürchtet, einen Teil davon zu verbergen. Damit ein Werk wirklich schön ist, muß sich sein Autor dabei vergessen und mir ermöglichen, ihn zu vergessen. Er muß mich allein in meiner vollen Freiheit lassen ...
... Das sind Werke, deren Zauber sich niemals verbraucht. Weit davon entfernt zu verlieren, wenn man sie wiederliest, fragt man stets erneut nach ihnen. Ihre Lektüre ist keineswegs eine Anstrengung; man erholt sich dabei und ruht sich aus. Glänzende und ausgearbeitete Werke flößen uns Ehrfurcht ein und blenden uns; aber ihre Pointe ist so fein, daß sie bald stumpf wird. Ich suche nicht das Schwierige, Ausgefallene, Wunderbare; ich genieße das Einfache, Angenehme, Passende. Wenn die Blumen, die man auf der Wiese mit den Füßen zertritt, genauso schön sind wie die in den prächtigsten Gärten, so habe ich sie

lieber. Ich neide niemandem etwas. Das Schöne verlöre nichts von seinem Wert, wenn es Gemeingut des ganzen Menschengeschlechts wäre; man würde es nur noch mehr schätzen. Die Ausgefallenheit ist ein Mangel und eine Armut der Natur. Die Sonnenstrahlen sind deswegen nicht weniger kostbar, weil sie das ganze Universum erleuchten. Ich wünsche mir das Schöne so natürlich, daß es gar nicht nötig hat, mich durch seine Neuartigkeit zu überraschen. Ich wünsche mir, daß seine Anmut nie altert und daß ich ohne es fast nicht auskommen kann ...
Die Dichtung ist ohne Zweifel eine Nachahmung der Malerei. Stellen wir uns doch Raffael vor, der ein Gemälde malt. Er hütet sich wohl, seine Gestalten bizarr darzustellen, wofern er nicht Grotesken malt. Er sucht keine blendende Farbgebung. Weit davon entfernt zu wollen, daß die Kunst ins Auge springt, denkt er nur daran, sie zu verbergen. Er möchte gerne den Betrachter täuschen, so daß dieser sein Gemälde für Jesus Christus selber auf dem Berg Tabor hält. Seine Malkunst ist nur in dem Maße gut, wie man Wahrheit darin findet. Die Kunst ist mangelhaft, sobald sie übertrieben ist. Sie muß auf Ähnlichkeit abzielen. Da man ein so großes Vergnügen daran hat, in einer Landschaft Tizians die Ziegen, die auf einen Hügel über einem Abgrund klettern, oder auf einem Gemälde Teniers' Dorffeste und Bauerntänze zu betrachten, ist es da noch erstaunlich, daß man in der *Odyssee* gern so naive Detailschilderungen des menschlichen Lebens erblickt? Man glaubt, an den Plätzen selber zu sein, die Homer schildert, die Menschen dort zu sehen und zu hören. Diese Einfachheit der Sitten scheint das Goldene Zeitalter zurückzuführen. Der gute Eumaios rührt mich mehr als ein Held aus *Clélie* [Roman von M. de Scudéry (1607–1701), 10 Bde.] oder *Cléopâtre* [Ritterroman von La Calprenède (1614–63), 12 Bde.]. Die eitlen Vorurteile unserer Zeit entwerten solche Schönheiten; aber unsere Schwächen verklei-

nern keineswegs den wahren Wert eines so vernünftigen und natürlichen Lebens ...

Die Alten gaben sich keineswegs damit zufrieden, einfach nach der Natur zu malen: sie fügten zur Wahrheit noch die Leidenschaft hinzu. Homer schildert keinen jungen Mann, der in den Kämpfen fällt, ohne ihm rührende Anmut zu verleihen. Er zeigt ihn voller Mut und Tapferkeit, er läßt uns an ihm Anteil nehmen, ihn lieben, für sein Leben fürchten. Er zeigt seinen vom Alter gebeugten Vater, voller Sorge ob der Gefahren seines geliebten Kindes. Er stellt uns die Neuvermählte des Jünglings vor, die um ihn zittert: man zittert mit ihr. Das ist eine Art Verrat. Der Dichter rührt uns mit soviel Anmut und Zartheit, um uns zum Augenblick der Entscheidung hinzuführen, wo wir plötzlich den, den wir lieben, in seinem Blut schwimmen sehen und ewige Nacht seine Augen geschlossen hat.

Der Schöngeist hat das Unglück, die großen Leidenschaften, die er ausschmücken will, abzuschwächen. Es bedeutet nach Horaz nur wenig, wenn ein Gedicht schön und glänzend ist. Es muß rührend, angenehm und folglich auch einfach, natürlich und leidenschaftlich sein ...

Das Schöne, das nur schön ist, das heißt glänzend, ist nur zur Hälfte schön. Um Leidenschaft zu erzeugen, muß das Schöne ihr Ausdruck verleihen. Es muß sich des Herzens bemächtigen, um es zum rechten Ziel des Gedichts hinzuführen.

Jean Baptiste Abbé Dubos (1670–1742)

Réflexions critiques sur la Poésie et la Peinture (1719)

Kritische Betrachtungen über die Poesie und Malerei

Erster Abschnitt

Von dem Genie überhaupt

Das Höchste, was die Poesie und die Mahlerey thun können, ist, daß sie rühren und gefallen; so wie der höchste Endzweck der Beredsamkeit ist, zu überreden. Horaz sagt, und er sagt es in dem Tone eines Gesetzgebers, um seinem Ausspruche desto mehr Nachdruck zu geben: »Es ist nicht genug, daß Verse schön sind; sie müssen auch vermögend seyn die Herzen zu rühren, und diejenigen Empfindungen wirklich zu erregen, die sie erregen wollen...«
Horaz würde eben dasselbe zu den Mahlern gesagt haben.
Ein Gedicht sowohl als ein Gemählde kann diese Wirkung nicht hervorbringen, wenn es weiter keine Vollkommenheiten hat, als Regelmäßigkeit und Zierlichkeit in der Ausführung. Ein Gemählde, welches auf das schönste gemahlt, und ein Gedicht, das noch so regelmäßig und correct ist, können beyde frostig und langweilig seyn. Soll ein Werk uns rühren, so müssen, wofern es ein Gemählde ist, die Schönheit der Zeichnung und die Wahrheit des Colorites, und wenn es ein Gedicht ist, eine klangreiche Versification, blos dazu dienen, andern Gegenständen das Wesen zu geben, die an sich selbst fähig sind, zu rühren und zu gefallen...
Wofern die Helden eines tragischen Dichters nicht durch ihre Charaktere, und durch ihre Schicksale interessiren;

so ist sein Trauerspiel langweilig, falls auch der Styl noch
so rein wäre, und kein einziger Fehler wider die so genannten
Regeln des Theaters darinn vorkäme. Wenn mir
aber der Dichter wunderbare Begebenheiten erzählt, wenn
er mir Situationen und Charaktere zeigt, die mich so sehr
intereßiren, als die Situationen und Charaktere des Pyrrhus
und der Paulina, so bringt mich sein Gedicht zu Thränen;
und ich sehe den Künstler, der mein Herz so sehr in seiner
Gewalt hat, als einen Mann an, der etwas Göttliches auszurichten
im Stande ist ...
Die Ähnlichkeit der Ideen, die der Dichter aus seinem
Genie hernimmt, mit den Ideen, welche diejenigen haben
würden, so sich in eben den Umständen befänden, worein
der Dichter seine Personen setzt; und die rührenden Bilder,
die er erschafft, ehe er die Feder oder den Pinsel zur
Hand nimmt, machen also den größten Werth eines Gedichtes
und eines Gemähldes aus. In dem Endzwecke des
Mahlers oder Dichters, und in der Erfindung rührender
Bilder und Gedanken, deren er sich zur Erreichung dieses
Endzweckes bedient, sieht man den Unterscheid zwischen
einem grossen Künstler; und einem blossen Handwerker,
der in der Ausführung oftmals geschickter ist, als jener.
Nicht die größten Versemacher sind die größten Dichter,
so wie die regelmäßigsten Zeichner nicht die größten Mahler
sind.
Wenn man die Werke grosser Künstler genau betrachtet,
so wird man sehr bald gewahr, daß sie die Regelmäßigkeit
und die Schönheiten der Ausführung nicht als den letzten
Endzweck ihrer Kunst, sondern nur als Mittel angesehen
haben, Schönheiten von einer höhern Gattung hervorzubringen.
Sie haben sich nach den Regeln gerichtet, um unsern Geist
durch eine beständig beobachtete Wahrscheinlichkeit zu
gewinnen, und ihm aus den Gedanken zu bringen, daß
das, was unser Herz in so grosse Bewegung setzt, nur eine
Erdichtung sey. Sie haben die Schönheiten der Ausführung

gebraucht, um uns für ihre Personen, durch die äusserliche Gestalt derselben, oder durch die Annehmlichkeit ihrer Sprache einzunehmen: Sie suchen unsre Sinne bey den Gegenständen aufzuhalten, welche die Seele rühren sollen. Dieses ist die Absicht des Redners, wenn er sich den Regeln der Grammatik und der Rhetorik unterwirft. Sein vornehmster Endzweck ist nicht, sich das Lob zu erwerben, daß seine Rede correct und glänzend ausgearbeitet sey; denn diese beyden Eigenschaften überreden Niemand: Sondern seine Zuhörer durch starke Gründe und rührende Bilder von seiner eignen Erfindung, seiner Meynung zu machen; wobey ihm die Kunst nichts weiter hilft, als daß sie ihn seine Gedanken und Gemählde in die rechte Ordnung stellen lehrt...

Wenn jene göttliche Begeisterung, welche die Mahler zu Dichtern, und die Dichter zu Mahlern macht, unsern Künstlern mangelt, wenn sie nicht, wie Perrault sagt, jenes Feuer, jene göttliche Flamme, den Geist unsers Geistes und die Seele unsrer Seele haben; so bleiben sie ihr Lebelang schlechte Handwerker, denen man ihre Arbeit tageweise bezahlet, ohne daß sie auf die Achtung und auf die Belohnungen Anspruch machen dürfen, welche gesittete Nationen grossen Künstlern schuldig sind. Sie wissen von ihrer Kunst weiter nichts, als das Handwerksmäßige, welches sich eben so lernen läßt, wie man jede andre Profeßion lernt. Die gemeinsten Köpfe sind fähig, mittelmäßige Dichter und Mahler zu werden.

Die Geschicklichkeit, die ein Mensch von Natur besitzt, gewisse Dinge gut und leicht zu verrichten, welche andre mit vieler Mühe nur schlecht machen, nennt man Genie. Man lernt eine Sache, wozu man Genie hat, mit eben so leichter Mühe, als man seine Muttersprache redet.

Zweyter Abschnitt

Von dem Genie, welches Dichter und Mahler macht

Das Genie zu diesen Künsten besteht, wie ich mir vorstelle, in einer glücklichen Zusammensetzung der Organe des Gehirnes, in der guten Bildung jedes einzelnen dieser organischen Theile, und in einer Beschaffenheit des Blutes, vermöge deren es, während der Arbeit, in solch eine Wallung geräth, daß es den Triebrädern, mittelst deren die Einbildungskraft ihre Wirkungen verrichtet, Lebensgeister im Überflusse zuführt. In der That kann man sich durch die überaus grosse Ermattung, welche auf eine langwierige Anstrengung des Geistes zu folgen pflegt, leicht überzeugen, daß die Arbeit der Imagination eine grosse Erschöpfung der körperlichen Kräfte verursache. Ich setze voraus, daß sich das Blut desjenigen, welcher dichtet, erhitze; denn Mahler und Poeten können nicht mit kaltem Blute erfinden. Man weis, daß sie in eine Art von Entzückung gerathen, wenn sie ihre Ideen hervorbringen ...
Aber die feurigste Hitze des Blutes wird nichts als wunderliche Chimären in einem Gehirne hervorbringen, welches aus Organen besteht, die entweder an sich fehlerhaft, oder doch nicht glücklich zusammengefügt, und folglich unfähig sind, dem Dichter die Natur so vorzustellen, wie sie sich andern Menschen zeigt. Die Abbildungen, die er von der Natur macht, haben keine Ähnlichkeit mit dem Urbilde, weil gleichsam sein Spiegel nicht getreu ist. Bald kriecht er im Staube, bald fliegt er über den Wolken, und nur selten ist er einige Augenblicke auf dem richtigen Wege, weil er sich nur von ungefähr darauf verirrt ...
Wenn hingegen dieses Feuer, welches aus einem heissen und geistreichen Blute entsteht, einem glücklich gebildeten Gehirne mangelt, so werden die Productionen desselben zwar regelmäßig, aber auch frostig gerathen ...
Wenn ihn das poetische Feuer auch einmal entflammt, so

verlischt es doch bald wieder, und wirft nur schwache
Schimmer von sich. Daher pflegt man zu sagen, ein witziger Kopf könne wohl eine Strophe machen, aber man
müsse ein Dichter seyn, wenn man deren drey verfertigen
wolle. Wer nicht ein gebohrner Dichter ist, kommt aus dem
Odem, so bald er auf den Parnaß in die Höhe steigen soll.
Halb sehen dergleichen Leute das, was sie ihren Personen
in den Mund legen müssen, aber sie können es nicht deutlich denken, und noch weniger ausdrücken. Bey aller Mühe,
die sie sich geben, rührend zu seyn, bleiben sie frostig.

Wenn aber ein so feuriges Blut und so glücklich gebaute
Werkzeuge der Seele bey einem Menschen zusammen kommen, so entsteht daraus, wie ich mir einbilde, ein poetisches
oder mahlerisches Genie: Denn ich traue keiner physikalischen Erklärung, in Betrachtung der Unvollkommenheit
dieser Wissenschaft, worinnen fast alles bloß auf Muthmassungen ankömmt. Die Erfahrungen hingegen, die ich
anführe, sind gewiß, und folglich hinreichend, mein System zu unterstützen, wenn man auch die Ursache davon
nicht einsieht. Ich glaube also, daß diese glückliche Verbindung beyder oben erwähnten Vollkommenheiten, physicalisch zu reden, diejenige Gottheit ist, von welcher die
Poeten sagen, sie komme in ihre Brust, und begeistere sie.
Hierinnen besteht die göttliche Raserey, von der die Alten
so viel geredet haben ...

Was die Dichter anlangt, so sind die Regeln ihrer Kunst
so leicht zu begreifen und in Ausübung zu bringen, daß sie
nicht einmal jemand nöthig haben, der ihnen zeigt, wie sie
selbige studiren müssen. Ein Genie kann sich selbst in
zween Monathen mit allen Regeln der französischen Poesie
bekannt machen. Ja es ist sehr bald fähig, so gar bis an
die Quelle dieser Regeln zurücke zu gehen, und die Wichtigkeit einer jeden nach den Grundsätzen, woraus sie hergeleitet ist, zu beurtheilen. Auch hat sich die Welt niemals
für verbunden geachtet, diejenigen mit Ruhm zu belohnen,
welche so glücklich gewesen sind, Männern, deren Name

durch alle Jahrhunderte unsterblich seyn wird, die Anfangsgründe der Poesie zu lehren. Man redet nie von denen, die den Virgil oder den Horaz in der Dichtkunst unterwiesen; man weis die Namen derjenigen nicht, welche den Moliere und den Corneille, so nahe sie auch an unsere Zeiten gränzen, den Abschnitt und das Sylbenmaaß unsrer Verse gelehrt haben. Man hat ihnen nicht so vielen Antheil an den Verdiensten ihrer Schüler zugeschrieben, daß man sie für würdig gehalten hätte, sich um ihre Namen zu bekümmern, und selbige der Nachwelt zu überliefern.

Luc de Clapiers Marquis de Vauvenargues (1715–47)

Fragments. Sur la poésie et l'éloquence[38]

Fragmente. Über die Dichtung und die Beredsamkeit

... Die hohe Dichtung fordert notwendigerweise eine ausgeprägte Vorstellungskraft und damit verbunden eine starke und leidenschaftliche Veranlagung. Nun gibt es aber kein derartiges Vorstellungsvermögen und kein so ausgeprägtes Talent ohne eine gleichzeitige große Erkenntnisfähigkeit und glühende Leidenschaftlichkeit, die der Seele über alle Bereiche des Gefühls Klarheit verschaffen, d. h. über den größten Teil der Dinge, die der Mensch am besten kennt. Der Geist, der einen Dichter ausmacht, ist der gleiche, der die Kenntnis des menschlichen Herzens verleiht. Molière und Racine konnten nur deshalb das Menschengeschlecht so erfolgreich darstellen, weil sie beide eine starke Vorstellungskraft hatten; kein Mensch, der die Leidenschaften, die Natur nicht getreu darstellen kann, verdient den Namen eines großen Dichters. Dieses so wesentliche Verdienst entbindet ihn nicht davon, auch die anderen Voraussetzungen eines Dichters zu erfüllen. Ein großer Dichter muß klare Gedanken haben, seine Werke sinnvoll aufbauen, einen genauen Plan machen und ihn kraftvoll ausführen. Wer wüßte nicht, daß es unter Umständen schwieriger ist, einen guten Plan für ein Gedicht zu machen, als zu irgendeinem kleinen philosophischen Gegenstand ein vernünftiges System zu errichten? Ich weiß, man wird mir an dieser Stelle vorhalten, daß Milton, Shakespeare und selbst Vergil nicht durch ihre Pläne geglänzt haben; das beweist nur, daß ein Talent auch ohne ein großes System von Regeln bestehen kann, beweist aber noch nicht, daß ein solches System das Talent ausschließt. Wie wenig moralphilosophische und philosophische Werke gibt es, in denen ein untadeliges Ordnungsprinzip vorherrscht? Überrascht es da, daß sich die Dichtung so oft von dieser klugen Verhaltensnorm entfernt hat, um sich rührseligen Situationen und Schilderungen zuzuwenden, wo doch unsere theoretischen Werke, in denen man nur eine Methode und die Wahrheit sucht, meist so wenig wahr und so wenig methodisch sind? Einige Dichtungen entbehren dennoch nur auf Grund der Schwäche des menschlichen Geistes der Ordnung und nicht, weil das Fehlen eines Plans dem dichterischen Geist eigentümlich wäre. Ich ärgere mich darüber, daß ein überlegener Kopf wie Fontenelle mit seinem Ansehen noch die Vorurteile der Menschen gegen eine liebenswerte Kunst unterstützt, deren Genius nur so wenigen Menschen verliehen ist. Jedes Genie, das uns die menschlichen Dinge lebendiger verstehen läßt, wie man es der Dichtkunst nicht absprechen kann, trägt deshalb auch überall zu mehr Aufklärung bei. Ich weiß, daß eine Aufklärung durch das Erwecken von Gefühlen vielleicht nicht immer dazu dient, die Dinge gut zu diskutieren; aber gibt es denn keine andere Art und Weise der Erkenntnis als durch die Diskussion? und kann man etwa schließen, daß jemand nicht folgerichtig denkt, wenn er nicht in der Lage ist zu diskutieren? Was ist denn zum guten Schluß Schätzenswertes am Menschengeschlecht? Etwa die physikalischen Erkenntnisse und der Geist, der dazu dient, sie zu erwerben? Aber warum sollte man der Physik diesen Vorzug einräumen? Warum soll man einen Geist, der dazu dient, den Geist selbst zu erkennen, nicht genauso schätzen wie einen, der die natürlichen Ursachen so langsam und unsicher untersucht? Das größte Verdienst der Menschen ist es, die Fähigkeit zur Erkenntnis zu haben, und die vollkommenste und nützlichste Fähigkeit, die sie erwerben können, ist die Erkenntnis ihrer selbst. Ich bitte alle, die von diesen Wahrheiten überzeugt sind, inständig um Verzeihung für die Beweise, die ich hier anführe. Man kann sie nur als unnütz betrachten, da die Mehrheit der Menschen sie nicht kennt und der größte Philosoph dieses Jahrhunderts [Fontenelle] diese Unwissenheit noch unterstützen will.

Ich weiß wohl, daß die großen Dichter ihren Geist auf etwas für das Menschengeschlecht Nützlicheres verwenden könnten als die Dichtung. Ich weiß weiterhin, daß die unbesiegbare Kraft ihres Talents sie gewöhnlich daran hindert, sich mit anderen Dingen zu beschäftigen, aber haben sie das nicht mit denen gemeinsam, die die exakten Wissenschaften pflegen? Wie viele Köpfe finden sich denn unter all den Philosophen, die überhaupt etwas für die Gesellschaft Nützliches herausgefunden haben und die ihren Geist nicht besser für anderes verwandt hätten, wenn dieser Geist einer anderen Sache mit der gleichen Verwendungsmöglichkeit fähig gewesen wäre? Ist es im Gegenteil nicht unendlich sinnvoller, daß die Begabungen verteilt sind? Denn nur dadurch blühen die Künste und Wissenschaften zur gleichen Zeit. Durch diesen Wettstreit und diese Formfülle entsteht der wahre Reichtum der Gesellschaft. Es ist weder möglich noch sinnvoll, daß alle Menschen auf das gleiche Ziel hinarbeiten ...

Charles Batteux (1713–1780)

Les Beaux-Arts réduits à un même Principe (1746)

Einschränkung der schönen Künste auf einen einzigen Grundsatz

Teil 1, Abschnitt 1

I. Erklärung, Eintheilung und Ursprung der Künste überhaupt

... Man kann also die Künste in drey Klassen eintheilen, nach den verschiedenen Absichten, die sie sich vorsetzen.

Die ersten haben zu ihrem Endzwecke die Bedürfnisse des Menschen, den die Natur, nachdem er einmal geboren ist, sich selbst überlassen zu haben scheint. Sie hatte ihn tausend Ungemächlichkeiten ausgesetzt, und er sollte die Verwahrungsmittel dagegen seinem eigenen Fleiße zu danken haben. Dieses gab den mechanischen Künsten den Ursprung.

Die andern haben das Vergnügen zum Gegenstande. Diese konnten nur in dem Schooße der Zufriedenheit geboren werden: Überfluß und Ruhe erzeugten sie. Man nennt sie vorzüglich die schönen Künste. Diese sind die Musik, die Poesie, die Malerkunst, die Bildhauerkunst und die Pantomime oder Tanzkunst.

Die dritte Klasse enthält diejenigen Künste, die den Nutzen und das Ergetzen zugleich zur Absicht haben. Dergleichen sind die Beredsamkeit und die Baukunst. Die Nothdurft hat sie erfunden, und der Geschmack hat sie vollkommen gemacht. Sie halten das Mittel zwischen den andern beiden, und sind aus Nutzbarkeit und Vergnügen zusammengesetzt.

Die Künste der ersten Art gebrauchen die Natur, so wie sie

ist, einzig und allein zu ihrem Nutzen. Die von der dritten Art gebrauchen sie verschönert, sowohl zum Nutzen als zur Ergetzung. Die schönen Künste gebrauchen sie gar nicht, sondern ahmen sie nur nach, eine jede nach ihrer besondern Weise. Die Natur ist also der Gegenstand aller Künste. In ihr liegen alle unsre Bedürfnisse und alle unsre Ergetzungen; die mechanischen Künste sowohl, als die Künste des Geschmacks können sie nirgends hernehmen, als aus ihr.

Wir wollen hier hauptsächlich von den schönen Künsten reden, oder von denen, die die Absicht haben, zu gefallen. Und damit wir sie besser kennen lernen, so wollen wir auf ihren Ursprung zurück gehen.

Die Menschen haben die Künste erfunden, und sie haben sie für sich selbst erfunden. Nachdem sie der allzugleichförmigen Gegenstände, die ihnen die einfältige Natur darbot, überdrüßig waren, und gleichwohl einen ungemeinen Hang zum Vergnügen bey sich fühleten: so nahmen sie ihre Zuflucht zu ihrem erfindungsreichen Kopfe, und suchten sich eine neue Reihe von Begriffen und Empfindungen zu verschaffen, die ihren Verstand wieder aufweckten und ihr Herz aufs neue belebten. Allein, was sollte dieser erfindsame Geist thun, dessen Fruchtbarkeit Gränzen hatte, und dessen Blicke nicht weiter giengen, als die Natur selbst? und der, auf der andern Seite, für Menschen zu arbeiten hatte, deren Verstandeskräfte in gleich enge Gränzen eingeschränkt waren? Alle seine Bemühungen mußten dahin gehen, eine Wahl unter den schönsten Theilen der Natur anzustellen, um daraus ein herrliches Ganzes zu bilden, welches vollkommener wäre, als die Natur selbst, ohne daß es darum aufhörete, natürlich zu seyn. Und dieses ist das Principium, auf welches man nothwendig alle Künste gründen mußte, und welchem die großen Meister in allen Jahrhunderten gefolget sind. Woraus ich schließe: erstlich, daß der Geist, welcher die Künste hervorgebracht hat, die Natur nachahmen müsse. Zweytens, daß er sie nicht so nachahmen müsse, wie sie ordentlicher Weise ist,

und wie sie uns täglich in die Augen fällt. Drittens, daß der Geschmack, für den die Künste gemacht sind, und der ihr Richter ist, befriediget werden muß, wenn die Natur gut gewählt und durch die Kunst gut nachgeahmt wird.
Also müssen alle unsre Beweise darauf abzielen, die Nachahmung der Natur fest zu setzen, und zwar aus der Natur des Geistes selbst, der sie hervorgebracht hat, aus den Eigenschaften des Geschmacks, der ihr Richter ist, und aus der Ausübung der Künstler, die darinn vortrefflich gewesen sind.

II. Der menschliche Geist hat die Künste nicht anders, als durch Nachahmen, hervorbringen können. Was Nachahmen heißt

... Der Geist des Künstlers, welcher arbeitet, um zu gefallen, kann und darf also nicht aus den Gränzen der Natur herausgehen. Seine Verrichtungen bestehen nicht darinn, daß er erdichten soll, was nicht seyn kann, sondern daß er finden soll, was da ist. Erfinden in den Künsten heißt nicht, einem Dinge das Wesen geben, sondern ausfündig machen, wo das Ding ist, und was es ist. Männer von dem größesten Geiste und die am tiefsten nachforschen, entdecken nur, was vorher schon da war. Sie sind aus keiner andern Ursache Schöpfer, als weil sie beobachtet haben; und umgekehrt, sie sind aus keiner andern Ursache so fleißige Beobachter, als weil sie sich in den Stand setzen wollen, zu erschaffen. Daher reizen sie die geringsten Gegenstände, daher überliefern sie sich ihnen mit so vieler Hitze, weil sie allemal neue Erkenntnisse davon zurück bringen, die das Eigenthum ihres Verstandes erweitern und fruchtbarer machen. Der Geist des Erfinders gleicht der Erde, die nicht ehe etwas hervorbringt, als bis sie den Samen dazu empfangen hat. Und man glaube nicht, daß diese Vergleichung den Künstler arm mache; sie zeigt ihm vielmehr die Quelle und den Umfang seiner wahren Reichthümer, die auf diese Weise ganz unermeßlich werden. Denn weil alle Erkenntniß, die sich der Geist aus der Betrachtung der Natur erwirbt, ihm ein Same zu neuen Kunstwerken werden kann: so sind ihm in Ansehung seines Gegenstandes keine andere Gränzen gesetzt, als die Gränzen des Weltgebäudes.

Der Geist muß also etwas haben, woran er sich halten kann, wenn er sich erheben und aufrecht erhalten soll. Und dieses ist die Natur. Der Künstler selbst darf sie nicht schaffen, er darf sie auch nicht vernichten; er kann also weiter nichts thun, als ihr folgen und sie nachahmen; und also ist seine ganze Kunst die Nachahmung.

Nachahmen heißt so viel, als nachbilden; ein Wort, das zwey Begriffe in sich schließt: erstlich den Begriff des Urbildes, welches die Züge besitzt, die man nachahmen will; zweytens den Begriff des Nachbildes, welches diese Züge vorstellt und ausdrückt. Die Natur, das heißt, alles, was ist, oder was wir uns leicht als möglich vorstellen können, ist das Urbild oder das Muster der Künste.

Um dieses deutlich auseinander zu setzen, muß man sich vier Welten vorstellen: die gegenwärtige Welt, das ist, die wirkliche physische, moralische, politische Welt, wovon wir selbst einen Theil ausmachen; die historische Welt, die mit großen Namen besetzt, mit berühmten Thaten angefüllt ist; die fabelhafte Welt, die voll erdichteter Götter und Helden ist; die idealische oder mögliche Welt, worinn die Dinge nur eine allgemeine Existenz haben, und woraus die Einbildungskraft absonderliche Wesen heraus nimmt, die sie mit so viel eigenthümlichen und persönlichen Zügen bezeichnet, als es ihr möglich ist. So schilderte Aristophanes den Sokrates, ein Subjekt aus der damals lebenden Welt. Die Horazier sind aus der Geschichte genommen, Medea aus der Fabel, Tartüff aus der möglichen Welt. Dieses alles heißt die Natur. Auf diese muß der sorgfältige Nachahmer beständig sein Auge gerichtet haben. Und warum? Sie schließt alle Anlagen zu regelmäßigen Werken, und auch die Grundrisse zu allen den Zierrathen in sich, die uns gefallen können. Die Künste schaffen ihre Regeln nicht selbst, sie sind kein Werk ihres Gutdünkens, sie liegen unveränderlich in dem Vorbilde der Natur ...

III. Der Geist des Künstlers muß die Natur nicht so nachahmen, wie sie wirklich ist

... Aus diesem Grundsatze folgt, daß, wenn die Künste Nachahmerinnen der Natur sind, ihre Nachahmungen klüglich und mit Verstande, nicht aber sklavisch, gemacht werden müssen. Sie müssen ihre Gegenstände wählen, sie mit aller der Vollkommenheit, deren sie fähig sind, vorstellen; mit einem Worte, sie müssen so nachahmen, daß man die Natur erblickt, nicht so, wie sie an sich selbst ist, sondern so, wie sie seyn kann und wie sie sich denken läßt.
Was that Zeuxis, als er eine vollkommene Schönheit malen wollte? Entwarf er das Bildniß einer gewissen einzelnen Schönheit, so, daß sein Gemälde ihre Geschichte ward? Nein, sondern er sammlete die zerstreueten Züge verschiedener wirklichen Schönheiten. Er schuf sich im Geiste eine ganz neue Idee, die er allen diesen vereinigten Zügen zu danken hatte: und diese Idee war sein Vorbild, oder das Modell zu seinem Gemälde, welches im Ganzen ein wahrscheinliches, ein poetisches Gemälde, aber in seinen besondern Theilen wahr und historisch war. Ein Exempel, das allen Künstlern gegeben ist; ein Weg, den sie alle betreten müssen. Auch sind dieser Manier alle großen Meister ohne Ausnahme gefolgt ...

IV. In welchem Zustande sich der Geist des Künstlers befinden muß, wenn er die schöne Natur nachahmen soll
(Furor poeticus)

... Es giebt also für den Geist des Artisten gewisse glückliche Augenblicke, wo sich die Seele, als von einem göttlichen Feuer entflammt, die ganze Natur vorstellt, über alle Wesen ein Leben ausgießt, allen Dingen diejenigen rührenden Züge mittheilt, die uns allemal bezaubern und entzücken.

Diesen Zustand der Seele nennt man die Begeisterung, ein Kunstwort, das alle Welt weiß und fast niemand erklärt. Die Begriffe, die uns die meisten Schriftsteller davon gegeben haben, zeugen mehr von einer stark gerührten Einbildungskraft und von ihrer eigenen Begeisterung, als von einem Verstande, der denkt und überlegt. Bald ist sie eine himmlische Erscheinung, ein göttlicher Einfluß, ein prophetischer Geist: bald ist sie eine Trunkenheit der Seele, ein Taumel, eine Entzückung, eine mit Unruhe und Erstaunen vermischte Freude über die gegenwärtige Gottheit ...

Teil I, Abschnitt 2

I. Was der Geschmack ist

... Der Geschmack ist den Künsten das, was der Verstand den Wissenschaften ist. Ihr Gegenstand ist in der That verschieden, aber ihre Verrichtungen haben eine so große Übereinstimmung mit einander, daß der eine dem andern gar wohl zur Erklärung dienen kann.

Die Wissenschaften haben das Wahre zum Gegenstande, die Künste das Gute und das Schöne; zwey Wörter, die fast einerley Bedeutung haben, wenn man sie in der Nähe ansieht.

Der Verstand betrachtet die Gegenstände an sich selbst, nach ihrem Wesen, ohne die geringste Beziehung auf uns. Der Geschmack hingegen beschäfftiget sich nur mit diesen Gegenständen in Absicht auf uns selbst.
Es giebt Leute, deren Verstand falsch ist, weil sie glauben, die Wahrheit da zu sehen, wo sie wirklich nicht ist. Es giebt andere, deren Geschmack falsch ist, weil sie das Gute oder das Böse da zu empfinden glauben, wo es in der That nicht vorhanden ist.
Der Verstand ist also vollkommen, wenn er ohne Nebel sieht, wenn er ohne Irrthum das Wahre von dem Falschen, die Wahrscheinlichkeit von der Gewißheit unterscheidet. So wie der Geschmack vollkommen ist, wenn er durch ein deutliches Gefühl das Gute und das Schlechte, das Vortreffliche und das Mittelmäßige wahrnimmt, ohne es jemals zu verwechseln.
Ich kann also den Verstand als eine Fertigkeit beschreiben, das Wahre und das Falsche zu erkennen und zu unterscheiden; und den Geschmack als eine Fertigkeit, das Gute, das Schlechte, das Mittelmäßige zu empfinden und mit Gewißheit zu unterscheiden.
Das Wahre und das Gute, die Erkenntniß und der Geschmack, das sind folglich alle ernste Gegenstände, das sind alle Wirkungen unsres Geistes. Hier haben wir unsre Wissenschaften und unsre Künste.
Ich überlasse es der tiefsinnigen Metaphysik, alle verborgenen Triebfedern unsrer Seele auseinander zu setzen, und den Gründen ihrer Wirkung bis in ihr Innerstes nachzuspüren. Ich habe nicht nöthig, mich hier in diese spekulativischen Untersuchungen einzulassen, wo man eben so dunkel als erhaben ist. Ich fange von einem Grundsatze an, den niemand leugnet: Unsre Seele erkennt, und was sie erkennt, bringt in ihr eine Empfindung hervor. Die Erkenntniß ist ein Licht, das über unsre ganze Seele ausgebreitet ist; die Empfindung ist eine Bewegung, die sie nicht ruhig seyn läßt. Die eine erleuchtet, die andre erhitzt.

Die eine zeigt uns den Gegenstand, die andere treibt uns dazu hin, oder zieht uns davon ab.
Der Geschmack ist also eine Empfindung. Diese Empfindung hat, bey unsrer vorhabenden Materie, die Werke der Kunst zum Gegenstande: die Künste sind, wie wir bewiesen haben, nichts anders, als Nachahmungen der schönen Natur: also muß der Geschmack eine Empfindung seyn, die uns benachrichtiget, ob die schöne Natur gut oder schlecht nachgeahmt ist. Dieses wird sich in der Folge noch mehr entwickeln ...

II. Der Gegenstand des Geschmacks kann kein anderer seyn, als die Natur selbst

Unsre Seele ist gemacht, das Wahre zu erkennen und das Gute zu lieben. Und da sich zwischen ihr und diesen Gegenständen ein natürliches Verhältniß befindet: so kann sie den Eindrücken derselben nicht widerstehen. Sie erwacht alsobald und geräth in Bewegung. Ein geometrischer Satz, der einmal wohl begriffen ist, zieht unsern Beyfall unausbleiblich nach sich. Eben so geht es in Sachen des Geschmacks. Unser Herz führt uns, wohin es will, fast ohne unser Zuthun, und nichts kömmt uns leichter an, als etwas zu lieben, das liebenswürdig gemacht ist.
Dieser so starke und tiefeingepflanzte Hang beweist deutlich, daß unsre Erkenntniß und unser Geschmack weder vom Zufalle, noch vom Eigensinne abhangen. Alles ist durch unveränderliche Gesetze geordnet. Jede Kraft unserer Seele hat ihr vorgestecktes Ziel, nach welchem sie streben muß, wenn sie ihre Bestimmung erfüllen soll.
Der Geschmack, der in den Künsten herrscht, ist kein selbstgemachter Geschmack. Er ist ein Theil von uns selber, der mit uns geboren ist, und dessen Amt es ist, uns zu allem, was gut ist, geneigt zu machen. Die Erkenntniß geht vor ihm her; sie ist die Fackel, die ihm leuchtet. Allein was

würde uns die Erkenntniß helfen, wenn uns der Genuß gleichgültig wäre? Die Natur war allzuweise, als daß sie diese beiden Stücke hätte trennen sollen. Indem sie uns das Vermögen der Erkenntniß gab: so konnte sie uns auch das Vermögen nicht versagen, das Verhältniß zwischen der erkannten Sache und unserm eigenen Nutzen zu empfinden, und durch solche Empfindung dazu hingezogen zu werden. Und diese Empfindung nennt man den natürlichen Geschmack, weil wir ihn von der Natur zum Geschenke bekommen haben. Aber warum hat sie uns damit beschenkt? Sollten wir etwan über solche Künste urtheilen, die nicht von ihr gemacht worden sind? Nein, wir sollten urtheilen, was die natürlichen Dinge für eine Beziehung auf unser Vergnügen und auf unsere Bedürfnisse haben.

Als hierauf der menschliche Fleiß die schönen Künste, nach dem Muster der Natur, erfunden hatte, diese Künste aber das Vergnügen und die Ergetzung, eine zweyte Gattung von Bedürfnissen unseres Lebens, zum Zwecke hatten: so schien die Ähnlichkeit zwischen den Künsten und der Natur und ihr gleichförmiger Endzweck es zu erfodern, daß der Geschmack an der Natur auch der Richter über die Künste würde: und er ward es. Man erkannte ihn einmüthig dafür. Die Künste wurden seine neuen Unterthanen, die sich willig unter seine Bothmäßigkeit begaben, ohne ihn zu verbinden, um ihrentwillen die geringste Änderung in seinen Gesetzen zu treffen. Der Geschmack blieb beständig eben derselbe: und er versprach den Künsten unter keiner andern Bedingung seinen Beyfall, als wofern sie einen eben so schönen Eindruck auf ihn machen würden, als die Natur selbst. Und die grössesten Meisterstücke der Kunst konnten ihn niemals anders, als um diesen Preis, erhalten.

Noch mehr. Da die Einbildungskraft der Menschen das Vermögen besitzt, sich selbst nach ihrer eigenen Art Wesen zu erschaffen, und diese Wesen vollkommener seyn können, als sie in der wirklichen Natur sind: so hat der Geschmack aus einer vorzüglichen Liebe, die er auf die Künste warf, seinen Sitz unter ihnen aufgeschlagen, um hier mit größerer Macht und Würde zu regieren. Indem er nun die Künste verbesserte und erhöhete, verbesserte und erhöhete er sich selbst, und wurde, ohne daß er aufgehört hätte natürlich zu seyn, weit feiner, weit zärtlicher und vollkommener, als er in der Natur gewesen war...

Traité de la construction oratoire (1763)
Von der Anordnung der Rede

Zweiter Abschnitt. Von der natürlichen Anordnung der Wörter im Hinblick auf das Ohr

Kap. I. Von der Wahl und der Folge der Laute oder von der rednerischen Melodie

... Was die Laute anbetrifft, so merke man: 1. Je näher sie der Einfalt der Elemente kommen, desto sanfter und leichter sind sie auszusprechen. 2. Je länger sie sind, desto wohlklingender sind sie. 3. Je offener sie sind, desto klangvoller sind sie. Je gedrängter oder kürzer oder geschlossener sie dagegen sind, desto härter oder stummer sind sie.

Was die Vereinigung der Laute betrifft, so muß man bemerken, daß die Vokale, die sich bei ihrer Zusammenkunft vermischen, allezeit lieblich sind; daß diejenigen, die sich nicht vermischen, eine gewisse gähnende Öffnung des Mundes verursachen, die man »Hiatus« nennt; daß die zusammenstoßenden Konsonanten mehr oder weniger hart sind, weil sie den Vokal überladen und ihm allzuviel zu formieren geben...

Wie muß man nun die sprachlichen Elemente verbinden, um für das Ohr eine angenehme Folge derselben herauszubringen?

Die Melodie der Rede besteht in der Art und Weise, wie die einfachen oder zusammengesetzten Laute passend zusammengestellt und miteinander verbunden sind, um Silben auszumachen; die Silben untereinander, um ein Wort auszumachen; die Wörter untereinander, um ein Glied einer Periode auszumachen; endlich die Perioden untereinander, um eine Rede auszumachen. Wir sprechen hier nur von der Folge der Laute, als Laute betrachtet.

Hier sind zwei Abwege zu vermeiden: die Hiate, die entstehen, wenn zwei Vokale sich nebeneinander befinden und einander überschneiden... alsdann der Zusammenstoß der Konsonanten, die, weil sie selbst keinen Ton haben, die Organe müde machen und den Vokal verschlingen...

Die Vollkommenheit in diesem Stücke, wie in der Moral, besteht in der Mitte. Die Konsonanten und die Vokale müssen dergestalt gemischt und zusammengestellt werden, daß sie sich wechselweise Festigkeit und Lieblichkeit mitteilen; daß die Konsonanten die Vokale stärken und unterstützen und daß die Vokale wiederum die Konsonanten verbinden und geschmeidiger machen.

Die Gesetze, die zur Vereinigung der Buchstaben in den Silben und der Silben in einem Worte vorgeschrieben wurden, haben sich auch auf die Wörter erstreckt, die in einem ganzen Satz zusammengestellt werden. Der Endkonsonant vermählt sich gern mit dem Anfangsvokal des folgenden Worts, und ebenso ruht und stützt sich der Endvokal gern auf einen Anfangskonsonanten, woraus eine angenehme Kette von Lauten entsteht, die nichts unterbricht, verwickelt oder zerreißt.

In diesem Punkt hat die französische Sprache einigen Vorteil gegenüber der lateinischen. Da jene meist konsonantische Endungen hat, wie man sich leicht vergewissern kann, wenn man die Deklination ihrer Substantive und die

Konjugation ihrer Verben durchgeht, stoßen fast immer zwischen den Wörtern Konsonanten aufeinander.

Unserer Sprache hingegen, die wie die griechische fast nur vokalische Endungen hat, fällt es leicht, wenn sie es will, diesen Zusammenstoß zu vermeiden. Sie hat am Ende einer großen Zahl von Wörtern ihre stummen e, die je nach dem, was das folgende Wort verlangt, hervor- oder zurücktreten, das heißt, daß das stumme e sich mit dem folgenden Anfangskonsonanten vereinigt und so die beiden Wörter verbindet oder daß es sich im Anfangsvokal verliert und so den Hiatus vermeidet. Mehrere Beispiele finden sich in jeder unserer Zeilen. Da die Aussprache dieses e sehr leicht ist, erlaubt sie eine zarte und feine Verbindung, deren Anmut einen der Vorzüge unserer Sprache ausmacht...

Kap. II. Von dem rednerischen Numerus[39]

Der *Numerus* hat seinen Namen davon, daß er aus mehreren Dingen bestehen muß. Die Einheit macht keine Zahl in der Arithmetik; ein einzelner Schlag macht keinen Takt in der Musik; eine einzelne Linie in der Geometrie macht weder Ebenmaß noch Verhältnis, also auch in der Rede: ein einzelnes Wort, ein einzelnes Glied einer Periode, als ein einzelnes Ding betrachtet, kann dasjenige nicht hervorbringen, was man *Numerus* nennt. Der Numerus kann nur bei vervielfältigten Teilen stattfinden, die unter sich eine Beziehung von Ähnlichkeit oder Unähnlichkeit, von Gleichförmigkeit oder Verschiedenheit haben.

Um ordentlich in dieser Materie zu verfahren, wollen wir zuerst sehen, in wievielerlei Verstande man das Wort *Numerus* nimmt. Darauf wollen wir untersuchen, welchen Gebrauch man davon machen kann und welche Wirkungen er in der Rede hervorbringt.

Das Wort Numerus bedeutet zuweilen einen beliebigen

Zeitraum, dessen Verhältnis mit einem andern Zeitraum leicht zu fassen ist. Das ist der *Rhythmus* der Alten.

Gelegentlich gibt man diesen Namen demjenigen, was die Griechen *metron* und die Lateiner *Füße* nannten und was wir *Silbenmaß* nennen. Alle alten Autoren gebrauchen das Wort oft in diesem zweiten Verstande.

Bisweilen versteht man darunter die Art, wie ein Satz zu Ende läuft. In diesem Verstande nimmt man es, wenn man sagt: ein numeroser *Schlußfall*.

Endlich bedeutet er dasjenige, was die Tonkünstler die *Bewegung* nennen: was nämlich macht, daß der Gesang oder die Aussprache mehr oder weniger eilt; allein dies ist viel mehr die Wirkung des Numerus als der Numerus selbst ...

Vom Numerus, als Rhythmus oder Zeitraum betrachtet

Jede Rede ist ein Bach, der strömt: mit diesem Emblem haben die Alten sie dargestellt: *flumen orationis* [Fluß der Rede]. Doch da das Organ, das die Rede hervorbringt, Ruhepunkte braucht, um seine Spannkraft wiederzuerlangen, folgt daraus, daß dieser Bach nicht fortwährend und ohne Unterbrechung strömen kann. Diese Unterbrechungen waren es, die zuerst die Numeri, die begrenzten Zeiträume, haben entstehen lassen.

Aristoteles hat uns vom Numerus eine sehr philosophische Definition gegeben: »Was ohne Rhythmus ist, ist unbegrenzt ... und das Unbegrenzte ist unerquicklich und unfaßlich. Was nun alles bestimmt und regelt, ist die Zahl, und Zahl als Form der Rede ist Rhythmus.« [Aristoteles, *Rhetorik* III, 8, 2.]

Aristoteles will sagen, daß in der wirklich vom Numerus bestimmten, rhythmischen Rede die Silben gezählt und in der Aussprache wahrgenommen werden müssen, ganz wie die Einheiten in der arithmetischen Zählung, und daß sie am Ende der Periode alle zusammen im musikalischen

Numerus vereint sein müssen, wie die Einheiten am Ende der Rechnung im arithmetischen Numerus, so daß das Ohr das Fortschreiten und das Ganze der Silben wahrnimmt, wie der Verstand das Fortschreiten und das Ganze der Einheiten wahrnimmt: aus diesem Grund haben die Lateiner den Rhythmus *Numerus* genannt...

Cicero vertritt die gleiche Lehre wie Aristoteles: »Es gibt keinen Numerus«, sagt er, »ohne begrenzten Raum: *numerus in continuatione nullus est* [in einer ununterbrochenen Folge ist kein Rhythmus]. Der Numerus in der Rede besteht in der Aufteilung eines Zeitraums bald in gleiche, öfter in ungleiche Teile, die in der Aussprache durch mehr oder weniger deutlich wahrnehmbare Schläge betont werden: *distinctio et aequalium et saepe variorum intervallorum percussio numerum conficit* [das Unterscheiden und Schlagen von gleichen und oft verschiedenen Zeitintervallen bewirkt den Rhythmus]. Ein Beispiel dafür geben die von Zeit zu Zeit vom Dach fallenden Wassertropfen: *quem in cadentibus guttis, quod intervallis distinguntur, notare possumus* [... den Rhythmus, den wir in fallenden Wassertropfen, welche durch Intervalle getrennt werden, wahrnehmen können]. Das Murmeln des stetig und ohne Unterbrechung dahinfließenden Baches zeigt das Gegenbeispiel: *in amni praecipitante non possumus* [aber nicht im dahinstürzenden Fluß].« [Cicero, *De oratore* III, 48, 186.] Damit scheint mir die Natur des Numerus oder Rhythmus aufs genaueste bezeichnet zu sein: ein Zeitraum oder eine Folge von Augenblicken, in symmetrische, das heißt gleiche oder gleicherweise ungleiche Teile unterteilt. Betrachten wir nun seinen Ursprung.

Schon die Notwendigkeit, Atem zu holen, gliedert die Rede in Zeitabschnitte, doch das ist nicht der einzige Grund. Alles, was in uns zusammenwirkt, um die Rede zu bilden, fordert auch den Numerus. Das Ohr hat in sich selbst eine Art Maß für die natürliche Ausdehnung seiner Aufmerksamkeit, das es nicht ohne Mühe überschreitet. Der

Geist läßt seine Gedanken und Urteile nacheinander entstehen, in einem Fortschreiten, dessen Schritte deutlich unterschieden aufeinanderfolgen. Vielleicht bringt auch der Umriß der Gegenstände noch ein neues Prinzip der Unterteilung mit hinzu, denn schließlich sind die Gegenstände in der Rede wie die Gegenstände in einem Bild, und in einem Bild sind sie wie in der Natur; in der Natur jedoch hat jeder Gegenstand seinen Umriß, der ihn von allen anderen Gegenständen, selbst von denen, die ihn berühren, trennt. So gibt es denn vier Arten von Ruhepunkten: für den Atem, für den Geist, für die Gegenstände, für das Ohr...

Kap. III. Vom Numerus als Zeitraum verstanden

Die Gliederung in Zeiträume muß sich notwendig, und nach Einsetzung der Natur, in jeder Rede befinden. Gleichwie aber alles, was natürlich ist, durch die Kunst vollkommener gemacht werden kann, so konnte die Kunst zu den natürlichen Absätzen Wahl, Genauigkeit und Mannigfaltigkeit hinzutun. Sie tat es in der Musik. Von der Musik brachte sie es in die Poesie, von der Poesie in die gehobene Prosa.

In der Poesie dient der erste Vers oder die erste Strophe allen folgenden zur Regel. Dieses ist ein unverbrüchliches Gesetz... Wenn in der lyrischen Poesie verschiedene Versarten zusammengesetzt werden, so dient die erste Zusammensetzung allen folgenden zur Regel.

Mit der Prosa ist es ganz anders beschaffen. Diese gebraucht bestimmte Zeitabschnitte, wie die Poesie, ja sie gebraucht ebendieselben, die die Poesie gebraucht; aber sie mischt große und kleine durcheinander, um sie zu verstecken und zu variieren; sie stellt sie ohne Regel, ohne deutliche Ordnung hin und läßt nur bisweilen leichte Eindrücke übrig, die sie in der Aussprache unterscheidet,

impressiones quasdam; kaum merkliche Spuren in der Fortschreitung der Ideen: *gradus occulti,* wie sie Quintilian nennt...
In der Prosa sind alle Zeiträume durch die Teilung der Gegenstände und der Gedanken und durch das Atemholen bestimmt. Wenn das Ohr daran teilnimmt, wie dieses nicht mehr als billig ist, so geschieht es, indem es mit dem Geiste und dem Atemholen und mit der Natur der Gegenstände am gleichen Orte zusammentrifft.
In der Poesie ist es nicht völlig so beschaffen. Das Ohr hat dort seine besonderen Rechte. Die Poesie tut zu den natürlichen Zeiträumen, woraus sie ebenso wie die Prosa besteht, eine neue, ganz kunstmäßige Einfassung hinzu, die ihre Sprache in einen bloß musikalischen und von dem Sinn der Worte ganz unabhängigen Rhythmus einschränkt...
Hier sind die Zeitabschnitte noch in andere Zeitabschnitte eingepreßt, die das Ohr allein, unabhängig vom Sinn, vorschreibt: dieses sind die Zeiträume des Verses; Zeiträume, die wegen ihrer Gleichheit allesamt symmetrisch sind und die Rede für das Ohr in gleiche Teile teilen, mögen sie auch für den Verstand und das Atemholen in ungleiche Teile eingeteilt sein.
Aus dieser Beobachtung folgt, daß die Absätze, die der Geist, die Gegenstände, das Atemholen und das Ohr verlangen, in der Prosa und Poesie völlig gleich sein müssen, weil sie ein Gesetz der Natur sind; daß aber die Kunst zu diesem Gesetze noch ein anderes in der Poesie hinzutut: nämlich, alle diese Zeitabschnitte, so wie sie sind, müssen noch in ein gewisses bestimmtes Maß eingefaßt werden, welches von dem Ohre vorgeschrieben wird und der Poet, ohne je von ihm abzuweichen, folgt, es mag dieses Maß mit dem Sinn zusammenpassen oder nicht. Also bringt das Gehör allein zwei Abmessungen in die Poesie, eine natürliche, die mit dem Sinn zusammentrifft, und eine künstliche, die ganz vom Sinn absieht und bloß den musikalischen Rhythmus beachtet. Die erste hat keine andere

Regel als die Empfindung und den natürlichen Instinkt; die andere hat eine kunstmäßige Regel, eine Art von Form oder Modell, wodurch alle Zeiträume einem gleichförmigen Maß angepaßt werden...

Kap. V. Vom Numerus in seinen anderen Bedeutungen

Jeder Zeitraum, der genau bestimmt werden soll, muß einen Anfang und ein genau bezeichnetes Ende haben. Der Anfang einer Periode entdeckt sich von selbst. Wenn aber eine Periode aus mehreren Absätzen besteht, kann der Anfang eines jeden nicht eher bemerkt werden, als wenn das Ende des vorhergehenden durch seinen Schluß deutlich bezeichnet worden ist.

In der Poesie kann sich das Ohr nicht täuschen. Hier wird es nicht nur durch den Sinn aufmerksam gemacht, der oft mit dem Vers endet, sondern auch durch die charakteristischen Versmaße oder durch die Reime, die das Ohr ohne Ausnahme am Ende jedes rhythmischen Zeitabschnittes treffen und die ihm sagen, daß der Vers abgeschlossen ist. Da überdies hier alle Zeitabschnitte gleich sind, weiß das Ohr allezeit, an welchem Punkte seines Weges es ist, und sieht den Schluß voraus, der im festgesetzten Zeitpunkt eintritt: die Regel selber leitet es.

Mit der Prosa ist es ganz anders beschaffen. Hier hat das Ohr keinen andern Führer als die natürliche Empfindung. Diese muß allein über die Periode und ihre Einschnitte und ihre verhältnismäßige Ausdehnung und ihre Endungen urteilen, die sie nach Maßgabe des Vorhergehenden oder des Nachfolgenden haben müssen...

Dies soll nicht heißen, daß in unserer Prosa der Numerus in den Silben, die dem Ruhepunkt vorhergehen, nicht auch von gewissen Regeln bestimmt werden könnte. Wir haben Wörter, die mehr oder weniger wohlklingend, mehr oder weniger lang, mehr oder weniger ernsthaft, mehr oder weniger lebhaft in ihren Endungen sind. Die Wörter mit dem Akzent auf der langen zweitletzten Silbe, der noch ein stummes e folgt, haben im allgemeinen einen volleren und weicheren Klang, wie *funèbre, eclôre, charmante*. Die männlichen Endsilben haben mehr Stärke und Glanz, wie *clarté, valeur, vertu*. Beide genauer kennenzulernen, darf man nur die Reime von einem unserer Poeten durchgehen ...

Man lasse uns in zwei Worten alles zusammenfassen, was wir über den Numerus gesagt haben ...

Wenn man den Numerus als begrenzten Zeitraum von gehöriger Ausdehnung ansieht, so fällt er dem Geist, dem Ohr, dem Atemholen desjenigen bequem, der redet, und desjenigen, der ihm zuhört; er stellt die Gegenstände deutlich voneinander abgesondert vor, verbindet die Sätze durch symmetrische Beziehungen, läßt sie, nach Beschaffenheit der Umstände, wachsen und abnehmen und ändert sie auf so mannigfaltige Art, daß der Geschmack befriedigt wird. Er bereitet die Aktion des Deklamators vor und gibt den Gesten ihre Zeiten, ihre Stufen, ihre Abänderungen, ihre Brechungen, ihre Ruhepunkte.

Wenn man den Numerus als einen kunstvoll vorbereiteten Schlußfall betrachtet, so ist er wie eine scharfe Spitze am Ende eines Pfeiles; er gibt dem Gedanken Schwung und Gewicht und macht seinen Lauf sicherer und gewisser. Wenn die Töne insgesamt durch eine richtige Melodie untereinander verbunden werden und man ihnen lebhafte und glänzende Schlußsilben gibt, so entsteht daraus dasjenige, was Seneca *pugnatorius mucro* nennt [Degenspitze]. Die Sätze sind lauter Pfeile, die weit tragen und sich eine Öffnung machen.

Wenn man schließlich den Numerus als eine Folge von Silbenmaßen betrachtet, von kurzen und langen Silben, so beschleunigt er mehr oder weniger die Komposition. Man liest eine Historie ganz ruhig: der Geist wandert ohne Zwang von einem Gegenstande zu andern, er fährt gleichsam auf einem Schiff. Aber eine Gerichtsrede oder eine kräftige Kanzelrede reißt uns mit Gewalt fort. Die Schlußreden und die Erweiterungen gehen hier mit Ungestüm, sie haben einen hurtigen und kühnen Lauf, der ihre Kraft verdoppelt und den Feind zu Boden wirft.

Alle diese Wirkungen treten in der alltäglichen Prosa nicht zutage; sie werden erst empfunden, wenn sie bis zu einem bestimmten Grade gesteigert sind. *Sermo vulgi est extra numerum* [Das Volk spricht ohne Numerus], und doch hat auch die Sprache des Volkes ihre Zeitabschnitte, ihre Schlüsse, ihre Silbenmaße, wenn auch mehr durch Zufall denn aus Absicht... Die Poesie ist ein leichter Tanz, in dem die Kadenz allen Schritten ihre Figuren und ihre Verbindung gibt, den Tänzern und ihren Zuschauern zum Vergnügen. Die gehobene Prosa ist ein militärischer Marsch in einheitlichem und festem Schritt, der die Kraft mit der Anmut verbindet und beide gegenseitig steigert. Die alltägliche Sprechweise ist der Gang eines Mannes, der in Geschäften unterwegs ist oder sich zu seinem Vergnügen ergeht. Die einfache Prosa ist nachlässig, unzusammenhängend: ein sich ausbreitendes Wasser. Die gehobene Prosa ist ein zwischen seine Ufer eingezwängtes Wasser, das ohne Hindernis seinem Ziel zufließt. Die Poesie ist ein hervorsprudelndes Wasser, das alle möglichen Formen annimmt, je nach den Einfällen von Kunst und Geschmack...

Aus all diesem kann man schließen, daß dem Redner nichts wichtiger ist, als zu wissen, wie er diese verschiedenen Arten des Numerus recht gebrauchen soll, wie derselbe einen großen Teil von der hohen Wohlredenheit, von dem halb poetischen Feuer in sich schließt, welches allein den Namen der Beredsamkeit verdient.

Denis Diderot (1713–84)

Entretiens sur le Fils Naturel (1757)

Unterredungen über das Drama »Der natürliche Sohn«[40]

Dorval und Ich

Erste Unterredung

.. Die Gesetze der Einheiten sind schwer zu beobachten, aber sie sind vernünftig.
In dem menschlichen Leben ist die Dauer einer Begebenheit mit einer Menge kleiner Zwischenfälle durchwebt, die zwar einen Roman wahrscheinlich machen, die aber einem dramatischen Werke alles Unterhaltende nehmen würden. Dort teilet sich unsere Aufmerksamkeit unter unendlich viel verschiedene Gegenstände; auf dem Theater hingegen, wo man nur besondere Augenblicke des wirklichen Lebens vorstellet, muß uns nur eine einzige Sache ganz beschäftigen.
Ich will lieber ein einfaches als ein mit Zwischenfällen überhäuftes Stück. Unterdessen sehe ich doch mehr auf ihre Verbindung als auf ihre Vielheit. Ich bin weniger geneigt, zwei Begebenheiten zu glauben, die sich durch einen bloßen Zufall nebeneinander oder aufeinander zutragen, als eine ganze Menge von Begebenheiten, die aber, wenn man sie mit der täglichen Erfahrung, der unwandelbaren Regel aller dramatischen Wahrscheinlichkeiten, vergleicht, so genau miteinander verknüpft sind, daß es scheinet, die eine habe die andere notwendig veranlassen müssen.
Die Kunst zu verwickeln bestehet darin, daß man die Begebenheiten so miteinander verbindet, daß ein vernünftiger Zuschauer beständig einen Grund dabei gewahr wird, der ihn befriedigen kann. Dieser Grund muß um so viel stärker

sein, je sonderbarer die Begebenheiten sind...
Und in Ansehung der Einheit des Orts, glaube ich, kann man nicht strenge gnug sein. Ohne diese Einheit ist der Verfolg des Stücks fast immer verwirrt und zweideutig. Ja, wenn wir Bühnen hätten, wo sich die Verzierung ebenso oft änderte, als sich der Ort der Szene verändern soll!...
Der Zuschauer würde die ganze Bewegung eines Stücks ohne Mühe verfolgen können. Die Vorstellung würde dadurch weit mannigfaltiger, weit einnehmender und weit deutlicher werden. Die Verzierung kann sich nicht verändern, ohne daß die Szene leer bleibt. Die Szene aber darf nur bei dem Schlusse eines Aufzuges leer bleiben. So oft also zwei Zwischenfälle eine andere Verzierung erforderten, würden sie in zwei verschiednen Aufzügen vorgehen. Man würde keine Versammlung des Senats eine Versammlung von Verschwornen ablösen sehen; die Szene müßte denn groß gnug sein, um ganz verschiedene Orte darauf unterscheiden zu können. Was soll aber bei kleinen Theatern, so wie die unsrigen sind, ein vernünftiger Mensch denken, wenn er Hofleute, die es doch so wohl wissen, daß die Mauern Ohren haben, an ebendemselben Orte sich wider ihren Monarchen verschwören höret, wo dieser sich den Augenblick zuvor mit ihnen über eine sehr wichtige Sache, über die Niederlegung seines Regiments, beratschlaget hat? Weil die Personen nicht weggehen, so muß er allem Ansehen nach annehmen, daß der Ort weggehet.
Was ich übrigens von all diesen angenommenen theatralischen Regeln halte, läuft dahin aus. Wer die poetische Ursache davon nicht weiß, wer also den Grund der Regel nicht weiß, der wird sie weder zur rechten Zeit zu befolgen noch zu verlassen wissen. Er wird entweder zu viel Ergebenheit oder zu viel Verachtung gegen sie haben; zwei einander entgegengesetzte Klippen, die aber beide gleich gefährlich sind. Der eine setzet die Bemerkungen und die Erfahrungen aller vergangenen Jahrhunderte auf nichts

herab und führet die Kunst zu ihrer Kindheit zurück. Der andere hält sie auf der Stufe, auf welcher sie sich befindet, schlechterdings auf und verhindert sie, sich weiter zu erheben ...

Ich wollte weit lieber Gemälde [tableau(x), zum Theaterterminus geworden] auf der Bühne wissen, wo es so wenig Gemälde gibt, und wo sie doch eine so angenehme und so sichere Wirkung haben würden, als diese Theaterstreiche, die man auf eine so gezwungene Art vorbereitet, und die sich auf so viel sonderbare Voraussetzungen gründen, daß für eine von diesen Verknüpfungen zufälliger Begebenheiten, die glücklich und natürlich ist, sich immer tausend finden, die einem Manne von Geschmack mißfallen müssen.

»Aber welchen Unterschied machen Sie zwischen einem Theaterstreiche und einem Gemälde?«

Ich werde Ihnen geschwinder Beispiele als Erklärungen davon geben können. Der zweite Aufzug öffnet sich mit einem Gemälde und schließt mit einem Theaterstreiche.

»Ich verstehe Sie. Ein unvermuteter Zufall, der sich durch Handlung äußert und die Umstände der Personen plötzlich verändert, ist ein Theaterstreich. Eine Stellung dieser Personen auf der Bühne, die so natürlich und so wahr ist, daß sie mir in einer getreuen Nachahmung des Malers auf der Leinwand gefallen würde, ist ein Gemälde.« ...

»Ich wollte fast wetten, daß in dem vierten Auftritte des zweiten Aufzuges kein Wort ist, das nicht wahr wäre ... Welch ein schönes Gemälde! Denn ein Gemälde ist es doch wohl, wenn der unglückliche Clairville in den Armen seines Freundes als dem einzigen Schutzorte liegt, der ihm noch übrig ist.« ...

Gestehen Sie nur, daß dieses Gemälde auf der Bühne nicht würde stattgefunden haben, daß es die zwei Freunde nicht würden haben wagen dürfen, einander ins Gesicht zu sehen, dem Zuschauer den Rücken zu kehren, sich zu gruppieren, sich zu trennen und sich wieder zu vereinigen; daß ihre

ganze Aktion sehr abgemessen, sehr zierlich und sehr frostig würde gewesen sein...
Wird man es denn nicht einmal empfinden, daß das Unglück die Menschen einander näher bringt, und daß es besonders in den tumultuösen Augenblicken, wenn die Leidenschaften aufs Höchste gestiegen sind und die Aktion am heftigsten wird, lächerlich ist, sich in einem halben Zirkel zu halten und in einer gewissen Entfernung nach einer symmetrischen Ordnung voneinander abzustehen?
Die theatralische Aktion muß noch sehr unvollkommen sein, weil man auf der Bühne fast keine einzige Stellung siehet, aus welcher sich eine erträgliche Komposition für die Malerei machen ließe...
Ich meinesteils glaube, die Bühne müßte dem Zuschauer, wenn ein dramatisches Werk gut gemacht und gut aufgeführt würde, ebensoviel wirkliche Gemälde darstellen, als brauchbare Augenblicke für den Maler in der Handlung vorkommen.
»Aber die Wohlanständigkeit! Die Wohlanständigkeit!«
Ich höre nur immer dieses Wort wiederholen. Barnwells[41] Geliebte kömmt mit zerstreuten Haaren in das Gefängnis ihres Geliebten. Die zwei Freunde umarmen sich und werfen sich zur Erde. Philoktet wälzte sich ehemals vor dem Eingange seiner Höhle. Sein Schmerz brach in ein unartikuliertes Geschrei aus. Dieses Geschrei machte einen eben nicht wohlklingenden Vers. Aber die Zuschauer fühlten ihr Innerstes zerrissen. Haben wir mehr Feinheit, haben wir mehr Genie als die Athenienser? – ...

Zweite Unterredung

...»Wie? Sie wollten in einer Tragödie ein Ruhebette haben; einen schlafenden Vater, eine schlafende Mutter; ein Kruzifix; einen Leichnam; zwei abwechselnd stumme und redende Szenen! Und die Wohlanständigkeit!« –

Ah, grausame Wohlanständigkeit, wie geziemend machst du unsere dramatische Werke, und wie klein! – Aber, setzte Dorval mit einem kalten Blute hinzu, das mich ganz stutzig machte, so läßt sich das, was ich vorschlage, itzt nicht mehr tun?

»Ich glaube nicht, daß wir es jemals dahin bringen werden.«

Nun wohl, so ist alles verloren! Corneille, Racine, Crébillon, Voltaire haben den allerhöchsten Beifall erhalten, auf welchen ein Mann von Genie Anspruch machen kann; und die Tragödie ist unter uns zu den höchsten Stufen der Vollkommenheit gelangt ...

Eine Hoffnung ist unterdessen noch übrig. Vielleicht nämlich, daß ein Mann von Genie einmal die Unmöglichkeit fühlet, seine Vorgänger auf dem gebahnten Wege zu übertreffen, und aus Verdruß darüber einen andern Weg einschlägt. Das ist der einzige Zufall, der uns von verschiedenen Vorurteilen befreien könnte, welche die Philosophie vergebens bestritten hat ...

»Und diese Gattung, wie würde sie heißen?«

Das häusliche oder bürgerliche Trauerspiel. Die Engländer haben den »Kaufmann von London« und den »Spieler«, beides prosaische Trauerspiele. Die Tragödien des Shakespeare sind halb in Versen, halb in Prosa. Der erste Dichter, der uns in Prosa zu lachen machte, führte die Prosa in der Komödie ein. Der erste Dichter, der uns in Prosa wird zu weinen machen, wird die Prosa in die Tragödie einführen.

In der Kunst aber hängt alles, so wie in der Natur, zusammen; sobald man sich dem Wahren auf einer Seite nähert, nähert man sich ihm zugleich auf verschiednen andern. Alsdenn werden wir auf der Szene eine Menge natürlicher Stellungen erblicken, welche die Wohlanständigkeit, diese Feindin des Genies und aller großen Wirkungen, davon verbannt hat. Ich will unsern Franzosen unablässig zurufen: die Wahrheit! die Natur! die Alten!

Sophokles! Philoktet! ... Wahre Kleider; wahre Reden; eine einfache und natürliche Verwicklung. Unser Geschmack müßte sehr verderbt sein, wenn uns dieser Anblick nicht weit mehr rührte, als der Anblick einer reichgekleideten, ausgeschmückten Person ...[, die] mit gemessenen Schritten auf der Bühne hin und her spazieret und mit nichts, als was Horaz ampullas et sesquipedalia verba nennet, mit nichts als Sentenzen, Blasen und ellenlangen Worten um sich wirft.

Wir haben es an nichts fehlen lassen, das Drama aus dem Grunde zu verderben. Wir haben von den Alten die volle prächtige Versifikation beibehalten, die sich doch nur für Sprachen von sehr abgemessenen Quantitäten und sehr merklichen Akzenten, nur für weitläufige Bühnen, nur für eine in Noten gesetzte und mit Instrumenten begleitete Deklamation so wohl schicket; ihre Einfalt aber in der Verwicklung und dem Gespräche und die Wahrheit ihrer Gemälde haben wir fahren lassen ...

Dritte Unterredung

... Man unterscheidet in jedem sittlichen Gegenstande ein Mittel und die zwei äußersten Enden. Es scheinet daher, da jede dramatische Handlung ein sittlicher Gegenstand ist, daß es auch hier eine mittlere und zwei äußere Gattungen geben müsse. Die beiden letztern haben wir: das Lustspiel nämlich und das Trauerspiel. Der Mensch aber ist nicht immer betrübt oder immer fröhlich. Es muß also eine Grenze geben, welche die komische Gattung von der tragischen scheidet.

Terenz hat ein Stück gemacht, dessen Inhalt dieser ist. Ein junger Mensch verheiratet sich. Kaum ist er verheiratet, so rufen ihn Angelegenheiten in die Ferne. Er ist abwesend. Er kömmt wieder heim. Er glaubet an seiner Gattin die gewissesten Merkmale der Untreue zu bemerken. Er gerät

darüber in Verzweiflung. Er will sie zu ihren Eltern zurückschicken. Man urteile, in welcher Verfassung sich Vater und Mutter und Tochter befinden müssen ...
Nun frage ich: von welcher Gattung ist dieses Stück? Von der komischen Gattung? Es gibt nicht zu lachen darin. Von der tragischen Gattung? Schrecken und Mitleid und die übrigen großen Leidenschaften bleiben darin unerweckt. Gleichwohl fehlt es ihm nicht an Interesse; und es wird überhaupt keinem dramatischen Stücke, wenn es gleich nichts Lächerliches, nichts Schreckliches enthält, daran fehlen, wenn nur sonst der Inhalt wichtig ist; wenn nur der Dichter den Ton zu treffen weiß, den wir bei ernsthaften Angelegenheiten halten; wenn nur die Handlung durch neue Verwickelungen und Verwirrungen immer wächst. Da nun, wie mich dünkt, dergleichen Handlungen am allerhäufigsten in dem gemeinen Leben vorkommen, so müßte die Gattung, deren Gegenstand sie wären, auch wohl die nützlichste und weitläufigste sein. Ich will diese Gattung die *ernsthafte Gattung* nennen.
Und wenn diese Gattung festgesetzt ist, so wird sich weiter kein Stand in der menschlichen Gesellschaft, keine wichtige Handlung in dem menschlichen Leben finden, die man nicht zu irgendeinem Teile des dramatischen Systems rechnen könnte.
Wollen Sie diesem Systeme allen möglichen Umfang geben, wollen Sie Wahrheit und Schimäre, die eingebildete und wirkliche Welt mit einschließen: so fügen Sie noch das Burleske und das Wunderbare hinzu; jenes unter die komische, und dieses über die tragische Gattung.
»Ich verstehe Sie. *Das Burleske – die komische Gattung – die ernsthafte Gattung – die tragische Gattung – das Wunderbare.*«
Ein Stück bleibt niemals, aufs strengste, in den Grenzen einer einzigen Gattung. Es gibt kein einziges Werk in den komischen und tragischen Gattungen, in dem man nicht Stellen finden sollte, die sich vollkommen für die ernst-

hafte Gattung schicken; und wiederum wird es in dieser an andern Stellen nicht fehlen, die in einer von den beiden andern Gattungen stehen könnten.
Und das ist eben der Vorteil bei der ernsthaften Gattung, daß, da sie zwischen den beiden andern inne liegt, es ihr an Zufluß nicht fehlen kann, sie mag sich erheben oder herablassen wollen. In der komischen und tragischen Gattung ist es so nicht. Alle Abänderungen des Komischen sind in dieser und der ernsthaften Gattung enthalten, sowie alle Abänderungen des Tragischen in der ernsthaften Gattung und der Tragödie. Das Burleske und das Wunderbare sind beide gleich außer der Natur, und es läßt sich nichts Gesundes daraus entlehnen...
Die ernsthafte Gattung ist es, in welcher sich jeder Gelehrter, der sich einiges Talents für die Bühne bewußt zu sein glaubt, vorher üben muß. Einen jungen Menschen, den man zur Malerei aufziehen will, lehret man vor allen Dingen, das Nackte zeichnen. Hat er es in dieser Grundlage der Kunst zu einer Fertigkeit gebracht, so kann er sich einen Gegenstand aussuchen. Er kann ihn aus den gemeinen Ständen oder aus einer höhern Ordnung nehmen. Er kann seine Figuren kleiden wie er will, nur daß man das Nackte niemals unter dem Gewande ganz verliere. So mag auch der, der den Menschen in den Übungen der ernsthaften Gattung lange gnug studiert hat, nach seinem Genie, entweder den Kothurn oder die Sokken anlegen; er mag seinen Personen einen königlichen Mantel oder den Rock einer Gerichtsperson umwerfen: nur daß der Mensch niemals unter der Kleidung verschwindet!
Wenn die ernsthafte Gattung die leichteste von allen ist, so ist sie auch dafür den Veränderungen der Zeit und des Orts am wenigsten unterworfen... Wer in der ernsthaften Gattung vortrefflich ist, der wird zu allen Zeiten und bei allen Völkern gefallen. Die kleinen Schattierungen, die er aus einer von den benachbarten Gattungen entlehnet, werden viel zu schwach sein, ihn zu verstellen. Es sind bloße

Zipfel von einem Gewande, die nur einige Örter bedecken und die größeren Teile nacket lassen.

Sie sehen, daß die Tragikomödie notwendig eine schlechte Gattung sein muß, weil man zwei entfernte und durch einen von der Natur selbst festgesetzten Rain getrennte Gattungen darin vermengt. Man gehet da nicht durch unmerkliche Schattierungen fort. Man verfällt bei jedem Schritte in Kontraste, und die Einheit verschwindet.

Auch sehen Sie, daß diese Gattung des Drama, wo die allerlustigsten Züge der komischen Gattung neben den allerrührendsten Zügen der ernsthaften Gattung stehen, und wo man wechselweise aus einer Gattung in die andere springt, in den Augen eines strengen Kunstrichters nicht ohne Fehl sein kann...

Die Dichtkunst der komischen und der tragischen Gattung ist mehr als hundertmal vorgetragen worden. Die ernsthafte Gattung hat auch ihre Dichtkunst, die gleichfalls ziemlich weitläufig sein würde. Ich will Ihnen aber itzt nur so viel davon sagen, als mir während der Zeit, da ich an meinem Stücke arbeitete, eingefallen ist.

Da es dieser Gattung an der lebhaften Kolorite der beiden äußern Gattungen, zwischen welchen sie inne liegt, fehlet, so muß man es an nichts mangeln lassen, wodurch sie mehr und mehr Stärke erhalten kann.

Der Inhalt muß wichtig, und die Verwicklung muß einfach und häuslich sein, und dem gemeinen Leben so nahe als möglich kommen.

Ich will keine Bediente darin haben. Denn ehrbare Leute halten ihre Angelegenheiten vor ihnen verborgen...

Sind die aus der komischen Gattung entlehnte Schattierungen allzustark: so wird das Stück zu lachen und zu weinen machen; es wird weder Einheit des Interesses noch Einheit der Kolorite haben.

Die ernsthafte Gattung erlaubet die Monologen. Und daher schließe ich, daß sie mehr den Hang nach der Tragödie, als nach der Komödie hat; in welcher letztern Gattung sie sehr selten und kurz sind...

In der ernsthaften Gattung werden die Charaktere oft ebenso allgemein sein als in der komischen Gattung; sie werden aber allezeit weniger individuell sein als in der tragischen.

Man sagt manchmal, es hat sich bei Hofe ein sehr lustiges Abenteuer, es hat sich in der Stadt eine sehr tragische Begebenheit ereignet. Hieraus folgt also, daß die Komödie und Tragödie für alle Stände gehöret; nur mit diesem Unterschiede, daß Schmerz und Tränen weit öfter unter den Dächern der Untertanen als Munterkeit und Freude in den Palästen der Könige wohnen. Was ein Stück komisch, ernsthaft oder tragisch macht, ist nicht sowohl der Inhalt als der Ton, als die Leidenschaften, die Charaktere, das Interesse. Die Wirkungen der Liebe, der Eifersucht, des Spiels, des unordentlichen Lebens, des Ehrgeizes, des Hasses, des Neides können ebensowohl Lachen, als Nachdenken, als Erschrecken verursachen...

Ein unwahrscheinliches Faktum, glaube ich, muß man dem Zuschauer weder erzählen noch zeigen; und unter den wahrscheinlichen Handlungen lassen sich diejenigen leicht unterscheiden, die man den Augen vorstellen, und die man hinter die Szene verweisen muß. Ich muß meine Gedanken auf die bekannte Tragödie anwenden; denn wie kann ich meine Exempel aus einer Gattung nehmen, die unter uns noch nicht vorhanden ist?

Wenn eine Handlung einfach ist, so muß man sie, glaube ich, lieber vorstellen als erzählen. Der Anblick des Mahomets, der den Dolch auf Irenen gezogen hat, ungewiß, ob er dem Ehrgeize, der ihm den Stoß befiehlt, oder der Liebe gehorchen soll, die seinen Arm zurückhält, ist ein rührendes Gemälde. Das Mitleid, das uns allezeit an die Stelle des Unglücklichen und nie an die Stelle des Bösewichts setzt, wird meine ganze Seele erschüttern. Nicht gegen Irenens, sondern gegen meine eigene Brust werde ich den drohenden Stahl ausgestreckt glauben. – Diese Handlung ist allzu einfach, als daß sie übel nachgeahmt werden könnte. Wenn sich aber die Handlung verwickelt, wenn der Zwischenfälle zu viel werden: so kann es gar leicht einige darunter geben, die mich daran erinnern, daß ich im Parterr bin, daß alle diese Personen Komödianten sind, und daß es keine sich wirklich ereignende Begebenheit ist. Die Erzählung hingegen bringt mich aus dem Schauplatze heraus. Ich verfolge alle Umstände. Meine Einbildung bringt jeden, so wie ich ihn in der Natur gesehen habe, zur Wirklichkeit. Nichts verrät sich. Sagt der Dichter:

»Indem nahet sich Kalchas,
Die Miene finster, wild der Blick, das Haar getürmt,
Voll Wut, voll von dem Gott, der ihm im Busen stürmt;«
[Racine, *Iphigénie* V, 6]

... wo ist der Schauspieler, der mir den Kalchas so zeigen kann, wie er in diesen Versen ist? ...
Ebenso ist es mit den meisten übrigen Bildern, welche diese Erzählung beleben. Ein von Pfeilen verdunkelter Himmel. Ein Kriegesheer im Aufruhr. Die Erde mit Blut getränkt. Eine junge Prinzessin, den Stahl in der Brust. Die entfesselten Winde. Der hoch in den Wolken brüllende Donner. Der von Blitzen erleuchtete Himmel. Das schäumende und brausende Meer. Alle diese Dinge hat der Dichter gemalt. Die Einbildungskraft sieht sie. Aber die Kunst vermag sie nicht nachzuahmen.
Und noch mehr: der herrschende Geschmack an der Ordnung, von welchem ich Sie bereits unterhalten habe, zwingt uns, Verhältnisse unter den Wesen anzunehmen. Wird ein Umstand gegeben, der über die gewöhnliche Natur ist, so vergrößert er in unsern Gedanken alle übrige. Der Dichter hat von der Statur des Kalchas nichts gesagt. Aber ich sehe sie. Ich denke mir sie seiner Aktion gemäß. Die Übertreibung seiner geistigen Eigenschaften greift weiter um sich, und verbreitet sich auf alles, was diesen Gegenstand angeht. Die wirkliche Szene würde klein, schwach, arm-

selig, falsch, verfehlt gewesen sein. In der Erzählung wird
sie groß, stark, wahr und sogar ungeheuer. Auf der Bühne
würde sie weit unter der Natur gewesen sein; so aber
denke ich mir sie noch über die Natur. Auf gleiche Weise
werden in der Epopee die poetischen Menschen immer
etwas größer, als die wirklichen sind.
Das wären die Grundsätze. Nun wenden Sie sie auf die
Handlung meines tragischen Entwurfs an. Ist die Handlung nicht einfach?
»Das ist sie.« ...
Wird die Wirkung nicht schrecklich sein?
»Vielleicht nur allzuschrecklich. Wer weiß, ob man in dem
Schauplatze dergleichen starke Eindrücke lieben würde?
Man will gerührt, bewegt, in Schrecken gesetzt sein; aber
nur bis auf einen gewissen Grad.«
Um richtig urteilen zu können, müssen wir uns näher erklären. Was ist die Absicht eines dramatischen Stücks?
»Den Menschen, glaube ich, Liebe zur Tugend und Abscheu vor dem Laster einzuflößen —«
Folglich sagen, daß man sie nur bis auf einen gewissen
Grad rühren müsse, heißt verlangen, daß sie aus einem
Schauspiele nicht allzu eingenommen für die Tugend, nicht
allzu aufgebracht gegen das Laster kommen sollen. Für ein
Volk, das so kleinmütig wäre, würde es ganz und gar
keine Dichtkunst geben. Was würde der Geschmack sein?
Was würde aus der Kunst werden, wenn man ihrer Energie ausweichen, wenn man ihren Wirkungen willkürliche
Schranken setzen wollte? ...
»Welches aber werden die Stoffe zu dem ernsthaften Komischen sein, das Sie für einen neuen Zweig der dramatischen Gattung halten? Es gibt in der menschlichen Natur
aufs höchste nur ein Dutzend wirklich komische Charaktere, die große Züge haben.«
Das denke ich. Aber wissen Sie, was daraus folgt? — Daß
man, eigentlich zu reden, nicht mehr die Charaktere, sondern die Stände auf die Bühne bringen muß. Bisher ist in

der Komödie der Charakter das Hauptwerk gewesen: und der Stand war nur etwas Zufälliges: nun aber muß der Stand das Hauptwerk, und der Charakter das Zufällige werden... Künftig muß der Stand, müssen die Pflichten, die Vorteile, die Unbequemlichkeiten desselben zur Grundlage des Werks dienen. Diese Quelle scheinet mir weit ergiebiger, von weit größerm Umfange, von weit größerm Nutzen, als die Quelle der Charaktere. War der Charakter nur ein wenig übertrieben, so konnte der Zuschauer zu sich selbst sagen: das bin ich nicht. Das aber kann er unmöglich leugnen, daß der Stand, den man spielt, sein Stand ist; seine Pflichten kann er unmöglich verkennen. Er muß das, was er hört, notwendig auf sich anwenden...
»Sie wollten also, daß man den Gelehrten, den Philosophen, den Kaufmann, den Richter, den Sachwalter, den Staatsmann, den Bürger, den großen Herren, den Statthalter spiele?«
Setzen Sie hierzu noch alle Verwandtschaften: den Hausvater, den Ehemann, die Schwester, die Brüder. Den Hausvater! Welch ein Stoff zu unsern itzigen Zeiten, wo man kaum die geringste Idee mehr hat, was ein Hausvater ist!
Bedenken Sie, daß täglich neue Stände entstehen. Bedenken Sie, daß uns vielleicht nichts unbekannter ist als die Stände, und daß nichts stärker interessieren sollte als sie. Jeder hat seinen gewissen Stand in der bürgerlichen Gesellschaft, jeder hat mit Menschen aus allerlei Ständen zu tun.
Die Stände! Wieviel wichtige Ausführungen, wieviel öffentliche und häusliche Verrichtungen, wieviel unbekannte Wahrheiten, wieviel neue Situationen sind aus dieser Quelle zu schöpfen. Und gibt es unter den Ständen nicht ebensowohl einen Kontrast als unter den Charakteren? Kann sie der Dichter einander nicht ebensowohl entgegensetzen?
Aber diese Stoffe gehören der ernsthaften Gattung nicht einzig und allein. Sie können komisch oder tragisch werden, nachdem das Genie ist, das sich damit abgibt...

De la poésie dramatique (1758)
Von der dramatischen Dichtkunst

... Die Pflichten des Menschen sind für den dramatischen Dichter eine ebenso reiche Grube, als ihre Lächerlichkeiten und Laster; und die ehrbaren und ernsthaften Stücke werden überall Beifall finden, unfehlbarer aber bei einem verderbten Volke als sonstwo. Hier wird der rechtschaffene Mann in den Schauplatz gehen, um sich der Gesellschaft der Bösen, mit welchen er umgeben ist, zu entschlagen; um diejenigen zu finden, mit welchen er zu leben wünschte; um das menschliche Geschlecht zu sehen, wie es ist, und sich mit ihm wieder auszusöhnen...
Nur die Tugend und die Tugendhaften muß man zu seinem beständigen Augenmerke haben, wenn man schreibt...
Der Dichter, der Romanenschreiber, der Schauspieler dringen verstohlnerweise ans Herz und treffen es um so viel gewisser und stärker, je weniger es den Streich vermutet, je mehr Blöße es folglich gibt. Die Unglücksfälle, durch die man mich rühret, sind erdichtet: was tut das? Sie rühren mich doch... Könnte es eine unseligere Kunst geben, als die, die mich zum Mitschuldigen des Lasterhaften machte? Aber wo ist auch eine schätzbarere Kunst als die, die mich unvermerkt für das Schicksal des rechtschaffnen Mannes einnimmt, die mich aus der ruhigen und süßen Fassung, in der ich mich befand, reißet, um mich mit ihm umherzutreiben, mich in die Höhlen zu versetzen, in die er flüchten muß, mich zum Mitgenossen der Unfälle zu machen, durch die es dem Poeten beliebt, seine Beständigkeit auf die Probe zu stellen.
O wie sehr ersprießlich würde es für die Menschen sein, wenn sich alle Künste der Nachahmung einen gemeinschaftlichen Gegenstand wählten und sich einmal mit den Gesetzen dahin verbänden, uns die Tugend liebenswürdig und das Laster verhaßt zu machen! Des Philosophen

Pflicht ist es, sie dazu einzuladen; er muß sich an den Dichter, an den Maler, an den Tonkünstler wenden und ihnen auf das nachdrücklichste zurufen: »O ihr von höhern Fähigkeiten, warum hat euch der Himmel begabt?« Wird er gehört, so werden gar bald die Mauern unsrer Paläste nicht mehr von Gemälden der schändlichsten Wollust bedeckt sein; unsere Stimmen werden nicht länger die Verkündigerinnen des Lasters sein, und Geschmack und Tugend werden dabei gewinnen ...

Was ist also die Grundlage des Drama?
»Die Geschichte.«
Das ist unwidersprechlich. Man hat die Dichtkunst mit der Malerei verglichen, und man hat sehr wohl getan; aber eine noch weit nützlichere und an Wahrheiten fruchtbarere Vergleichung würde die Vergleichung der Geschichte mit der Dichtkunst gewesen sein. Auf diese Weise würde man sich richtige Begriffe von dem Wahren, dem Wahrscheinlichen und dem Möglichen gemacht und den Begriff von dem Wunderbaren festgesetzt haben, als welches allen Gattungen der Dichtkunst gemein ist, und das nur wenige Dichter wohl zu erklären imstande sind.
Nicht aus allen historischen Begebenheiten lassen sich Tragödien machen; auch können nicht alle häusliche Vorfälle Stoffe zu Komödien abgeben ...
Horaz will nicht leiden, daß man eine Person auf die Bühne bringe, die einer Lamia ein lebendiges Kind aus dem Eingeweide reiße. So etwas, sagt er, könne er weder sehen noch für möglich halten. Welches ist denn also die Grenze, wo die Ungereimtheit einer Begebenheit aufhöret, und die Wahrscheinlichkeit anfängt? Wie kann es der Dichter fühlen, was und wieviel er wagen darf?
Es verbindet manchmal auch die natürliche Ordnung der Dinge ganz außerordentliche Zufälle. Und eben diese Ordnung ist es, die das Wunderbare von dem wirklichen Wunder unterscheidet. Seltene Fälle sind wunderbar.

Natürlicherweise unmögliche Fälle sind Wunder. Die dramatische Dichtkunst verwirft die Wunder.
Wenn die Natur niemals auf eine außerordentliche Weise Begebenheiten verbände, so würde alles, was der Dichter über die bloße, frostige Einförmigkeit des gemeinen Laufes erdächte, unglaublich sein. Aber das ist nicht. Was tut der Dichter also? Entweder er macht sich diese außerordentlichen Verbindungen zunutze, oder er erdichtet ähnliche. Anstatt aber, daß sich in der Natur die Verknüpfung der Begebenheiten oft unsern Augen entziehet, und wir, weil wir die Dinge nicht im ganzen übersehen können, oft weiter nichts als eine ungefähre Zusammentreffung der Vorfälle wahrnehmen: will der Dichter, daß in dem ganzen Verfolge seines Werkes eine merkliche und in die Sinne fallende Verbindung herrsche; so daß er weniger Wahrheit, aber mehr Wahrscheinlichkeit hat, als der Geschichtschreiber ...

Das Stück ist romanenhaft, wenn das Wunderbare aus der Simultaneität der Begebenheiten entspringt; wenn die Götter oder Menschen entweder allzuböse oder allzugut darin erscheinen; wenn die Fälle und die Charaktere fast ganz und gar nicht so sind, als wir sie aus der Erfahrung und aus der Geschichte kennen; und vor allen Dingen, wenn die Verbindung der Begebenheiten allzuaußerordentlich und allzuverwickelt ist.
Hieraus läßt sich schließen, daß der Roman, aus welchem man ein gutes Drama machen kann, darum nicht schlecht ist; daß es aber kein gutes Drama gibt, aus welchem man einen vortrefflichen Roman machen könnte. Die Regeln sind es, durch die sich diese zwei Gattungen der Poesie unterscheiden.
Die Illusion ist ihr gemeinschaftlicher Zweck: wovon aber hängt die Illusion ab? Von den Umständen. Die Umstände sind es, die sie leichter oder schwerer zu erreichen machen.

Man erlaube mir einen Augenblick die Sprache des Analysten zu führen. Man weiß, was eine Gleichung heißt. Auf der einen Seite ist die Illusion ganz allein. Sie ist eine unveränderliche Größe, die einer Summe von Gliedern gleich ist, deren einige positiv und andere negativ sind, deren Zahl und Verbindung unendlich verschieden sein kann, deren totale Geltung aber immer ebendieselbe ist. Die positiven Glieder sind die gemeinen Umstände; und die negativen sind die außerordentlichen. Beide müssen sich durcheinander aufheben können.

Die Illusion ist nicht freiwillig. Sagen: ich will mich täuschen lassen, ist ebensoviel, als sagen: ich habe eine Erfahrung von dem, was in dem menschlichen Leben vorfällt, auf die ich nicht achten will.

Wenn ich sage, die Illusion sei eine unveränderliche Größe, so verstehe ich es von *einem* Menschen, der von verschiednen Werken urteilet, und nicht von verschiednen Menschen. Es sind vielleicht auf der ganzen Welt nicht zwei Individua, die einerlei Maß der Gewißheit hätten, und gleichwohl ist der Dichter gehalten, sie alle gleich sehr zu täuschen. Der Dichter bedient sich der Vernunft und der Erfahrung eines verständigen Menschen, so wie eine Wärterin sich der Einfalt eines Kindes bedienet. Ein gut Gedicht ist ein Märchen, das wert ist, vernünftigen Leuten erzählt zu werden...

Die häusliche Tragödie würde die Schwierigkeiten von beiden Gattungen haben; denn sie müßte ebendieselbe Wirkung hervorbringen, welche die heroische Tragödie hervorbringt, und der Plan müßte, wie in der Komödie, ganz und gar erfunden sein.

Ich habe mich manchmal gefragt, ob man die häusliche Tragödie in Versen schreiben könnte; und ohne eigentlich zu wissen, warum, habe ich mir allezeit mit Nein geantwortet. Gleichwohl wird die gewöhnliche Komödie, gleichwohl wird die heroische Tragödie in Versen geschrieben. Und was kann man sonst nicht in Versen schreiben! Sollte diese Gattung wohl einen eignen Stil verlangen, von dem ich noch selbst keinen Begriff habe? Sollte wohl die Wahrheit des Stoffs, sollte wohl das stärkere Interesse keine abgemessene Sprache leiden wollen? Oder ist vielleicht der Stand der Personen unserm Stande allzunahe, als daß er die höhere Harmonie des Verses verstatten könne?

Ich komme zurück. Wenn man die »Geschichte Karls des Zwölften« in Verse brächte, so würde sie darum nichts weniger eine Geschichte bleiben. Wenn man die »Henriade« in Prosa brächte [beide genannten Werke sind von Voltaire], so würde es doch noch immer ein Gedicht sein. Allein der Geschichtschreiber hat die Begebenheiten bloß so, wie sie vorgefallen sind, aufgezeichnet: und daher nehmen sich die Charaktere nicht immer so aus, als sie sich wohl ausnehmen könnten; daher werde ich nicht so stark interessiert, nicht so stark bewegt, als ich wohl interessiert und bewegt werden könnte. Der Dichter hingegen würde alles so beschrieben haben, wie es am rührendsten ist. Er würde Fälle dazu erdichtet, er würde Reden dazu ersonnen, er würde die ganze Begebenheit fruchtbarer gemacht haben. Er würde überall auf das Wunderbare bedacht gewesen sein, ohne das Wahrscheinliche dabei aus den Augen zu setzen: und dieses würde ihm gelungen sein, wenn er sich genau nach der Natur gerichtet hätte, die, so oft sie außerordentliche Vorfälle zusammen verbindet, diese außerordentlichen Vorfälle von ganz gemeinen Umständen begleiten läßt.

Und dieses ist eigentlich das Geschäfte des Dichters. Welcher Unterschied ist zwischen ihm und dem Versifikateur! Glauben Sie unterdessen ja nicht, daß ich diesen verachte; sein Talent ist selten. Wenn Sie aber aus dem Versifikateur einen Apollo machen, so wird mir der Dichter ein Herkules sein. Nun geben Sie immerhin dem Herkules eine Leier in die Hand: er wird dadurch doch nicht zu einem Apollo werden. Stützen Sie desgleichen immerhin den Apollo auf eine Keule und werfen ihm die Löwenhaut über die Schul-

ter: Sie werden doch keinen Herkules aus ihm machen.
Hieraus sieht man, daß eine Tragödie in Prosa ebensowohl ein Gedicht ist, als eine Tragödie in Versen; daß es mit der Komödie und mit dem Roman gleiche Bewandtnis hat; daß aber die Absicht der Dichtkunst weit allgemeiner ist, als die Absicht der Geschichte...
Sie, die Einbildungskraft, ist die große Fähigkeit, ohne welche man weder Dichter noch Philosoph, weder ein witziger Kopf noch ein vernünftiges Wesen, noch ein Mensch ist...
Die Einbildungskraft ist das Vermögen, sich der gehabten Bilder zu erinnern. Ein Mensch, dem diese Eigenschaft gänzlich fehlte, würde ein Dummkopf sein, dessen gesamte Seelenkräfte sich auf das einzige Vermögen einschränkten, die Töne, die er in seiner Jugend hat verbinden lernen, wieder hervorzubringen und sie bei vorfallenden Gelegenheiten anzuwenden.
Das ist der elende Stand des gemeinen Volks, und manchmal auch des Weltweisen. Wenn diesen die Geschwindigkeit der Rede fortreißt und ihm nicht Zeit läßt, von den Worten auf die Bilder zu kommen, was tut er alsdenn anders, als daß er sich gelernter Töne erinnert und sie in einer gewissen Ordnung wieder vorbringt? O wie sehr ist auch der Mensch, der am meisten denket, noch Maschine!
Welches aber ist der Augenblick, da er sein Gedächtnis zu üben aufhört und seine Einbildungskraft zu brauchen anfängt? Dieses erfolgt alsdenn, wenn man ihn von Frage zu Frage, sich Bilder zu machen, das ist, von den abgezogenen und allgemeinen Tönen auf weniger abgezogene und allgemeine Töne zu kommen zwingt, bis er endlich auf eine sinnliche Vorstellung gelangt, welche das letzte Ziel und der Ruhepunkt seines Verstandes ist. Und was wird er alsdenn? Maler oder Dichter...
Das Gefühl, das in der belebten Natur so unendlich vieler Grade und Abänderungen fähig ist und in dem Menschen bald sehen, bald hören, bald riechen, bald schmecken, bald

empfinden heißt, das Gefühl ist es, durch welches er die Eindrücke empfängt, die sich in seinen Organen erhalten, die er hernach durch Worte ausdrückt, und deren er sich entweder durch diese Worte oder durch Bilder wieder erinnert.

Sich einer notwendigen Reihe von Bildern erinnern, so wie sie in der Natur aufeinander folgen, heißt nach gewissen Factis denken. Sich einer Reihe Bilder erinnern, so wie sie in der Natur notwendig aufeinander folgen müßten, wenn dieses oder jenes Phänomenon gegeben ist, heißt nach einer Hypothes denken, das ist, dichten; das heißt, Philosoph oder Poet sein, nachdem man sich diesen oder jenen Endzweck vorsetzt ...

Das, dünkt mich, kann genug sein, die Analogie der Wahrheit und der Erdichtung zu zeigen, den Poeten und den Philosophen zu charakterisieren, und das Verdienst des Poeten, besonders des epischen und dramatischen, außer Zweifel zu setzen. Er hat von der Natur die Eigenschaft in einem höhern Grade empfangen, durch die sich ein Mensch von Genie von einem gewöhnlichen Menschen, und dieser von einem Dummkopfe unterscheidet; die Einbildung meine ich, ohne die alle Rede weiter nichts als eine mechanische Fertigkeit ist, gewisse verbundene Töne bei gewissen Fällen anzubringen.

Allein der Dichter darf sich nicht der ganzen Hitze seiner Einbildungskraft überlassen; es sind ihm gewisse Grenzen vorgeschrieben. Sein Muster sind die seltnen Fälle, die sich in dem Laufe der Natur ereignen. Und folgendes ist seine Regel:

Je seltner und sonderbarer die Fälle sind, desto mehr Kunst, desto mehr Zeit und Raum und gewöhnliche Umstände braucht er, um das Wunderbare daraus zu schaffen und den Grund zur Illusion zu legen ...

In den verwickelten Stücken ist das Interesse mehr die Wirkung des Plans, als der Reden; in den einfachen Stükken hingegen ist es mehr die Wirkung der Reden als des

Plans. Allein worauf muß sich das Interesse beziehen? Auf die Personen? Oder auf die Zuschauer?
Die Zuschauer sind nichts als Zeugen, von welchen man nichts weiß.
»Folglich sind es die Personen, die man vor Augen haben muß.«
Ich glaube. Sie lasse man den Knoten schürzen, ohne daß sie es wissen; für sie sei alles undurchdringlich; sie bringe man, ohne daß sie es merken, der Auflösung immer näher und näher. Sind *sie* nur in Bewegung, so werde ich den nämlichen Bewegungen schon auch nachhängen, sie schon auch empfinden müssen.
Weit gefehlt, daß ich mit den meisten, die von der dramatischen Dichtkunst geschrieben haben, glauben sollte, man müsse die Entwicklung vor dem Zuschauer verbergen. Ich dächte vielmehr, es sollte meine Kräfte eben nicht übersteigen, wenn ich mir ein Werk zu machen vorsetzte, wo die Entwicklung gleich in der ersten Szene verraten würde und aus diesem Umstande selbst das allerstärkste Interesse entspränge.
Für den Zuschauer muß alles klar sein. Er ist der Vertraute einer jeden Person; er weiß alles was vorgeht, alles was vorgegangen ist; und es gibt hundert Augenblicke, wo man nichts Bessers tun kann, als daß man es ihm gerade voraussagt, was noch vorgehen soll.
O ihr Verfertiger allgemeiner Regeln, wie wenig verstehet ihr die Kunst, und wie wenig besitzt ihr von dem Genie, das die Muster hervorgebracht hat, auf welche ihr sie bauet, und das sie übertreten kann, so oft es ihm beliebt!
Meine Gedanken mögen so paradox scheinen als sie wollen: so viel weiß ich gewiß, daß es für *eine* Gelegenheit, wo es nützlich ist, dem Zuschauer einen wichtigen Vorfall so lange zu verhehlen, bis er sich ereignet, immer zehn und mehrere gibt, wo das Interesse gerade das Gegenteil erfordert.
Der Dichter bewerkstelliget durch sein Geheimnis eine

kurze Überraschung; und in welche anhaltende Unruhe hätte er uns stürzen können, wenn er uns kein Geheimnis daraus gemacht hätte!

Wer in *einem* Augenblicke getroffen und niedergeschlagen wird, den kann ich auch nur *einen* Augenblick bedauern. Aber wie steht es alsdenn mit mir, wenn ich den Schlag erwarte, wenn ich sehe, wie sich das Ungewitter über meinem oder eines andern Haupte zusammenziehet und lange Zeit darüber verweilet? ...

Meinetwegen mögen die Personen alle einander nicht kennen; wenn sie nur der Zuschauer alle kennt ...

Der griechische Dichter, der die Erkennung des Orest und der Iphigenia bis in die letzte Szene verschob, war ein Mann von Genie. Orest ist gegen den Altar gelehnet. Seine Schwester hat das heilige Messer schon gegen seine Brust ausgestreckt. Itzt soll er umkommen; aber er ruft: »*So war es nicht genug, daß die Schwester geopfert wurde? Muß es der Bruder auch werden?*« Und das ist der Augenblick, den mich der Dichter ganze fünf Aufzüge hindurch hat erwarten lassen ...

Ein anderes ist die Wahrheit in der Poesie, ein anderes in der Philosophie. Um wahr zu sein, muß der Philosoph seine Rede mit der Natur der Gegenstände übereinstimmend machen; der Dichter, mit der Natur seiner Charaktere.

Den Leidenschaften und dem Interesse gemäß schildern, muß seine vorzügliche Geschicklichkeit sein.

Daher ist er alle Augenblicke genötigt, die allerheiligsten Dinge mit Füßen zu treten und die abscheulichsten Handlungen herauszustreichen.

Für den Dichter ist nichts heilig; nicht einmal die Tugend; auch die wird er lächerlich machen, sobald es die Person und der Augenblick erfordern. Er ist weder gottlos, wenn er ergrimmte Blicke gen Himmel kehret und in seiner Wut wider die Götter redet; noch fromm, wenn er sich vor ihre

Altäre niederwirft und ein demütiges Gebet an sie ergehen läßt ...

Warum will man den Verfasser in seinen Personen suchen? Was hat Racine mit der Athalie, was hat Molière mit dem Tartüff gemein? Es sind Männer von Genie, die die verstecktesten Falten des menschlichen Herzens durchsucht und da alles das gefunden haben, was in ihren Werken wahr und rührend ist. Ihre Gedichte wollen wir beurteilen, und um ihre Personen uns unbekümmert lassen.

Weder ich noch Sie werden den lebenden, denkenden, handelnden und unter seinesgleichen sich umherbewegenden Menschen mit dem enthusiastischen Menschen verwechseln, der die Feder oder den Meißel oder den Pinsel ergreift oder die Bühne besteigt. Solang er außer sich ist, ist er alles, was ihn die Kunst, von der er begeistert wird, will sein lassen. Aber sind die Augenblicke der Begeisterung vorüber, so kehret er wieder in sich hinein, so wird er wieder, was er war, und nicht selten ein ganz gemeiner Mensch. Denn hierin unterscheidet sich der Witz von dem Genie: der Witz ist fast immer gegenwärtig; aber das Genie oft abwesend ...

Überhaupt, je gesitteter und geschliffener ein Volk ist, desto unpoetischer sind seine Sitten. Alles, was feiner wird, wird schwächer. Wenn hingegen bildet die Natur Muster für die Kunst? In denjenigen Zeiten ohne Zweifel, wenn sich die Kinder um dem Bette des sterbenden Vaters die Haare ausraufen; wenn eine Mutter ihren Busen entblößet und ihren Sohn bei den Brüsten, die er gesogen hat, beschwöret; ... wenn eine schäumende Pythia, in deren Busen ein Gott stürmet, auf dem Dreifuße sitzet, die Augen verkehret und von ihrem prophetischen Geheule dunkle Höhlen ertönen läßt; wenn grausame Götter nicht anders als durch Menschenblut zu versöhnen sind; ...

Ich sage nicht, daß diese Sitten gut, sondern daß sie poetisch sind.

Was braucht der Dichter? Eine rohe oder eine gebildete Natur? Eine ruhige oder eine wilde? Wird er die Schönheit eines klaren und heitern Tages dem Schrecken einer dunklen Nacht vorziehen, wenn das unterbrochene Brausen der Winde ruckweise unter das hohle anhaltende Geräusche eines entfernten Donners stürmet, und er den Himmel sich über seinem Haupte entzünden siehet? Wird er den Anblick des ruhigen Meeres dem Anblicke der tobenden Wellen vorziehen? Die stumme und kalte Beschauung eines Palastes dem Wandeln unter Ruinen? ...
Die Poesie verlangt etwas Ungeheuers, Barbarisches und Wildes ...
Wenn wird man Dichter aufstehen sehen? Wenn sonst, als nach den Zeiten des Elendes und großer Unfälle, da die gezüchtigten Völker sich wieder zu erholen anfangen? Alsdenn wird die Einbildungskraft derer, die Zeugen von so viel schrecklichen Szenen gewesen sind, denen, die nichts davon gesehen haben, ganz unbekannte Dinge schildern ...
Genie findet sich zu allen Zeiten; aber die Menschen, in denen es liegt, bleiben tief unter dem Schutte vergraben, wenn diesen nicht außerordentliche Begebenheiten so erschüttern, daß sie ans Licht kommen können ...
Was wird also der Dichter unter einem Volke tun, dessen Sitten schwach, klein und gekünstelt sind; wo die strenge Nachahmung des gewöhnlichen Umganges nichts als ein Zusammenhang falscher, sinnloser und niedriger Ausdrücke sein würde; wo weder Freimütigkeit noch Gutherzigkeit ist; wo der Vater seinen Sohn »Mein Herr« nennt und die Mutter ihre Tochter »Mademoiselle« ruft; wo die öffentlichen Zeremonien nichts Großes, das häusliche Leben nichts Rührendes und Ehrbares, die feierlichen Handlungen nichts Wahres haben? ...
Aber man denke nur, wie wunderlich die gesitteten Völker sind. Ihre Feinheit geht oft so weit, daß sie dem Dichter auch sogar den Gebrauch vieler in ihren Sitten gegründeter

Umstände, die einfältig, schön und wahr sind, untersagt. Wer dürfte es unter uns wagen, auf der Bühne Stroh auszubreiten und ein neugebornes Kind auf demselben wegzusetzen? Wenn der Dichter eine Wiege anbrächte, würde sich nicht im Parterre mehr als ein Geck finden, der wie ein kleines Kind zu schreien anfänge? Logen und Amphitheater würden darüber lachen, und um das Stück wäre es getan! O possirliches und leichtsinniges Volk, wie sehr schränkest du die Kunst ein! Welchen Zwang legst du deinen Künstlern auf! Wie vieler Vergnügen beraubet dich dein verzärtelter Geschmack! Alle Augenblicke würdest du auf der Bühne Dinge auspfeifen, die dich im Gemälde rühren und bezaubern würden. Weh dem Genie, dem es einkommen dürfte, dir ein Schauspiel zu zeigen, das zwar mit der Natur, aber nicht mit deinen Vorurteilen bestehen könnte! ...

Jean-François Marmontel (1723–99)

Élémens de littérature (1763/87)[42]

Dichtkunst

Erstes Kapitel

Von der Poesie überhaupt

... Ich verbinde also mit der Dichtkunst folgende Idee: Sie ist eine Nachahmung in einem harmonischen Styl, bald getreu, bald verschönert von demjenigen, was in der Natur, sowol im physischen, als moralischen, vermögend ist, nach Gefallen des Dichters, die Einbildung und die Empfindung zu rühren ...

Zweytes Kapitel

Von den Talenten des Dichters

Die drey Kräfte der Seelen, aus welchen alle Talente zur Gelehrsamkeit hergeleitet werden, sind der Verstand, die Einbildungskraft, und die Empfindung; und die Verschiedenheit der Genies entspringt aus der Vermischung derselben, nachdem eine von diesen Kräften die stärkste oder schwächste ist.

Bey einem Poeten sind die Einbildungskraft und die Empfindung die stärksten; allein der Verstand muß ihnen leuchten, sonst verirrt sich eine um die andre. Der Verstand ist das Auge des Genies, und die Einbildungskraft und Empfindung sind seine Flügel.

Nicht alle Eigenschaften des Verstandes sind allen Arten der Poesie gleich wesentlich, blos die tiefe Einsicht und die Genauigkeit gehört für alle: ein Verstand, der irrt, verdirbt alle Talente; ein Verstand, der nur die Oberfläche der Dinge betrachtet, weiß nichts mit Vortheil zu nutzen.

Ich habe bey meiner Beschreibung der Poesie blos auf dasjenige gesehen, was sie von der Beredtsamkeit, der Geschichte, und der Philosophie unterscheidet, ich habe nur auf die Geschicklichkeit zu mahlen gesehen. Oft aber verläßt sie den Pinsel, und wählt die edle und natürliche Schreibart der Geschichte, den heftigen oder gemäßigten Styl der Beredtsamkeit, und den deutlichen und genauen Styl der Philosophie. Es ist nicht alles in einem Gedichte Einbildung und Empfindung; es gibt Zwischenzeiten, wo der Gedanke blos in seinem eignen Lichte glänzen will. Denn man muß niemals vergessen, daß die Einbildung nur blos der Ausschmuck sey, und selbst da, wo der Gedanke von der Einbildung seine Farben und von der Empfindung seine Seele erhält, rührt er um so viel mehr, als er geistiger ist, das heißt, mehr Lebhaftigkeit, mehr Feinheit einzunehmen, und eine in ihrer Übereinstimmung genauere und neuere Verbindung enthält. Der Verstand ist also eben so wohl eine wesentliche Eigenschaft des Poeten, als er es bey einem philosophischen Geschichtschreiber und Redner ist.

Jede von denen Eigenschaften des Verstandes hat ihr vorzügliches Feld in der Poesie; z. E. die Feinheit, das Epigram; die Delikatesse, die Elegie und das Madrigal; die Leichtigkeit, das vertraute Sendschreiben; die Naivetät, die Fabel; die edle Einfalt, die Ekloge; den hohen Schwung die Ode, die Tragödie, und das Heldengedicht.

Gewisse Felder der Poesie verlangen viele von diesen Eigenschaften zugleich. So erfordert z. B. die Comödie zugleich die Scharfsinnigkeit, die Kraft zu durchdringen, die Stärke, den Tiefsinn, die Leichtigkeit, die Lebhaftigkeit, die Feinheit; und man darf sich nicht wundern, wenn sie fast alle Hülfsmittel des Verstandes zusammen vereiniget, da die Tragödie nur die Genauigkeit, den Tiefsinn und einen hohen Schwung erfordert; denn die Tragödie nimt die ungeheure Stärke des pathetischen zu Hülfe, welche der Comödie versagt ist ...

Einige Schriftsteller haben das Wesen der Poesie in dem Enthusiasmus gesetzet, aber dadurch nahmen sie die Ursach als die Würkung an. Es ist zwar gewiß, daß keine andre treue und lebhafte Nachahmung entsteht, als wo der Dichter in einer Illusion ist, das heißt, das glaubt zu sehn, was er mahlt, das zu empfinden, was er ausdrückt; Aber in einem sanften und lachenden Gemählde ist die Illusion nichts weniger, als diejenige Begeisterung, welche man Enthusiasmus nent. Diese ist nur denen Subjecten vorbehalten, welche die Seele auser sich selbst setzen, und in welchen man die Natur nicht anders zeigen kañ, als wenn man sich selbst nicht mehr besitzet ...

Sechstes Kapitel

Von der Erfindung

Wenn man sich den Gegenstand der Dichtkunst in ihrem ganzen Umfange denken will, so muß man es wagen, die Natur so zu betrachten, wie sie sich der höchsten Weisheit vorstellt. Alsdenn ist in einem einzigen Gemählde nicht allein der wirkliche Zustand der Dinge enthalten, sondern auch das Chaos, seine Entwickelung, die Verwandlungen, die Veränderungen dieses ungeheuren Ganzen und seiner Theile: die unzähligen Phenomene, welche der Umlauf der Materie nach den Gesetzen der Bewegungen hat hervor bringen müssen, und die abwechselnde Einwirkung des Verstandes und der Bewegung auf einander, nach den Gesetzen der Vereinigung der Seele mit der Materie; alles, was in dem Spiele der Elemente, in dem Baue der Gliedmassen der lebendigen, beseelten, sinnlichen Wesen, nur etwas hat beytragen können, das bewegliche und stuffenweis fortgehende Schauspiel des Ganzen abzuändern; alles das wird in diesem Gemählde vereiniget. Doch dies ist noch nicht alles: zu der gegenwärtigen Einrichtung, zu den vergangnen Abwechselungen kommt noch die unendliche Kette der möglichen Dinge, sogar nach der Beschaffenheit der Wesen, und nicht allein das, was ist, sondern auch das, was in der Unermeßlichkeit des Raums und der Zeit seyn würde, wenn die Natur jemals den unerschöpflichen Schatz der Saamen, die in ihrem Schosse eingeschlossen sind, eröfnete. So sieht Gott die Natur; so muß sie der Dichter nach seiner Schwäche betrachten. Er muß sich der Nebenursachen bemächtigen; sie in seinen Gedanken nach den Gesetzen ihrer Harmonie würken lassen; die möglichen Dinge wirklich machen; die Trümmern des Vergangnen sammlen: die Fruchtbarkeit der Zukunft herbeyziehen; eine scheinbare und sinnliche Existenz demjenigen geben, was noch nicht ist, und vielleicht niemals, als in dem blossen idealen Wesen der Dinge seyn wird: das heißt erfinden...

Wir wollen aber doch diese Speculationen zur practischen Wahrheit zurück führen. Alles, was möglich ist, ist nicht wahrscheinlich: alles, was wahrscheinlich ist, ist nicht interessant. Die Wahrscheinlichkeit besteht darinnen, daß man der Natur nur solche Handlungen zuschreibt, die mit ihren Gesetzen und schon bekannten Vermögenskräften übereinkommen; es erstreckt sich aber dieses Vorherwissen des Möglichen nicht so gar weit über das Geschehne. Unsre Einbildungskraft wird zwar die Natur in einigen Schritten der Wirklichkeit übertreffen; allein, wenn sie in einer gewissen Entfernung ist, so verirrt sie sich, und kennt nicht mehr den Weg, den man sie hatte betreten lassen. Ich werde dieses zeigen, wenn ich von dem Wunderbaren in der Erdichtung handeln werde. Auf einer andern Seite aber rührt uns nichts, als was sich uns nähert, und das Interesse kommt auf das Verhältniß an, daß die Gegenstände mit uns selbst haben: das Mögliche aber, das von uns so sehr entfernt ist, hat nicht mehr ein Verhältniß, keine Ähnlichkeit, keinen Einfluß. Wenn also das poetische Genie nicht durch seine eigene Schwäche und durch den engen Kreis seiner Hülfsmittel in gewisse Grenzen eingeschlossen wäre, so würde es durch die Art, wie wir denken und empfinden, eingeschränkt...

Der Dichter hat, eben so wie der Mahler, gewisse Muster, die sich nicht verändern. Will man sich dieselben getreu vorstellen, so muß man nur eine lebhafte Einbildungskraft haben, und weiter ist dazu nichts nöthig: will man sie mahlen, so ist es genug, wenn man die Sprache in seiner Gewalt hat, die hier zugleich der Pinsel und die Palette der Poesie ist. Aber es gibt auch gewisse einzelne Stücke, die eine bewegliche und veränderliche Natur haben, deren Muster nicht einerley bleibt: der Artist ist alsdenn genöthigt, nach dem Spiegel des Gedankens zu mahlen, und hier ist es schwer, der Nachahmung diese Art von Wahrheit zu geben, die uns verführt und bezaubert. Die Mahlerey und Bildhauerkunst ziehen auch die Natur, die in Ruhe ist, der Natur vor, die in Bewegung ist, und doch haben sie niemals mehr als einen Augenblick zu ergreifen und vorzustellen; dahingegen die Dichtkunst der Natur muß nachgehen können, in ihrem Fortgange, wenn er auch noch so wenig sinnlich ist, in ihren Bewegungen, die noch so reissend sind, und in ihren geheimsten Gängen ...

Achtes Kapitel

Von der Wahrscheinlichkeit und dem Wunderbaren in der Erdichtung

... Erdichten heißt das, was nicht ist, so vorstellen, als wenn es wäre. Der Entzweck, den sich die Erdichtung unmittelbar vorsetzt, ist zu überreden: sie kan aber nicht anders überreden, als wenn sie mit der Idee eine Ähnlichkeit hat, die wir von den Dingen haben, die sie nachahmt. Es besteht also die Wahrscheinlichkeit nicht in einer solchen Art, so zu erdichten, die mit unsrer Art zu denken übereinkomt; und alles, was der menschliche Verstand denken kan, das kan er auch glauben, wenn er dazu angeführt wird. Wenn uns der Dichter nur blos an dasjenige erinnert, was wir ausser uns gesehen haben, oder in uns selbst empfunden, so ist die Ähnlichkeit zur Illusion schon hinreichend; und wenn wir in der Erdichtung das Bild der Wirklichkeit sehen, so hat der Dichter keinen andern Kunstgrif nöthig, unser Zutrauen zu gewinnen. Wenn uns aber die Erdichtung eine Begebenheit vorstellt, die kein Beyspiel hat, oder ein zusammengesetztes, das kein Modell hat; so suchen wir in ihr, weil sich keine Ähnlichkeit findet, die idealische Wahrheit, und alsdenn ist der Dichter genöthiget, seine ganze Kunst anzuwenden, um der Lügen die Farbe der Wahrheit zu geben. Wir wissen, daß er erdichtet, wir sollen es vergessen, und so bald wir uns daran erinnern, so ist der Reitz hinweg, und die Illusion hört auf. »Was man nicht glaubt, kan keine heftige Leidenschaft, und kein groß Vergnügen bey allem, was man ließt und hört, erwecken.« Tasso.

Was ist das nun für eine Kunst, die der Erdichtung, sogar in dem Wunderbaren, eine Wahrscheinlichkeit gibt, die uns verführt? Die Kunst, dem Faden unsrer Ideen zu folgen, und deren Verhältnisse unter einander wahrzunehmen. Es gibt nach unserer Art zu denken, eine ausgemachte Wahrheit, und eine Wahrheit, die wir durch das Nachdenken erfinden. Beyde haben die Empfindung, die Erinnerung des Eindrucks, oder die Meynung zum Grunde.

Die Wahrheit, die sich auf Empfindung gründet, ist das innerliche Gefühl von dem, was in uns selbst vorgeht, und was, wenn man nachdenkt, überhaupt in dem menschlichen Verstande und Herzen vorgehen muß. Nach diesem beständig gegenwärtigen Modell richtet man in der dramatischen Poesie die Erdichtung ein. Wir sind von dieser und jener Beschaffenheit: das ist die ausgemachte Wahrheit. Wir empfinden, daß es zu der Natur unsrer Seele gehört, auf diese und jene Art verändert zu werden, durch diese oder jene Ursache, in diesen oder jenen Umständen; daß in unsrer moralischen Einrichtung diese Eigenschaften, diese Zufälligkeiten zusammenstimmen, und sich mit einander vereinigen, daß wiederum andere einander widerstreiten, und sich wechselsweise ausschliessen: das ist die durch Nachdenken erfundne Wahrheit.

Wie kan aber die Wahrheit, die sich auf Empfindung gründet, bey allen Menschen eben dieselbe seyn? Weil in allen Menschen der Grund von dem, was natürlich ist, sich ähnlich ist, und man darauf zurückkommt, so bald man will, bisweilen sogar, ohne daß man es will. Ein jeder von uns hat, so wie der Dichter, das Vermögen, sich an die Stelle desjenigen zu setzen, der ihm ähnlich ist, und man setzt

sich wirklich an seine Stelle, so lange die Illusion dauert.
Man denkt, man handelt, man drückt sich eben so aus, als
wenn man selbst diese Person wäre; und nachdem er unsern
Ahndungen folgt, oder sich davon entfernt, wird die Erdichtung, die ihn uns vorstellt, in unsern Augen mehr oder
weniger wahrscheinlich.

Diese Ahndungen, die uns die Bewegungen der Natur an-
kündigen, sind nicht so deutlich, daß sie uns das Vergnügen des Betrugs rauben könten: es geschieht sogar sehr oft,
daß uns der Dichter in eine Unentschlossenheit versetzt,
um uns daraus durch einen Zug zu reissen, der uns in Er-
staunung bringe und aufrichte; allein ob wir uns gleich
nicht entschliessen, welchen Weg wir ergreiffen wollen, so
geben wir doch genau Achtung, ob der Weg, den der Dichter wählt, eben der ist, den die Natur würde genommen
haben, oder hätte nehmen müssen, wenn sie entschieden
hätte ...

Antoine Comte de Rivarol (1753–1801)

Discours sur l'universalité de la langue française (1784)[43]

Abhandlung über die Universalität der französischen Sprache

... Was unsere Sprache von den alten und den modernen
Sprachen unterscheidet, sind die Wortfolge und der Satzbau. Diese Wortfolge muß immer direkt und notwendigerweise klar sein. Der Franzose nennt zuerst das *Subjekt* der
Aussage, danach das *Verb*, das die Tätigkeit bezeichnet,
und zum Schluß das *Objekt* dieser Tätigkeit: dies entspricht der allen Menschen natürlichen Logik, entspricht

aber auch dem gesunden Menschenverstand. Diese Wortfolge nun, die so günstig, die für die Vernunft so nötig ist, widerspricht jedoch fast immer den Affekten, die zuerst den Gegenstand benennen, der zuerst ins Auge fällt. Deshalb haben alle Völker, die diese direkte Wortfolge aufgegeben haben, zu mehr oder weniger kühnen Redewendungen Zuflucht gesucht, je nachdem ihre Affekte oder der Wohlklang der Worte dies verlangten. So hat die Inversion auf der Erde die Oberhand gewonnen, weil der Mensch in viel stärkerem Maß von den Leidenschaften als von der Vernunft beherrscht wird.

Das Französische ist als einzige Sprache aufgrund eines unvergleichlichen Vorrechts der direkten Wortfolge treu geblieben, als ob es die reine Vernunft verkörperte, und man mag sich noch so mühen, durch alle möglichen rhetorischen Variationen und Hilfsmittel diese Wortfolge zu verschleiern, sie muß doch immer vorhanden sein. Vergebens bestürmen und verlocken uns unsere Leidenschaften, dem Ordnungsprinzip der Affekte nachzugeben: die französische Syntax ist unbestechlich. Aus ihr ergibt sich diese wunderbare Klarheit, die die ewige Grundlage unserer Sprache ist. *Das, was nicht klar ist, ist nicht französisch*; das, was nicht klar ist, kann englisch, italienisch, griechisch oder lateinisch sein. Um die Sprachen mit Inversion zu erlernen, genügt es, nur die Wörter und ihre Fälle zu kennen; um die französische Sprache zu erlernen, muß man auch noch die Wortfolge behalten. Man könnte sagen, daß sich die französische Sprache nach einer elementaren Geometrie, mit einer einfachen Gradlinigkeit entwickelt hat, daß jedoch beim Griechischen und Lateinischen das Gebiet der Geometrie Pate gestanden hat, das sich mit der Lehre von den Kurven befaßt. Unsere Sprache ordnet und leitet den Gedanken, jene Sprachen stürzen sich in das Labyrinth der Affekte, verirren sich dort mit dem Gedanken und geben allen Launen des Wohlklangs nach: deshalb

waren sie auch wunderbar für die Orakel geeignet, die unsere Sprache hingegen völlig in Verruf gebracht hätte.
So hat es sich auch ergeben, daß die französische Sprache weniger für die Musik und die Verskunst geeignet war als irgendeine alte oder moderne Sprache, denn diese beiden Künste leben von den Affekten, vor allem die Musik, deren Eigentümlichkeit es ist, schwunglosen Worten Kraft zu verleihen und starke Ausdrücke abzuschwächen; übrigens ein unumstößlicher Beweis dafür, daß die Musik selber eine Macht für sich ist und daß sie alles abwehrt, was mit ihr das Reich der Affekte beherrschen will. Orpheus mag unablässig wiederholen: »J'ai perdu mon Eurydice« (»Ach, ich habe sie verloren«), der grammatikalische Eindruck eines so oft wiederholten Satzes ist bald hinfällig, während der musikalische Eindruck immer stärker wird. Und die Musik weist die französischen Wörter nicht etwa deshalb zurück, wie man behauptet, weil sie nicht wohlklingend wären, sondern weil sie eine Wortfolge und einen Zusammenhang bieten, während der Gesang Ordnungslosigkeit und Ungezwungenheit verlangt. Die Musik muß die Seele im Unbestimmten wiegen und darf ihr nur Motive vorführen. Wehe der Musik, von der man sagt, sie habe alles genau ausgedrückt! Die Akkorde gefallen dem Gehör aus dem gleichen Grunde wie Gewürze und Düfte dem Gaumen und dem Geruchssinn gefallen.
Aber wenn eine starre Satzkonstruktion den Schaffensprozeß des Musikers hindert, so wird die Einbildungskraft des Dichters noch mehr durch den umsichtigen Geist einer Sprache aufgehalten. Die Bilder ausländischer Dichter sind immer einen Grad stärker als die der unsrigen: sie bedienen sich einer lebhafteren Schreibart, und ihre Dichtung ist farbiger. Es ist eine allgemeine Wahrheit, daß die Bilder der Orientalen ausgelassen waren, die der Griechen und Lateiner kühn und daß unsere einfach zutreffend sind. Der französische Dichter muß deshalb durch den Gedanken, fortwährende Eleganz, glücklichen Ausdruck und

seine Wortverbindungen gefallen. Auf diese Weise haben die großen Meister unermüdlich versucht, im Gewebe einer klaren und bedachten Ausdrucksweise glückliche Freiheiten zu verbergen, und aller Zauber ihrer Schreibweise entsteht aus der Kunstfertigkeit, mit der sie ihre Treue gegenüber dem Geist ihrer Sprache zu verbergen wußten: dies läßt uns glauben, daß die französische Sprache, die nüchtern und zugleich zurückhaltend ist, immer noch den letzten Platz unter allen Sprachen einnähme, wenn die Mehrzahl ihrer guten Schriftsteller ihr nicht zum ersten Platz verholfen hätte, indem sie ihrer natürlichen Beschaffenheit Gewalt antaten.
Eines der schwierigsten Probleme, das man den Menschen aufgeben könnte, ist diese Konstanz der Wortfolge in unserer Sprache. Ich verstehe wohl, daß die Griechen und selbst die Lateiner, die jedes ihrer Wörter einer Familie zugerechnet haben und ihre Endsilben mit reichen Abwandelungen ausstatteten, sich den gewagtesten Wendungen auslieferten, um den Eindrücken zu gehorchen, die sie von den Gegenständen empfingen, wohingegen in unseren modernen Sprachen die Verwirrung der Konjugationen und der Aufwand der Artikel, das Vorkommen eines Nomens, dessen Verwandtschaft nur schwer erkennbar ist, oder eines defektiven Verbs uns wachsam dafür werden läßt, Unklarheit zu vermeiden. Aber warum ist unsere Sprache von allen modernen Sprachen allein so streng der direkten Wortfolge unterworfen? Ist es vielleicht wahr, daß die französische Nation aufgrund ihres Charakters ein äußerstes Bedürfnis nach Klarheit hat? ...

Notes, Maximes et Pensées

Maximen von Rivarol

Literatur

Selbst der trockenste Geist kommt nicht ohne Bilder aus. Wo es ihm gelungen scheint, sie aus der Sprache auszumerzen, liegt das daran, daß die von ihm entlehnten Bilder so alt und ausgewalzt sind, daß sie weder ihm noch den Lesern auffallen. Man darf behaupten, daß Locke und Condillac, der eine um Irrtümer auszurotten, der andere um seine Sätze unangreifbar zu machen, in gleicher Weise gegen das Mysterium der Sprache gefehlt haben. Sie kannten nicht den Zauberklang der Worte, der an die Herzen anklopft und sie erzittern läßt. Soll man ihnen für ihre Ohnmacht Dank wissen? Oder soll man ihnen zubilligen, daß sie die Wirkung auf das Gemüt verschmähen und den bildlosen Stil erwählten, weil es die Würde der Metaphysik gebot?

Ich könnte zunächst nachweisen, daß ein unmittelbarer, bildloser Stil nicht existiert. Auch Locke und Condillac verwenden Bilder – sei es nun wider Willen oder unbewußt. Sie nehmen oft zu Metaphern und Vergleichen ihre Zuflucht, und, wie ich belegen könnte, mit Erfolg. Doch darum geht es mir hier nicht. Ist die Natur als unser großes Vorbild denn ohne Gleichnis, der Frühling ohne Blüten, sind die Blumen und Früchte ohne Schmelz? Aristoteles hat der Imagination ein glänzendes Zeugnis ausgestellt, das um so höher zu werten ist, als er nicht mit ihr begabt war, während sie seinen Rivalen Plato auszeichnete. Die schönen Bilder kränken nur den Neid.

Es kommt vor, daß der Mensch, seiner Gewohnheit oder den ausgefahrenen Geleisen seines Wesens folgend, wie ein Abwesender handelt und spricht: der Körper bewegt sich automatisch wie ein Schiff ohne Steuermann. Das ist der Fall, wenn der Mensch sich mit Gedanken beschäftigt, die seiner Tätigkeit fernliegen. Dann genügen ein knapper Befehl und ein erster Anstoß, um den Körper in Dienst zu halten; er bedarf der Erinnerung nicht. Ein jeder, der sich beim Gehen, Sprechen und Schreiben beobachtet, kennt diese unmittelbare Lenkung, mit welcher der überlegte Entschluß nicht wetteifern kann. Das erklärt auch den Unterschied, der zwischen dem sprechenden Menschen und dem schreibenden besteht. Beim Sprechen sind wir unbewußter, und daher verbietet das Bewußtsein zu schreiben, wie man spricht. Dagegen widerstrebt es der Natur zu sprechen, wie man schreibt. Nur wenigen ist es vorbehalten, die Eleganz des gesprochenen mit der durchdachten Klarheit des geschriebenen Stiles zu vereinigen.

Schöpfung und Sprache ähneln sich in der Anlage. Das Sprachbild besteht aus Sätzen, der Satz aus Wörtern, das Wort aus Buchstaben. Dann hört die Teilung auf. Ganz ähnlich dringt man in der Natur bis zu den Elementen vor. Der einzige Unterschied zwischen dem Aufbau der Materie und dem der Sprache liegt darin, daß die Elemente Anziehungskräften unterliegen, die sie immer wieder denselben Verbindungen zuführen. Das ist nicht so zwischen den Buchstaben. Ihre Anordnung wird durch die Menschen geschaffen; aus dieser Tatsache geht die Mannigfaltigkeit der Sprachen hervor. Würden die Konsonanten und Vokale sich nach ähnlichen Gesetzen wie die Elemente anreihen, dann gäbe es nur eine Universalsprache.

Der Mensch mußte seinem Denken notwendig eine überaus scharfsinnige Form geben. In der Tat übertrifft das Maß an Feinheit, an Geist, an eingewobener Metaphysik im Gespinste einer Sprache jede Vorstellung. Das ist ein Schauspiel für den Philosophen – besonders, wenn er die geheimnisvollen Fäden abhebt, in die der Mensch sein Denken kleidet, so wie die Seidenraupe sich ihre leuchtende Hülle spinnt.

Die Sprache ist das nach außen gewandte Denken; das Denken ist inneres Gespräch.

Was Arbeit an der Sprache ist, darf nicht gehört werden.

In den Sprachen prägt die Geschichte ihre eigentlichen Denkmünzen.

Die Grammatik ist der Hebel, der an die Sprache gesetzt wird, und dieser Hebel darf nicht schwerer wiegen als die Last.

Die Worte gleichen den Münzen, die einen Eigenwert besitzen, bevor sie alle möglichen Werte ausdrücken.

André Chénier (1762–94)

Essai sur les causes et les effets de la perfection et de la décadence des lettres et des arts[44]
Über Ursache und Wirkung der Vervollkommnung und des Verfalls der Literatur und der Künste

... Unwissender und furchtsamer Künstler, sind denn die Wege der alten Vorbilder verschlossen? Warum suchst du sie nicht? Warum dringst du nicht unter ihrer Führung auf diesen Wegen vor? Denke, überlege wie sie, mach dich auf wie sie, um dorthin zu gelangen, wo sie hingelangt sind. Wandele auf dem gleichen Grund, um dich zu ihrer Höhe zu erheben. Mein Gott! Was hast du denn da vollbracht?

Diese Füße, diese Hände, sie sind zwar getreu wiedergegeben, die Haare sind weich geformt; das ist gut, das muß so sein. Aber glaubst du wirklich, daß das genügt? Was besagt dieser Ausdruck? Was soll diese Haltung? Ich sehe zwar einen Stein, aus dem ein Mensch herausgehauen wurde, aber lebt der denn, spricht er, denkt er? Ich will die Schönheit erblicken, und du meinst, du könntest mich zufriedenstellen, wenn du mir ganz zufällig Augen, eine Nase, einen Mund zeigst? Ich fordere von dir Achill oder Apoll, und du glaubst, du hättest mir Heroen oder Götter gezeigt, wenn du knechtisch den ersten besten Kerl darstellst, der dir begegnet ist? So findest du sie nicht, du mußt sie in deiner leidenschaftlichen Einbildung, in deinen erhabenen Gedanken suchen. Phidias und tausend andere haben dem Homer den olympischen Jupiter doch keineswegs weggenommen. Suche ihn nur: er ist noch immer da. Er macht dort immer noch mit seinen schwarzen Brauen Zeichen, schüttelt auf seinem unsterblichen Haupt noch immer sein ambrosisches Haar und läßt den weiten Olymp erbeben. Wie? du kannst dort nichts erkennen? Du liest eben die Dichter nicht. Du hast nicht so viel Zeit zu verlieren. Du mußt arbeiten. Aber deiner Meinung nach ist es ja keine Arbeit, dir die erhabenen Gemälde eines Homer, Vergil, Racine oder Tasso durch den Kopf gehen zu lassen. Du kannst dir Arbeit nur als Handarbeit vorstellen. Geh, glaube mir, leg deinen Meißel fort, ergreife einen anderen Beruf, werde Steinmetz oder Maurer. Aber du, junger Schüler, wenn dir die antiken Meisterwerke, die du jeden Tag betrachtest, den Schweiß auf die Stirn treiben, deinen Mut entflammen und tief in deinem Herzen einen Stachel zurücklassen, ihnen nachzueifern und ihren Ruhm zu erwerben, wenn die Idee oder der Anblick der Schönheit deine Sinne entzünden und dich in Verzückung versetzen, wenn du dich gerne allein in die Wälder zurückziehst, wie ein Wahnsinniger umherirrst und in deinem Hirn die leidenschaftlichen Gemälde der Dichter überdenkst und die

Verse wiederholst, in denen die Heroen, die Giganten und
Götter atmen und sich bewegen, wenn du vor Ärger mit
dem Fuß aufstampfst, weil du findest, daß deine Ausführung hinter deinem Gedanken zurückbleibt, wenn dich,
unzufrieden mit dem, was du gerade geschaffen hast, eine
brennende Unruhe immer weiter suchen läßt, dann komm,
komm und arbeite, und du wirst Meisterwerke schaffen,
du wirst die schönen Künste zu neuem Leben erwecken,
diese göttlichen Künste, die man bei uns so schlecht kennt.
Nun gut, nimm diesen Meißel, dring in diesen Marmorblock ein, schaffe mir Helden, schaffe mir einen Gott,
spanne die Wölbung dieser Stirn, hinter der die Welt entworfen wurde, höhle weit den Platz für diese Augen, die
den Blitz schleudern, bilde die Öffnung dieses beredten
Mundes, wo Gerechtigkeit und Wahrheit wohnen. Entwirf
diesen göttlichen Leib, der unvergänglich ist, genährt von
Ambrosia, diesen Leib ganz aus Geist und Leidenschaft.
Laß diese Runzeln, diese Furchen, diese Falten der Haut,
tiefe Spuren von Krankheiten und Altersschwäche, Vorboten des Todes. Schaffe mir einen Leib, der die Schmach
des Alterns noch nicht erfahren hat, der keine Veränderung fürchtet. Laß durch dieses Fleisch Sehnen, Muskeln,
harmonisch vereint, durchscheinen, die noch keine Anstrengung ermüdet hat, die voll sind von ruhiger Kraft, dieser
Ruhe, die untrennbar zu dem gehört, der alles kann, was
er will. Laß mich hier nicht Blut, sondern diese göttliche
Flüssigkeit, den ἰχῶρ, von dem Homer spricht, der in den
Adern der unsterblichen Götter fließt, sehen ...

[Über die Nachahmung:] Ich will an dieser Stelle aber
nicht weiter fortfahren, ohne zu erwähnen oder darauf
hinzuweisen, wie töricht und unsinnig die Vorstellung vieler Leute ist, die sofort von Diebstahl oder Plagiat sprechen, sobald sie in einem Buch Gedanken oder Ausdrücke
finden, die anderen Gedanken oder Ausdrücken ähneln,
die sie bereits in anderen Büchern gefunden haben. Ich

möchte zuerst einmal fragen, ob es nicht eine große Zahl von fruchtbaren und allgemeingültigen Gedanken gibt, die, da sie durch ihre Bezüge mit einer Menge von Dingen in Verbindung stehen oder die Fortsetzung, der Ursprung oder das Band zahlreicher Begriffe sind, notwendigerweise in vielen verschiedenen Stoffbereichen vorkommen und deshalb folgerichtig für alle diejenigen Autoren naheliegen, die sie behandeln, wenn diese Autoren ein genaues Verständnis und ein richtiges Unterscheidungsvermögen haben. Es wäre nun meiner Meinung nach kindisch und unsinnig, von derartigen Gedanken allein aus dem Grund abzulassen, daß ein anderer Autor, der über etwas anderes schreibt, sie auch hätte fassen und verwerten können, wenn man durch die Beschaffenheit seines Gegenstandes darauf gestoßen wird; denn sie sind für den Verlauf der Erörterung und die Schlüssigkeit des Gesagten notwendig. Sie auszulassen hätte weitere Folgen, und es ist klar, daß ihr Fehlen im Gesamtzusammenhang der Gedanken eine Lücke ließe, die man unmöglich gut füllen könnte. Was die entsprechende Ausdrucksweise angeht, so ist es klar, daß der gleiche oder fast der gleiche Gedanke unabhängig in mehreren scharfsinnigen Köpfen entstehen kann, zumal die rechten Ausdrücke besonders lebendig, wahr, ursprünglich und ausschließlich sind, wenn sie gleichzeitig mit den Gedanken geboren werden.

Wer aber kein Ziel, keinen Plan, keine zusammenhängenden Vorstellungen hat, die ihn leiten, oder einen geheimen Antrieb, der ihn beherrscht, der schreibt nur, um eine Feder in der Hand zu halten, und sucht überall nur Perlen, die ihm nicht zustehen und überflüssig sind, oder prächtige Fetzen, um sie auf sein Kleid zu nähen, das deren Glanz nur verblassen läßt und dadurch selber nur noch armseliger erscheint; und der ist ein Plagiator oder wenigstens ein Kompilator. Aber derjenige, der ein breitgespanntes Vorhaben angeht, es verfolgt und es nach seinem großangelegten Plan vorantreibt, dabei keinen Teil aus dem Auge verliert und, indem er sich erinnernd oder lesend schöne Gedanken sammelt, denen er begegnet, seinen bereits breiten Strom noch mehr anschwellen läßt und Gold mit Gold mischt, der verdient dann dergleichen Bezeichnungen nicht.

Denn der eine überträgt nur Wörter von einem Papier aufs andere; er macht Anleihen, ohne dabei reich zu werden, und die guten Dinge, denen er begegnet, berühren nur seine Lippen und lassen ihn doch mager und abgezehrt. Der andere hingegen schmeckt davon, kostet und verdaut sie, und ihr Saft wird zu seiner eigenen Substanz. Und da feststeht, daß alle Menschen alle ihre Ideen durch die Sinne empfangen und sie danach durch das Gedächtnis und vernünftige Überlegung miteinander verbinden, sie einander annähern, sie einteilen und sich so jeder Mensch je nach dem Grad seiner geistigen Kraft und Veranlagung ein eigenes Feld von mehr oder minder ausgedehnten Erfahrungen aufbaut, so muß man auch wohl sagen, daß die Gebildeten in größerer Zahl als die anderen Menschen ihre Sinne allen fremden Eindrücken öffnen, Eindrücken, die für sie in Verbindung mit ihren natürlichen Anlagen eine Art zu denken, zu fühlen und sich auszudrücken herausbilden, die ihre eigene ist, obwohl sie zum Teil fremden Quellen entstammt. Daraus kann man meiner Meinung nach mit hinreichender Sicherheit schließen, daß die bekannte und bei mehreren Autoren selbst der Antike so häufig vorkommende Klage, daß alles bereits schon einmal gesagt wurde und daß man nichts Neues mehr schreiben könne, ihre Ursache weniger in der Wahrheit und der Beschaffenheit der Dinge, als in der Sterilität dieser Schriftsteller hat.

(Ich räume jedoch ein, daß die Schriftstellerkunst schwieriger geworden ist, da mehrere einfache und gute Gedanken von Anbeginn an wegen ihrer Trivialität verbannt worden sind; aber diese Menge von ursprünglichen und wahrhaftigen Ideen und Gefühlen mit allen sich daraus

ergebenden Folgen wie auch die Gesamtheit der die Lebensweise betreffenden Gedanken, deren Grundlage die Kenntnis vom Menschen ist, die von Jahrhundert zu Jahrhundert gewachsen ist und die man das Erbe aller Generationen und aller menschlichen Rassen nennen könnte, wird nur zusammen mit den Menschen aussterben und nährt sich aus sich selber heraus. Die Gegenstände, die sie ausmachen, werden in jedem Gehirn, wo sie auftauchen, verarbeitet und verstärkt. Die Lebensweise und der Zeitgeist zeigen an, worauf zu bestimmten Zeiten eher als zu anderen das Schwergewicht gelegt werden sollte. Die gleichen Dinge, auf eine andere Weise mitgeteilt oder in einem neuen Lichte vorgeführt, ziehen doch schließlich die Menschen, denen man alles langsam beibringen muß, in ihren Bann. Obwohl diese Abhängigkeit der guten schriftstellerischen Werke voneinander für ein neues Talent mehr Dornen bedeutet, so speist und erneuert sie doch dessen Quelle immer wieder und ist weit davon entfernt, sie auszutrocknen, da die Formen des menschlichen Geistes so verschiedenartig und unerschöpflich sind wie die der menschlichen Gesichter; und in der Tat sind bei uns trotz all der Klagen, daß *alles bereits einmal gesagt* ist, mehrere Schriften voll bedeutender und neuartiger Inhalte erschienen).
Und stets bereichert eine derartige erfinderische Nachahmung, von der ich gesprochen habe, gerade die Autoren, die zu Recht wegen ihrer Originalität berühmt sind. Sicher, wer mit Demosthenes und Thukydides vertraut ist, der erkennt, mit welchem Recht Quintilian gesagt hat, daß Sallust zumeist aus dem Griechischen übersetzt; und dennoch hat er diese Mine noch nicht so sehr ausgebeutet, daß die Nachahmung dieser beiden Autoren und diejenige Sallusts selber nicht noch mehr als einmal in den erhabenen Seiten Tacitus' erglänzte; und mich, um auch von mir zu sprechen, wird man oft dabei ertappen, daß ich von diesen vier sowie Titus Livius, Cicero und anderen zehre. Wenn man bei mir irgendeinen ihrer Gedanken oder auch einen Mon-

taignes und Montesquieus durchschimmern sieht, dann mag man ruhig der Meinung sein, ich hätte ihn auch selber fassen können, oder ich verdankte ihn nur meinem Umgang mit diesen hervorragenden Männern; es kümmert mich dies nicht, wenn ich es nur fertigbrächte, daß man sagte, meine Gedanken und meine Ausdrucksweise, mit den ihren verwoben, entehrten eine so edle Nachbarschaft nicht...

Donatien Alphonse François Marquis de Sade (1740–1814)

Idée sur les romans (an VIII; 1799/1800)

Gedanken zum Roman
(VIII. Jahr der Revolution)

... Nun endlich brachten die englischen Romane, die kraftvollen Werke Richardsons und Fieldings, den Franzosen bei, daß man nicht durch die Schilderung faden Liebesschmachtens oder langweiliger Salonkonversation erfolgreich ist, sondern allein durch die Darstellung männlicher Charaktere, die uns als Spielzeug und Opfer der unter dem Namen »Liebe« bekannten Wallung des Herzens deren Gefahren und deren Unglück vorführen. Nur hieraus können diese im englischen Roman so meisterlich dargestellten Entwicklungen und Leidenschaften entstehen. Richardson und Fielding haben uns gelehrt, daß nur das ernsthafte Studium des menschlichen Herzens, dieses wahrhaften Labyrinthes der Natur, den Romancier inspirieren kann. Der Roman soll den Menschen nicht nur so zeigen, wie er ist oder wie er sich gibt – das ist Aufgabe des Historikers –, der Roman soll vielmehr zeigen, wie der Mensch sein könnte; soll darstellen, was die Einwirkungen des Lasters und die Erschütterungen der Leidenschaften aus ihm machen können. Und also muß man alle Leidenschaften kennen, jede von ihnen zur Entfaltung bringen, wenn man in dieser Gattung etwas leisten will.

Von den Engländern haben wir fernerhin gelernt, daß man nicht immer Interesse erweckt, wenn man die Tugend triumphieren läßt, daß man hiernach aber nichtsdestoweniger soweit als möglich streben sollte. Diese Regel ist übrigens weder in der Natur noch bei Aristoteles verbürgt. Sie, von der wir wünschten, daß um unseres Glückes willen alle Menschen nach ihr lebten, ist ohne jede Bedeutung für den Roman und sollte nicht einmal als Spannungsmoment verwendet werden. Denn wenn die Tugend siegt und die Dinge sich so verhalten, wie sie es sollten, so versiegen unsere Tränen, bevor sie noch zu fließen beginnen. Wenn wir dagegen sehen, wie die Tugend nach Überwindung allerhärtester Prüfungen schließlich dennoch vom Laster niedergerungen wird, so erschüttert dies unser Gemüt aufs tiefste; das Werk aber, das uns außerordentlich bewegt hat, das, um mit Diderot zu sprechen, »unsere Herzen über und über hat bluten lassen«, wird unfehlbar jene Teilnahme erwecken, die einzig und allein den sicheren Beifall verbürgt...

Man sollte folglich, wenn man Romane schreiben will, die Natur zu erfassen suchen, man sollte das menschliche Herz, das einzigartigste ihrer Werke, begreifen wollen, keinesfalls aber die Tugend. Denn die Tugend, wie schön und notwendig auch immer sie sei, ist nur eine Äußerung dieses wunderbaren Herzens, das der Roman als dessen treuer Spiegel in allen Zügen zeichnen sollte, und dessen tiefgreifende Erforschung für den Romancier daher so notwendig ist...

Vielleicht sollten wir hier jene neuen Romane analysieren, deren ziemlich einziges Verdienst im Zauberischen und Phantasmagorischen besteht, wobei wir den der bizarren

Einbildungskraft der Radcliffe in jeder Weise überlegenen ›Moine‹[45] obenan stellen würden. Diese Abhandlung würde dadurch jedoch zu lang werden. Wir wollen uns darauf einigen, daß diese Gattung ihre guten Seiten hat, was auch immer man gegen sie einwenden mag: Sie war die unvermeidliche Frucht der in ganz Europa empfundenen Erschütterungen. Für jemanden, der alles Ungemach kannte, das die Bösewichte der Menschheit aufbürden können, wurde es ebenso schwer, Romane zu schreiben, wie es langweilig wurde, sie zu lesen. Denn es gab niemanden, der in vier oder fünf Jahren nicht mehr Unglück ertragen hatte, als der berühmteste Romancier des Jahrhunderts darzustellen vermocht hätte. Infolgedessen mußte man die Hölle zu Hilfe nehmen, um interessante Titel zu erfinden, und man mußte im Reich der Chimären suchen, was man bei der Durchleuchtung der menschlichen Schicksale während dieses ehernen Zeitalters nur zu beiläufig erfahren hätte ...

Bevor wir uns nun unserer dritten und letzten Frage zuwenden: »Welches sind die Gesetze der Kunst des Romanschreibens?«, scheint es mir notwendig zu sein, auf den ständigen Einwand einiger griesgrämiger Gemüter einzugehen, die sich den Anschein einer ihrem Herzen oft sehr fremden Moralität geben und euch ständig mit der Frage behelligen: »Worin besteht der Nutzen der Romane?«

Worin der Nutzen besteht, ihr heuchlerischen und perversen Menschen, die ihr euch als einzige diese lächerliche Frage stellt? Sie dienen dazu, euch so darzustellen, wie ihr seid: als ehrgeizige Individuen, die sich der Feder entziehen wollen, weil sie deren Wirkungen fürchten. Da der Roman ein »Bild der säkularen Sitten« gibt, wenn man so sagen kann, so ist er für den Philosophen, der den Menschen erkennen will, von ebenso großer Bedeutung wie die Geschichte. Denn deren Meißel stellt den Menschen nur dar, wenn er sich nicht verbirgt; dann aber ist er nicht mehr er selber: Ehrgeiz und Hochmut bedecken dann seine

Stirn mit einer Maske, die uns nur diese beiden Laster herweist, nicht aber den Menschen. Die Feder des Romanciers dagegen erfaßt sein Inneres, zeigt ihn, wie er die Maske ablegt. Die Skizze, die da entsteht, ist sowohl viel interessanter als auch zugleich sehr viel wahrer. Hierin besteht der Nutzen des Romans. Kalte Zensoren, die ihr ihn nicht schätzt, ihr ähnelt dem Krüppel, der einmal fragte: »Warum malt man eigentlich Porträts?«

Wenn es also zutrifft, daß der Roman von Nutzen ist, so wollen wir uns nicht scheuen, hier einige Prinzipien zu nennen, die wir zur Vervollkommnung dieser Gattung für notwendig erachten...

Die wesentlichste Erkenntnis, die der Roman erfordert, ist sicher die des menschlichen Herzens. Was diese wichtige Kenntnis betrifft, werden gewiß alle vernünftigen Menschen unserer Meinung sein und versichern, daß man sie nur durch Unglücksfälle und durch Reisen erwirbt. Man muß Menschen aller Nationen gesehen haben, um sie gut zu kennen, und man muß ihr Opfer gewesen sein, um sie einschätzen zu können. Die Hand des Unglücks hebt den Charakter desjenigen, den sie trifft, aus der Masse heraus und rückt ihn in die richtige Entfernung zu den Menschen, die nötig ist, wenn man sie studieren will. Er sieht sie aus diesem Abstand, wie der Schiffbrüchige die aufgewühlten Wellen sich an der Klippe brechen sieht, auf die der Sturm ihn geworfen hat...

O du, der du diese dornenreiche Laufbahn durchmessen willst, verliere nie aus den Augen, daß der Romancier ein Diener der Natur ist: Sie hat ihn geschaffen, damit er ihr Maler sei. Wenn er nicht zum Liebhaber seiner Mutter wird, sobald diese ihn geboren hat, so lasse er das Schreiben: Wir werden ihn nicht lesen. Verspürt er jedoch jenen brennenden Durst, alles darzustellen, öffnet er mit Schaudern den Busen der Natur, um Modelle daraus zu schöpfen und seine Könnerschaft zu üben; hat er das Fieber des Talents und den Enthusiasmus des Genies, so folge er der Hand, die ihn leitet: Er hat den Menschen enträtselt, er wird ihn darstellen können. Von seiner Imagination beherrscht, gebe er ihr nach und verschöne, was er sieht: Ein Tor pflückt eine Rose und entblättert sie; das Genie atmet ihren Duft und zeichnet sie: Die Werke dieses Menschen werden wir lesen.

Doch indem ich dir empfehle zu verschönen, verbiete ich dir, dich von der Wahrscheinlichkeit zu entfernen...

Und noch einmal: Man erwartet nicht von dir, daß du der Wahrheit entsprichst, sondern nur der Wahrscheinlichkeit...

Ersetze jedoch nicht das Wahre durch das Unmögliche, und achte darauf, daß alles, was du erfindest, gut geschrieben sei. Nur in Anbetracht der bestimmten Absicht, auszuschmücken und zu blenden, verzeiht man dir, daß du deine Einbildungskraft an die Stelle der Wahrheit setzt. Man ist niemals berechtigt, sich schlecht auszudrükken, wenn man alles sagen kann, was man will...

Hast du deine Skizze erst einmal aufgezeichnet, so bemühe dich beharrlich darum, sie auszuweiten, ohne dich dabei durch die Grenzen behindern zu lassen, die sie dir zunächst vorzuschreiben scheint. Denn bei dieser Methode würde dein Werk kalt und mager werden. Wir erwarten Anläufe von dir, keine Regeln. Gehe über deine Pläne hinaus, variiere sie, erweitere sie; nur während der Arbeit entstehen Ideen. Warum willst du nicht zugeben, daß der Gedanke, der dir während des Schreibens einfällt, ebensogut ist wie der, den deine Skizze dir vorschreibt?

Im wesentlichen verlange ich nur eines von dir: daß du das Interesse bis zur letzten Seite fesselst. Du verfehlst dein Ziel, wenn du deine Fabel durch Zwischenfälle unterbrichst, die entweder zu häufig wiederholt werden oder nicht zum Thema gehören. Die Episoden, die du dir dennoch einzufügen gestattest, sollen noch sorgfältiger gestaltet sein als das eigentliche Thema: Du bist dem Leser eine

Entschädigung schuldig, wenn du ihn zwingst, das, was ihn interessiert, zugunsten einer Nebenepisode aufzuschieben. Er kann dir gestatten, daß du ihn unterbrichst, doch er wird dir nicht verzeihen, daß du ihn langweilst. Achte darauf, daß deine Episoden immer aus dem Grundthema hervorgehen und dahin zurückkehren. Wenn du deine ›Helden‹ reisen läßt, so kenne das Land, in das du sie führst, und treibe den Zauber so weit, daß ich (der Leser) mich mit ihnen identifiziere. Denke daran, daß ich in allen Regionen, in die du sie versetzt, an ihrer Seite gehe und daß ich, der ich vielleicht besser unterrichtet bin als du, weder eine Unwahrscheinlichkeit in der Darstellung der Sitten noch einen Fehler der Kleidung und noch weniger einen geographischen Irrtum verzeihen werde. Da niemand dich zu diesen Abstechern zwingt, müssen deine lokalen Beschreibungen zutreffend sein; andernfalls solltest du deinen Winkel am Kamin nicht verlassen. In allen deinen Werken ist dies der einzige Punkt, in dem man keine Erfindungen dulden kann, es sei denn, die Länder selbst, in die du mich versetzt, seien erfunden; und auch dann würde ich immer noch Wahrscheinlichkeit verlangen...
Hast du den Zeitpunkt der Auflösung erreicht, so achte darauf, daß sie auf natürliche Weise und niemals gezwungen, niemals gewaltsam herbeigeführt werde, sondern daß sie sich stets aus den Verhältnissen ergebe. Ich verlange nicht von dir – wie die Autoren der Encyclopédie –, daß der Ausgang dem Wunsch des Lesers entsprechen soll. Welches Vergnügen bleibt ihm denn, wenn er alles erraten hat? Die Auflösung soll so sein, wie die Ereignisse sie vorbereitet haben, wie die Wahrscheinlichkeit sie erfordert und wie die Einbildungskraft sie eingibt.
Mit diesen Prinzipien, die zu vervollkommnen ich deinen Geist und deinen Geschmack beauftrage, wirst du, wenn nicht gut, so doch mindestens besser schreiben als wir, denn – man muß es eingestehen – in den folgenden Novellen bleibt der kühne Flug, den wir uns erlaubt haben,

nicht immer im Einklang mit den Regeln der Kunst. Wir hoffen jedoch, daß die extreme Wahrheit der Charaktere vielleicht für diesen Mangel entschädigen wird.

Die Natur, die wunderlicher ist, als die Moralisten sie uns darstellen, überschreitet ständig die Grenzen, die deren Absichten ihr gerne vorschreiben möchten. Einheitlich in ihren Plänen, aber unregelmäßig in ihren Wirkungen, gleicht ihr ewig unruhiger Busen einem Vulkan, aus dem in ständigem Wechsel bald dem menschlichen Luxus dienende Edelsteine, bald Feuersbrünste emporgeschleudert werden, die die Menschen vernichten. Erhaben, wenn sie die Erde mit Menschen vom Schlage des Antonius und des Titus bevölkert, abscheulich, wenn sie Andronizier und Neronen auf sie abládt, bleibt sie doch immer überlegen und majestätisch und stets unserer Studien, unseres Schreibens und unserer respektvollen Bewunderung würdig. Denn ihre Absichten sind uns verborgen, und wir als Sklaven ihrer Launen oder ihrer Bedürfnisse dürfen unsere Empfindungen für sie niemals durch das, was wir auf Grund dieser Launen erdulden müssen, bestimmen lassen, sondern allein durch ihre Energie und ihre Größe, welche Folgen daraus auch immer entstehen mögen.

In dem Maße, in dem eine Nation sich überlebt und ihr Geist in Verfall gerät, muß man diese unter Berücksichtigung der Tatsache, daß die Natur besser analysiert und erforscht worden ist und man die Vorurteile mehr und mehr beseitigt hat, um so gründlicher zur Kenntnis bringen. Dieses Gesetz gilt auch für die Künste: Sie vervollkommnen sich nur in stetiger Entwicklung, und sie gelangen nur durch Versuche zum Ziel. In den entsetzlichen Zeiten der Unkenntnis, in Zeiten, in denen man unter dem Zwang der religiösen Ketten denjenigen zum Tode verurteilte, der die Natur zu kennen und zu beurteilen trachtete, in denen der Scheiterhaufen der Inquisition der Lohn der Talente wurde, hätte man zweifellos nicht so weit gehen können. Aber in unserem gegenwärtigen Zustand wollen wir diesem

Grundgesetz getrost folgen: In unserer Zeit, in der der Mensch alle ihm entgegengerichteten Widerstände untersucht hat, in der sein Auge mit kühnem Blick alle Hindernisse mißt, in der er dem Beispiel der Titanen folgt und es wagt, mit kühner Hand gen Himmel zu greifen, in der er, mit seinen Leidenschaften gewappnet, wie jene einst die Lava des Vesuvs als Waffe hatten, sich nicht mehr scheut, denen den Kampf anzusagen, vor denen er einstmals vor Furcht erzitterte, in der seine Verirrungen ihm nur noch als durch den Stand der Forschungen bedingte Irrtümer erscheinen, soll man in einer solchen Zeit nicht mit dem gleichen Nachdruck zu ihm sprechen, mit dem er selbst sein eigenes Verhalten bestimmt? Ist denn der Mensch des 18. Jahrhunderts noch immer der des 11. Jahrhunderts? ...

Ich muß schließlich auf den Vorwurf eingehen, den man mir machte, als ›Aline et Valcour‹ erschien. Mein Federzug, so sagte man, sei zu stark, ich habe dem Laster zu hassenswerte Züge verliehen. Will man meine Gründe erfahren?

Ich möchte nicht, daß man das Laster liebe, ich habe nicht wie Crébillon und Dorat die gefährliche Absicht, den Frauen Zuneigung zu den Personen einzuflößen, von denen sie betrogen werden. Im Gegenteil, ich will, daß sie diese verabscheuen, denn das ist das einzige Mittel, das sie davor bewahren kann, ihre Opfer zu werden. Um das zu erreichen, habe ich diejenigen meiner Helden, die der Spur des Lasters folgen, so abschreckend gezeichnet, daß sie mit Sicherheit weder Mitleid noch Liebe einflößen werden. Ich wage zu behaupten, daß ich dadurch moralischer wirke als diejenigen, die da glauben, es sei ihnen gestattet, ihre Helden zu verherrlichen. Die verderblichen Werke dieser Autoren gleichen jenen amerikanischen Früchten, die unter den leuchtendsten Farben den Tod in sich tragen. Dieser Verrat der Natur, deren Absicht zu enthüllen uns nicht gegeben ist, steht dem Menschen nicht an.

Darum werde ich niemals – ich wiederhole –, niemals das Laster anders als in den Farben der Hölle darstellen. Ich möchte, daß man es bloßgelegt sehe, daß man es fürchte, daß man es verabscheue, und ich kenne kein anderes Mittel, diesen Zweck zu erreichen, als es mit der ganzen Scheußlichkeit darzustellen, die es kennzeichnet. Unglück über alle, die es mit Rosen umgeben! Ihre Ansichten sind weniger rein, und ich werde ihrem Beispiel niemals folgen ...

Joseph Joubert (1754–1824)

Pensées[46]

Gedanken, Versuche und Maximen

Titel XXVIII

Von der Poesie

[Auswahl]

Was ist denn Poesie? Ich wüßte es nicht in diesem Augenblicke; allein ich behaupte, daß sich in allen vom wahren Dichter gebrauchten Worten für die Augen etwas Phosphorisches (Leuchtendes), für den Geschmack ein gewisser Nektar und für die Aufmerksamkeit ein Ambrosia findet, welches Alles in den anderen Worten nicht enthalten ist. Plato lehrte, daß alles Erschaffene nur aus *einem* Model hervorgegangen sei, der im Geiste Gottes ruht, und den er »Idee« nennt. Die Idee ist dem Bilde, was die Ursache der Wirkung ist. Demnach behauptete dieser Philosoph: da alle Dinge nur Abbild der Idee, das Bild aber Abbild der Gegenstände und die Worte ihrerseits Ausdruck des Bildes

sind, machen alle Dichter, welche auf ihre Kunst so stolz sind, doch nichts Anderes in ihren Dichtungen, als die Nachahmungen einer Nachahmung copiren und sonach etwas Unvollkommenes, weil dieses vom wahren Vorbilde unendlich entfernt und unterschieden ist.
Plato wollte die Poesie verdammen ...
Allein ich will sie vertheidigen und, indem ich in seine Doctrin eingehe, wende ich diese ganz zu Gunsten der Poesie, welche er verbannen wollte, indem er ihr eine Krone reichte.
Ich sage – Plato möge es verzeihen – Alles auf dieser Welt ist mangelhaft und vergänglich, die Formen ausgenommen, welche Abdruck der Idee sind. Was thut aber der Dichter? Mit Hülfe gewisser Lichtstrahlen reinigt und entleert er die Formen von der Materie und zeigt uns das Universum, wie es in der Idee Gottes selbst ist. Er nimmt von allen Dingen nur Das, was sie Himmlisches an sich haben. Seine Mahlerei ist nicht die Nachbildung eines Nachbildes, sondern ein Abguß der Urform, ein hohler Abguß, wenn ich so sagen darf, den man leicht bei sich trägt, der leicht in das Gedächtniß eindringt und in die Tiefen der Seele sich senkt, um in den Augenblicken ihrer Muße deren Entzücken zu machen ...
Der Geist hat an der wahren Poesie nicht Theil; sie ist eine Gabe des Himmels, der sie in uns gelegt hat; sie geht nur aus der Seele hervor; sie kömmt in Träumereien; mag man was immer thun – Überlegung findet sie nie. Der Geist aber bereitet sie vor, indem er der Seele die Gegenstände darbietet, welche das Nachdenken gewissermaßen auffindet.
Regungen und Wissen, diese sind ihr Grund und ihr Stoff. Der Stoff ohne Grund (Veranlassung) dient zu Nichts; der Grund ohne Stoff wäre noch vorzuziehen; eine schöne Anlage, die müssig bleibt, wird wenigstens von Dem empfunden, der sie hat, und macht ihn glücklich ...
Die wohlgeordnete und vom wohlgeordneten Menschen

betrachtete Natur ist die Basis, der Grund und die Wesenheit des poetisch Schönen.

In der Vergeistigung der Ideen ganz besonders besteht die Poesie.

Nichts ist Poesie, was nicht begeistert. Die Lyra ist gewissermaßen ein beflügeltes Instrument ...

Wer nie fromm war, wird nie ein Dichter werden. Selbst das Beispiel Voltaires entkräftet diese Behauptung nicht. Er war einmal Kind und ein Beweis, daß er einmal von religiösen Eindrücken beherrscht war, ist, daß er sein Leben zubrachte, sie wieder hervorzurufen, sie zu schmähen und zu bekämpfen.

Selbst wenn der Dichter von Gegenständen spricht, die er verhaßt machen will, muß sein Styl ruhig, müssen seine Ausdrücke gemäßigt sein; er soll seinen Feind schonen, indem er jene Würde beibehält, die aus dem Frieden einer über Alles erhabenen Seele kömmt. Er möge sich der schönen Worte Lucians erinnern: ..... pacem summa tenent.

... Der wahrhafte Dichter hat Worte, welche seine Gedanken zeigen, Gedanken, die seine Seele darstellen und eine Seele, in welcher sich Alles deutlich mahlt. Er hat einen Geist voll der klarsten Bilder, während der unsere nur mit verworrenen Bezeichnungen angefüllt ist.

Dichter werden mehr von den Bildern als von der Wirklichkeit der Gegenstände selbst begeistert ...

Die anderen Schriftsteller setzen ihre Gedanken vor unsere Aufmerksamkeit hin; die Dichter hingegen prägen die ihrigen in unsere Erinnerung ein. Sie haben eine besonders dem Gedächtnisse befreundete Sprache, und dieß weniger durch ihren Mechanismus als durch ihre Geistigkeit. Aus den Gestalten ihrer Worte und aus den Bildern der von ihnen berührten Gegenstände geht diese Sprache hervor ...

Schöne Verse sind die, welche gleichsam wie Klänge oder Düfte entschweben.

Alle ausgezeichneten Verse sind gleichsam Stegreif-Dichtungen der Muße. Von Solchen, die nicht wie aus sich selbst entstanden und nicht plötzlich aus einem friedlich träumerischen Zustande hervorgegangen sind, könnte man sagen: Prolem sine matre creatam. Sie haben Alle etwas Unvollkommenes und nicht Vollendetes.

Jedes Wort des Dichters bildet einen so klaren Laut und bietet einen so abgerundeten Sinn, daß die dabei mit Entzücken verweilende Aufmerksamkeit sich auch leicht wieder von ihm lostrennen kann, um den kommenden Worten zu folgen, bei denen sie wieder ein anderer Genuß erwartet, nämlich die Überraschung zu sehen, wie mit einem Male gewöhnliche Wörter schön geworden, verbrauchte wieder ihre ursprüngliche Frische erhalten und dunkle mit Klarheit umgeben werden.

Der Vortrag in der Beredsamkeit wälzt seine Fluthen gleich Strömen fort. In der Poesie aber liegt größere Kunst; Wasserfälle, Springquellen, fallende Wasserspiegel, Wortspiele aller Art benützt sie mit Sorgfalt und erhöht deren Reiz durch ihre Mannigfaltigkeit.

Der Charakter der Poesie ist erhabene Klarheit. Die Verse sollen Krystall sein, diaphanisch oder gefärbt: Diaphanisch, insoferne sie uns nur den Blick auf die Seele oder ihre Substanz gewähren sollen; gefärbt, insoferne sie die Leidenschaften, welche die Seele bewegen, mahlen sollen oder die Nüancen, mit welchen der menschliche Geist tingirt ist.

Es gibt Verse, die ihrem Charakter nach dem Mineralreiche anzugehören scheinen: sie sind dehnbar und glänzend; andere dem vegetabilischen: sie haben Saft; wieder andere dem thierischen oder beseelten Reiche: sie haben Leben. Die schönsten sind die, welche Seele haben; sie gehören den drei Reichen an, mehr aber noch der Muse.

Verse lassen sich weder nach Zahl noch Gewicht, sondern nach dem Gehalte abschätzen.

Schöne epische, dramatische, lyrische Dichtungen sind Nichts als die Träume eines wachenden Weisen...

Es gibt Verse, die rasch zu sein scheinen; sie sind aber nur beweglich; sie zeigen mehr eine Bewegung als ein Fortschreiten an; sie haben keine Flügel, sondern Tatzen, Füße, Gliedmaßen, welchen man die Erschütterung ansieht.

Der ernste Vers soll in großem Schritte, nicht trippelnd vorwärts schreiten. Der Schnelligkeit, wenn er sie mahlen will, soll er den Gang Homerischer Götter geben: »Einen Schritt macht er und er kömmt an!« –

In der gewöhnlichen Rede dienen die Wörter dazu, daß man sich der Gegenstände erinnere; ist aber die Sprache eine wirklich poetische, so erinnern die Gegenstände an die Worte.

Eine der vorzüglichsten Ursachen der Verderbtheit und des Verfalles der Poesie ist, daß die Verse nicht mehr für den Gesang gemacht wurden.

Der Gesang ist der natürliche Ton der Einbildungskraft. Man erzählt die Geschichte, singt aber die Fabel; die Vernunft spricht, die Einbildungskraft trillert.

Wenn Maximen und Gesetze eine Art Tactmaas haben, so ist es, weil das Gedächtniß Cadenzen liebt, und die Erinnerung sich im Ebenmaase gefällt.

Der Stoff muß dem Genius des Dichters eine Art phantastischen Aufenthaltsortes anbieten, den er nach Willkür erweitern oder beschränken kann. Ein zu reeller Ort, eine zu historische Bevölkerung halten den Geist gefangen und hemmen seine Bewegungen ...

Jedes umfassende Werk kann nur mit einer gleichmäßigen Ausdauer in Kraft, Bewegung und Aufmerksamkeit zu Stande gebracht werden. Daher kömmt es, daß die Natur selbst will, daß epische Dichtungen in derselben Versart und zwar in jener geschrieben werden, welche, um gut gemacht zu werden, unter allen übrigen am meisten innere Ruhe und Weisheit erfordert.

Zum Erfolg eines epischen Gedichtes ist es nothwendig, daß die Hälfte der Gedanken und des Gegenstandes schon im Kopfe der Leser sei.

Der Dichter muß es mit einem Publicum zu thun haben, welches neugierig ist, Das zu erfahren, was er selbst zu erzählen begierig ist.

So nur haben Leser und Verfasser eine gleich epische Capacität, unerläßliche Vorbedingung oder Verbindung.

Wer die Poesie nicht in sich trägt, findet sie nirgends.

Die Poesie construirt mit geringem Stoffe: mit Blättern, Sandkörnern, mit Luft – mit Kleinigkeiten.

Allein, mag er durchsichtig oder fest, dunkel oder leuchtend, dumpf oder tönend sein – der poetische Stoff soll immer in künstlerischer Weise bearbeitet werden.

Der Dichter kann also aus Luft oder aus Metallen, aus Licht oder Tönen, aus Eisen oder Marmor, selbst aus Ziegelstein oder Thon construiren: immer wird er ein gutes Werk herstellen, wenn er es versteht, die Einzelnheiten auszuschmücken, das Ganze architektonisch zu behandeln.

Die Worte werden erleuchtet, wenn der Finger des Dichters seinen Phosphor in sie überströmen läßt.

Die Worte der Dichter behalten einen Sinn, selbst wenn sie von anderen losgetrennt werden, und sie gefallen auch vereinzelt wie schöne Klänge. Man könnte sagen: leuchtende Worte, Worte von Gold, Perlen, Diamanten oder Blumen.

Poetisch werden Worte nur durch den warmen Hauch der Seele, oder durch ihren Athem befeuchtet.

Ähnlich dem Honigbehältnisse der Biene, welches Blumenstaub in Honig verwandelt, oder jener Tinctur, welche Blei in Gold verwandelt, hat der Dichter einen Hauch, der die Worte anschwellt, sie leicht macht und tingirt. Er weiß, worin der Reiz der Worte besteht und durch welche Kunst man aus ihnen Zauberpaläste erbaut.

Anne Louise Germaine Baronne de Staël-Holstein
(1766–1817)

De l'Allemagne (1810–1813)[47]

Deutschland

Teil I

Allgemeine Bemerkungen

Der Ursprung der vornehmsten Völker Europa's läßt sich auf drei verschiedene Hauptstämme zurückbringen: auf den lateinischen, den deutschen und den slavischen Stamm. Von den Römern erhielten ihre Ausbildung und ihre Sprache die Italiener, Franzosen, Spanier und Portugiesen; die Deutschen, Schweizer, Engländer, Schweden, Dänen und Niederländer sind teutonischen Ursprungs; unter den slavischen Stammvölkern nehmen die Polen und Russen die ersten Stellen ein. Die Völkerschaften, deren Geistesentwickelung lateinischen Ursprungs ist, erhielten dadurch einen Vorsprung vor den übrigen, und haben im Ganzen von ihren Ahnherren, den Römern, eine scharfsinnige Gewandtheit in Führung der Welthändel geerbt. Der Gründung des Christenthums gingen bei ihnen bürgerliche Einrichtungen voraus, die sich aus der heidnischen Religion herschrieben; und als späterhin die nordischen Völker sie unterjocht hatten, nahmen eben diese Völker, in mancherlei Hinsicht, die Sitten der eroberten Länder an.

Allerdings wurde diese allgemeine Bemerkung durch Clima, Regierungsart und Geschichtsfolge jeder dieser Länder bestimmt und beschränkt. So hat z. B. die geistliche Gewalt in Italien unvertilgbare Spuren zurückgelassen; so sind die kriegerischen Gewohnheiten, der unternehmende Geist der Spanier, Folgen der langen Kriege dieses Volks mit den Arabern. Gleichwohl trägt, im Allgemeinen, derjenige Theil von Europa, dessen Sprachen von der lateinischen abstammen, und welcher frühzeitig in die römische Politik eingeweiht wurde, die Spur einer ältern, ursprünglich heidnischen Ausbildung. Man sieht ihm weniger, als den germanischen Stammvölkern, die Neigung zu abstracten Ideen an; er giebt sich williger irdischen Vortheilen, irdischen Vergnügungen hin; und vor allen verstehen sich diese Völker, wie ihre Vorbilder, die Römer, ausschließlich auf die Herrschkunst.

Von jeher widerstanden die germanischen Völkerschaften dem Joche der Römer; sie erhielten ihre Ausbildung in spätern Zeiten, und allein vom Christenthum; gingen unmittelbar von einer Art von Wildheit zur christlichen Geselligkeit über; in die Ritterzeiten, in den Geist des Mittelalters fallen ihre lebendigsten Erinnerungen; und haben gleich die Gelehrten dieser Länder, mehr noch als die von Rom abstammenden Völker, sich die griechischen und römischen Schriftsteller eigen gemacht, so athmet doch in den deutschen Werken mehr ein natürlich-alter Urgeist, als der Geist des Alterthums. Ihre Einbildungskraft verweilt gern in alten Schlössern und Thürmen, mitten unter Kriegern, Hexen und Gespenstern; tiefe, einsame Träumereien sind die Grundfarbe, der Hauptreiz ihrer Dichtungen.

Die Analogie unter den teutonischen Völkerstämmen ist unverkennbar. Zwar verdanken die Engländer ihrer Constitution eine gesellschaftliche Würde, die sie über ihre Mitnationen erhebt; gleichwohl finden sich bei sämmtlichen Völkern germanischen Ursprungs die nämlichen Grundzüge wieder. Von jeher zeichneten sie sich durch Unabhängigkeit und Rechtlichkeit aus; von jeher waren sie bieder und treu; und vielleicht sind es gerade diese Eigenschaften, die ihren Schriften einen Anstrich von Schwermüthigkeit mittheilen; denn ist es nicht das Schicksal ganzer Nationen, wie einzelner Menschen, für ihre Tugenden zu büßen?

Die Ausbildung der slavischen Stämme mußte, da sie später und eilfertiger erfolgte, als die der übrigen Völker, zur

Folge haben, was man bis jetzt an derselben bemerkt: mehr
Nachahmung als Originalität. Das Europäische dieser Völker ist französisch; das Asiatische zu wenig entwickelt, als
daß ihre Schriftsteller den wahren, ihnen angestammten
Character zur Schau tragen könnten.

Folglich giebt es im literarischen Europa nur zwei sehr
deutliche Hauptabtheilungen, nämlich: die den Alten
nachgeahmte Literatur, und die, welche dem Geiste des
Mittelalters ihr Entstehen verdankt; jene, die ihre ursprüngliche Farbe, ihren ursprünglichen Reiz vom Heidenthume
herleitet, und diese, deren Impuls und Entwickelung einer
wesentlich-spiritualistischen Religion angehören.

Man könnte mit Recht behaupten, daß die Franzosen und
die Deutschen an den beiden äußersten Enden der moralischen Kette stehen, da jene die äußeren Gegenstände als
den Hebel aller Ideen annehmen, und diese die Ideen für
den Hebel aller Eindrücke halten. Denn obschon beide
Nationen in den gesellschaftlichen Verhältnissen ziemlich
nachbarlich übereinstimmen, so giebt es doch einen himmelweiten Unterschied zwischen ihnen, sobald es auf literarische und philosophische Systeme ankommt. Das intellectuelle Deutschland kennt man in Frankreich beinahe gar
nicht; nur wenig dortige Gelehrte haben sich dieser Forschung unterzogen, obschon derer, die das gelehrte Deutschland *beurtheilen*, weit mehr sind. Jener leichte unterhaltende Ton, mit welchem man über das abspricht, was man
nicht weiß, kann seine Eleganz haben, so lange man spricht,
verliert sie aber, sobald man schreibt. Die Deutschen begehen oft den Fehler, was in die Bücher gehört, zum
Gegenstand der Unterhaltung zu machen; die Franzosen
verfallen nicht selten in den entgegengesetzten Fehler; sie
geben uns zu lesen, was bloß zum Hören sich eignete. Sie
haben, mit einem Worte, dergestalt alles Oberflächliche
erschöpft, daß sie, dünkt mich, der Unterhaltung, und vor
allem, der Abwechselung wegen, es einmal mit der Tiefe
versuchen sollten ...

Teil II

Kap. 1. Warum lassen die Franzosen der deutschen Literatur nicht Gerechtigkeit widerfahren?

... In Deutschland giebt es über nichts feste Geschmacks-Regeln, alles ist da unabhängig, alles individuell. Man urtheilt über ein Werk immer nur nach dem Eindrucke, den es macht, niemals nach Regeln, weil es keine allgemein geltende giebt; jedem Autor steht es frei, sich eine neue Sphäre zu bilden. In Frankreich wollen die meisten Leser nie auf Kosten ihres literarischen Gewissens gerührt, nicht einmal unterhalten seyn, dort hat der Scrupel sein Reich. Ein deutscher Autor bildet sein Publicum, in Frankreich gebeut das Publicum den Autoren. Da in Frankreich die Zahl der Menschen von Geist (esprit) viel größer ist, als in Deutschland, so imponirt dort auch das Publicum weit mehr, während deutsche Schriftsteller, unendlich hoch über ihren Richtern stehend, sie beherrschen, statt von ihnen Gesetze zu empfangen. Daher entsteht es, daß diese Schriftsteller selten durch die Critik vervollkommnet werden; keine Ungeduld von Lesern oder Zuschauern nöthigt sie, schleppende Stellen aus ihren Werken zu streichen, und selten nur halten sie zur rechten Zeit inne, indem ein Autor fast nie seiner eigenen Gebilde überdrüssig wird, und folglich nur durch seine Leser erfahren kann, daß der Augenblick da sey, wo sie nicht mehr interessiren. Franzosen denken und leben nur in Andern, wenigstens in Beziehung der Eigenliebe, und man merkt es den meisten ihrer Werke an, daß ihr Hauptzweck nicht der Gegenstand ist, den sie abhandeln, sondern der Effect, den sie hervorbringen. Der französische Schriftsteller sieht sich immer in der Gesellschaft, selbst wenn er schreibt, und verliert nie die Critiken, die Spötteleien, den Modegeschmack, kurz die literarische Autorität, aus den Augen, unter welcher er in der oder jener Epoche lebt.

Die erste Bedingung des Schreibens ist, stark und lebhaft zu empfinden. Wer bei einem Andern studieren muß, was er versuchen dürfe und was ihm zu sagen erlaubt sey, der existirt, literarisch betrachtet, gar nicht. Allerdings haben unsre Schriftsteller von Genie (und welches Land zählt deren wohl mehr als Frankreich?) sich nur in Fesseln geschmiegt, die ihrer Eigenthümlichkeit keinen Eintrag thaten; aber man muß beide Länder in Massen und in der gegenwärtigen Zeit vergleichen, um einzusehn, worin die Schwierigkeit begründet sey, sich wechselseitig zu verstehen.
In Frankreich liest man selten ein Buch aus anderm Grunde, als um darüber zu sprechen; in Deutschland, wo man fast einsam lebt, will man, daß das Werk Gesellschaft leiste: aber in welches gesellige Verkehr der Seele kann man wohl mit einem Buche treten, welches selbst nur der Wiederhall der Gesellschaft ist? In der Stille der Abgeschiedenheit erscheint nichts trauriger, als der Geist der Weltlichkeit. Der Mensch in der Einsamkeit bedarf einer Anregung des Innern, um die äußere Bewegung zu ersetzen, die ihm mangelt.
Klarheit gilt in Frankreich für eins der hauptsächlichsten schriftstellerischen Verdienste: es kommt vor allen Dingen darauf an, daß man bei einem Werke keine Mühe nöthig habe, und bei der Morgenlectüre aufhasche, womit man Abends in der Gesellschaft glänzen kann. Die Deutschen sehen dagegen ein, daß Klarheit immer nur ein relatives Verdienst, und ein Buch bloß klar genannt werden kann, in Beziehung seines Inhalts und seiner Leser. Montesquieu ist nicht so leicht verständlich als Voltaire, und dessen ungeachtet ist er so lichtvoll, als der Gegenstand seiner Untersuchungen es gestattet. Allerdings ist es nothwendig, Licht in die Tiefe zu bringen; aber wer sich bloß an die Grazien des Verstandes, oder an ein Spiel mit Worten hält, kann viel sicherer darauf rechnen, verstanden zu werden; wer keinem Mysterium nahe tritt, wie könnte der dunkel

seyn? Die Deutschen, gerade auf die entgegengesetzte Weise fehlend, gefallen sich in Dunkelheiten: oft hüllen sie, was klar am Tage lag, in Nacht, bloß um den geraden Weg zu meiden; sie haben einen solchen Widerwillen gegen gewöhnliche Gedanken, daß, wenn sie sich genöthigt sehn, sie niederzuschreiben, sie sie mit einer abstracten Metaphysik umgeben, die sie neu scheinen läßt, bis man sie erkennt. Die deutschen Schriftsteller geniren sich nicht mit ihren Lesern; da ihre Werke wie Orakelsprüche aufgenommen und ausgelegt werden, so können sie sie in so viel Wolken hüllen, als ihnen gefällt; die Geduld, dies Gewölk zu zerstreuen, fehlt niemals, aber am Ende muß sich dahinter doch eine Gottheit zeigen, denn, was die Deutschen am wenigsten dulden, ist getäuschte Erwartung: ihre Anstrengung und Ausdauer machen ihnen große Resultate zum Bedürfniß. Sind in einem deutschen Werke nicht starke und neue Gedanken, so wird es bald der Verachtung preis gegeben, und wenn das Talent auch alles verzeihlich macht, so haben in Deutschland die verschiedenartigen Künste, durch die man Talent zu ersetzen sucht, keinen Werth.

Die Prosa wird bei den Deutschen häufig zu sehr vernachläßiget. Man legt in Frankreich viel größeres Gewicht auf den Stil, als in Deutschland: eine natürliche Folge des Interesse, das man am Sprechen nimmt, und das dieses für ein Land haben muß, wo die Geselligkeit allein herrscht. Es ist nur ein wenig Verstand nöthig, um über die Richtigkeit oder Schicklichkeit einer Phrase zu urtheilen, aber viel Aufmerksamkeit und Studium, um das Ganze und den innern Zusammenhang eines Werks zu fassen. Ferner geben einzelne Ausdrücke einen viel reicheren Stoff zum Spotte, als Gedanken, und bei allem was Worte betrifft, lacht man, bevor man nachdenkt. Doch läßt sich nicht läugnen, daß die Schönheit des Stils keinesweges ein bloß äußerlicher Vorzug ist: denn wahre Empfindungen geben fast immer die edelsten und richtigsten Ausdrücke ein, und wenn man gegen den Stil eines philosophischen Werks nachsichtig seyn darf, so hat ein Werk der schönen Künste nicht gleichen Anspruch; in dieser Sphäre gehört die Form eben so wohl der Seele an, als der Inhalt.

Die dramatische Kunst bietet ein auffallendes Beispiel der bestimmten Eigenschaften beider Völker dar. Was Handlung, Intrigue, Interesse der Begebenheiten betrifft, das verstehen die Franzosen tausendfach besser aufzufassen und zu verbinden; die Entwickelung von Herzens-Eindrücken, und die geheimen Stürme starker Leidenschaften werden dagegen von den Deutschen viel tiefer ergründet. Wenn die vorzüglichen Menschen beider Länder den höchsten Grad der Vollkommenheit erreichen sollten, müßten die Franzosen religiös, die Deutschen ein wenig weltlich werden. Die Frömmigkeit arbeitet der Seelen-Zerstreuung entgegen, die zu gleicher Zeit der Hauptfehler und das Angenehmste der Franzosen ist, und die Kenntniß der Menschen und der Gesellschaft würde den Deutschen in literarischer Hinsicht den Geschmack und die Gewandtheit, die ihnen mangelt, geben. Die Schriftsteller beider Länder sind ungerecht gegen einander, die Franzosen jedoch schuldiger in dieser Hinsicht als die Deutschen; sie urtheilen ohne gehörige Kenntniß, oder untersuchen, nachdem sie schon eine Parthie ergriffen; die Deutschen sind unpartheiischer. Bei ausgebreiteten Kenntnissen läßt man so viel verschiedne Arten, die Dinge zu sehn, an sich vorübergehn, daß der Geist dadurch die Duldung gewinnt, die eine Frucht der Universalität ist.

Die Franzosen würden indeß mehr dabei gewinnen, wenn sie das Genie der Deutschen begreifen lernten, als die Deutschen bei der Unterwerfung unter den französischen guten Geschmack. Alle neuern Versuche, die französische Regelmäßigkeit mit etwas fremder Würze zu versetzen, sind mit rauschendem Beifall aufgenommen worden. J. J. Roußeau, Bernardin de Saint Pierre, Chateaubriand, sind in einigen ihrer Werke, selbst ohne es zu wissen, aus der deutschen Schule, das heißt, schöpfen ihr Talent nur aus der Tiefe ihrer Seele. Wollte man dagegen die deutschen Schriftsteller nach den Verbots-Gesetzen der französischen Literatur regeln, so würden sie nicht wissen, wie durch alle diese Klippen zu steuern sey, sich nach dem offnen Meere zurücksehnen, und ihren Geist eher verwirrt als belehrt finden. Es folgt hieraus nicht, daß sie alles wagen sollen, und zuweilen nicht wohl thäten, sich Gränzen zu setzen, aber es kommt hier darauf an, daß man ihnen nach ihren eignen Ansichten den Platz anweise. Man muß, um sie dahin zu bringen, gewisse Beschränkungen anzunehmen, auf den Grund dieser Beschränkungen zurückgehen, ohne sich jedoch der Autorität des Lächerlichen zu bedienen, gegen welche sie durchaus rebellisch sind.

Geniale Menschen aller Länder sind geeignet, sich zu verstehen und zu schätzen, aber der große Haufen der deutschen und französischen Schriftsteller und Leser erinnert an Lafontaines Fabel von dem Storch, der nicht aus der Schüssel, und dem Fuchs, der nicht aus der Flasche essen kann. Der vollkommenste Widerspruch zeigt sich zwischen den Geistern, die die Einsamkeit entwickelt, und denen welche die Gesellschaft bildet. Eindrücke der Außenwelt und Sammlung des Gemüths, Menschenkenntniß und Studium abstracter Ideen, Praxis und Theorie, geben ganz entgegengesetzte Resultate. Literatur, Künste, Philosophie und Religion der beiden Völker sind Beweise dieser Verschiedenheit; und der Rhein, als ewige Gränze, scheidet zwei geistige Regionen, die nicht minder, als die beiden Länder, eine der andern fremd sind.

Anhang

Anmerkungen

1 In *L'Art de dictier* erweist sich Deschamps mit seinen Anleitungen für Gedichte in fester Form und für komplizierte Reimspiele einerseits als seiner – spätmittelalterlichen – Zeit zugehörig, andererseits kann er jedoch als ein Vorläufer jener Dichter des 16. Jahrhunderts gelten, die die neuplatonische Inspirationstheorie vertreten.

2 Zur Sechstonskala vgl. ›Hexachord II‹ in: Die Musik in Geschichte und Gegenwart VI, Kassel, Basel u. London 1957, Sp. 352–358 (Martin Ruhnke).

3 Die zuerst (1532) erschienene Erzählung *Pantagruel, Roy des Dipsodes*, die den auszugsweise wiedergegebenen Brief enthält, wurde nach der 1534 erfolgten Veröffentlichung des Gargantua-Bandes zum zweiten Buch des Gesamtwerks.

4 Um Peletier in der Anthologie nicht an zwei verschiedenen Stellen erscheinen zu lassen, wurden die Auszüge aus seinen zwei Schriften unmittelbar aneinander angeschlossen. Ihren besonderen Wert und ihre Originalität kann der Leser jedoch nur erkennen, wenn er sich der Tatsache bewußt ist, daß die Vorrede zur Horaz-Übersetzung etwa fünf Jahre vor der Veröffentlichung des Pléiade-Manifests und die Poetik mehrere Jahre danach erschienen ist.

5 Im Lateinischen wurde anstelle des Wortes *ars* (Kunst) auch *virtus* (besonders der Plural *virtutes*) verwandt.

6 Du Bellay übernimmt das ital. Wortspiel *traduttore: traditore*.

7 Vom 16. bis zum 18. Jahrhundert haben einzelne französische Dichter den Versuch gemacht, eine reimlose oder gereimte quantitierende Versdichtung zu schaffen. Der Konsequenteste war der Pléiade-Dichter Jean-Antoine de Baïf (1532 bis 1589). Er hat sich nicht nur darum bemüht, alle ihm bekannten antiken Metren auf französische Verse zu übertragen, sondern auch einen – verlorengegangenen – Traktat darüber geschrieben.

8 *Jeux Floraux* (Blumenspiele) und *Puy* (von lat. *podium*): in Toulouse heute noch, in Rouen damals regelmäßig stattfindende poetische Wettkämpfe.

9 »*Im* Ton der Laute«, nicht »*zum* Ton der Laute«, vgl. hier-

zu auch am Ende dieses Kapitels »im Ton des Dudelsacks«.
Du Bellay spricht nicht von begleitetem Gesang, sondern von
einer durch die genannten Instrumente gekennzeichneten
Stillage der Verse.

10 Gedichte von Zeitgenossen Du Bellays.

11 Kleine Verswerke, in denen in scheinbar oder wirklich unzusammenhängender Form Zeit- und Tagesereignisse kritisiert werden. Clément Marot (1496–1544) hatte diese Gattung berühmt gemacht. Die Bezeichnung ist von der Redensart *sauter du coq à l'âne* (wörtlich: vom Hahn auf den Esel springen; übertragen: Gedankensprünge machen) übernommen.

12 Giovanni Gioviano Pontano (gest. 1503) und Johannes Secundus (Pseudonym für Jan Everaerts; gest. 1536) waren neulateinische Dichter.

13 Wenn das Wort, das die tontragende, den ersten Versteil abschließende Silbe enthält, »weiblich«, d. h. auf tonloses -e endete (z. B. monde, il loue), mußte auch schon im 16. Jahrhundert dieses Endungs-e elidiert werden können, was nur möglich ist, wenn das folgende Wort vokalisch anlautet. Diese – schlecht so benannte – »weibliche Zäsur« schränkt die Freiheit des Dichters also zusätzlich ein.

14 Bei der Übersetzung mußte klargemacht werden, daß es sich hier um spontane Substantivierung von Adjektiven, also um Neuprägungen handelt, die im Deutschen durch Neutra wiederzugeben sind.

15 Eine etwa wörtliche, die Silbenzahl einhaltende Übersetzung ergäbe: »Es sei, daß du / den sichereren zeigst« (4 + 6). – Eine klarere Formulierung dieses Verbots der Zäsurverschleifung findet sich bei Ronsard, *Kleine französische Poetik*, im Abschnitt ›Von den gewöhnlichen Versen‹ (s. hier S. 89).

16 Wie bewußt sich die Dichter dieser Zeit der Funktion waren, die der Klang im poetischen Werk hat, bezeugt auch Ronsard in der *Kleinen französischen Poetik* am Ende des Abschnitts ›Von den anderen Versarten‹ (s. hier S. 90 f.) und, besonders dringlich, am Schluß der in dieser Anthologie nicht erscheinenden ersten Vorrede zur *Franciade* (1572): »Flehentlich bitte ich dich nur um eines, Leser: daß du meine Verse gut sprechen und deine Stimme der in ihnen enthaltenen Empfindung angleichen wollest und sie nicht, wie manche es

Anmerkungen

tun, so lesen mögest, als handele es sich um irgendeine Mitteilung oder ein königliches Dekret anstatt um eine gut vorzutragende Dichtung. Und noch um dieses bitte ich dich inständigst: wo du das Zeichen ! siehst, wolle den Ton deiner Stimme etwas erhöhen, um dem, was du liest, Schönheit zu verleihen.«

17 Die in Antikyra wachsende Nieswurz galt als erfolgreiches Mittel gegen den Wahnsinn.
18 François Rabelais.
19 Der hier beginnende Text ist dem »Vom H« überschriebenen Abschnitt entnommen.
20 Zur Bezeichnung »Vers héroïques« vgl. oben Du Bellay, Manifest Buch II, Kap. 4 und unten Ronsard, Franciade-Vorrede, Anfangszeilen.
21 Auszug aus dem letzten Abschnitt der *Kleinen französischen Poetik*, der »Von den persönlichen Formen der französischen Verben und von der Orthographie« überschrieben ist.
22 Diese allgemein als zweite bezeichnete Vorrede zur *Franciade* ist in Wahrheit die dritte, die erstmalig in der postum (1587) veröffentlichten Gesamtausgabe der Werke Ronsards erschien. Ronsard, der möglicherweise die Absicht hatte, eine weitere, diesmal besonders der epischen Dichtung geltende Poetik zu schreiben, hatte nur lose Aufzeichnungen hinterlassen, die von den Nachlaß-Ordnern in die Form dieser »Vorrede« gebracht wurden. Die Geschichte ihres Zustandekommens mag eine Erklärung für die in diesem Text festzustellenden, oft übermäßig elliptischen Formulierungen, die Wiederholungen und den – stärker noch als in der *Kleinen französischen Poetik* – auffallenden Mangel an Gliederung sein.
23 Aus diesen Bemerkungen geht hervor, daß Ronsard die Poetik des Aristoteles und auch dazu erschienene Kommentare gekannt hat.
24 *Le Roman de la Rose*, Teil I von Guillaume de Lorris und Teil II von Jean de Meung, 13. Jahrhundert.
25 Von der großen Zahl der Aussagen Montaignes über die Sprache als Verständigungsmittel seiner Zeit, als Instrument der Schriftsteller und Dichter wie auch für ihn selbst können hier nur wenige wiedergegeben werden. Da in den übersetzten Auszügen alle drei Abfassungsphasen vertreten

sind – vom Beginn seines Schreibens vermutlich gegen 1572 bis zu den nach seinem Tod (1592) aufgefundenen handschriftlichen Zusätzen –, ist eine Textdatierung nicht möglich.

26 Die Vorrede zu *Silvanire* enthält nicht, wie man es öfter lesen kann, den ersten französischen Beitrag zur Diskussion über die »Einheiten«. Sie ist es jedoch wert, hier in Auszügen wiedergegeben zu werden, und zwar nicht nur, weil Mairet darin die damals bekannten Argumente für und gegen die Einheiten aufführt und schon die sich später aus der Zeitregel ergebende Ablehnung des Ortswechsels andeutet, sondern auch deshalb, weil in allen Arbeiten, die sich mit dieser Frage befassen, die Vorrede genannt, aber aus ihr kaum je ein Wort zitiert wird.

27 Synesios, griechischer Rhetor, Dichter und Philosoph (Kyrene um 370 bis um 415), später Bischof von Ptolemais; in: *In Calvit. encom.*, Paris 1612, S. 72.

28 Die drei Traktate erschienen, jeder mit eigenem Titel, in Corneilles Sammelausgabe seiner Theaterstücke von 1660, jeweils einen der drei Bände einleitend. Außerdem hatte Corneille zu jedem Stück eine kritische Untersuchung (*Examen*) geschrieben, die eine Ergänzung der Traktate darstellen. – Wo Corneille – in einer oft mit modernen Deutungen nicht ganz übereinstimmenden Form – Aristoteles zitiert, ist in Klammern die Nummer des *Poetik*-Paragraphen beigefügt.

29 Vgl. Anm. 28.

30 Was Corneille über den Unterschied zwischen Tragödie und Komödie hier weiter ausführt, erscheint weniger wichtig, verglichen mit seinen bereits Vorstellungen der Theaterreformer des 18. Jahrhunderts vorwegnehmenden Gedanken zu dieser Frage, die er im Brief an M. de Zuylichen ausspricht, der der »Heroischen Komödie« *Don Sanche* (veröffentlicht 1650) vorangestellt ist:

»Dieses Stück gehört einer neuen Art an, für die es bei den Alten kein Beispiel gibt ... Ich muß Ihnen gestehen, daß, als es fertig war, ich mir nur schwer darüber klarwerden konnte, wie ich es nennen sollte. Ich konnte mich durchaus nicht dazu entschließen, es als Tragödie zu bezeichnen, da es dieses Namens nur durch die darin auftretenden Personen [fürstlichen Ranges] würdig wäre. Das hätte dem braven Plautus genügt... [Corneille resümiert des Plautus Argumente im Prolog zu *Amphitryon* für die Bezeichnung »Tragikomödie«, die, von diesem geschaffen, dem Stück zukomme.] Aber das heißt zu viel Rücksicht auf die Personen nehmen und zu wenig die Handlung beachten. Aristoteles verhält sich anders bei seiner Definition der Tragödie, in welcher er beschreibt, welche Eigenschaften die Handlung haben und welche Wirkung sie hervorbringen soll, und überhaupt nichts von den Personen sagt (VI)... Wo er jedoch selbst die Eigenschaften untersucht, die der tragische Held haben muß, erwähnt er dessen Geburt gar nicht... Er will einen Menschen, der weder ganz schlecht noch völlig gut sei; er will, daß er von einer ihm ganz nahe stehenden Person bedroht werde; er will, daß er in Gefahr sei, durch eine Hand zu sterben, die verpflichtet wäre, ihn am Leben zu erhalten (XIII und XIV). Und ich kann nicht einsehen, daß solches nur einem Fürsten geschehen könnte und daß jemand von geringerem Rang vor diesen Übeln bewahrt sei... Ich verstehe nicht, was die Tragödie daran hindern könnte, sich in einen niederen Bereich zu begeben, wenn sich dort Dinge ereignen, die es wert sind, von ihr nachgeahmt zu werden... Und ich gehe noch weiter: die Tragödie soll Mitleid und Furcht erregen... Wenn es gewiß ist, daß die letztgenannte Empfindung nur dann in uns erwacht, wenn wir Menschen leiden sehen, denen wir ähnlich sind, ... ist es dann nicht auch gewiß, daß sie durch den Anblick von Schicksalsschlägen, die Menschen unseres Standes, denen wir in allem gleichen, treffen, stärker erregt werden könnte als durch die Darstellung von Ereignissen, die die mächtigsten Fürsten von ihren Thronen stürzen lassen, mit welchen wir gar nichts gemeinsam haben außer der Möglichkeit, von den Leidenschaften erfaßt zu werden, die sie in diesen Abgrund geschleudert haben: was sich aber nicht immer ergibt? Sollten Sie diesen Überlegungen einige Berechtigung zugestehen und es nicht mißbilligen, wenn man eine Tragödie schriebe, deren Begebenheiten sich zwischen Personen mittleren Standes abspielen, sofern deren Heimsuchungen der Würde der Tragödie entsprechen, dann bitte ich Sie, analog dazu daraus folgern zu dürfen, daß wir eine Komödie schreiben können, die sich zwischen Personen höchsten Ranges abspielt, wenn wir eine Begebenheit dafür wählen, die deren Grenze nicht überschreitet.«

31 Als Ergänzung zu den hier nur kurzen Bemerkungen Corneilles zur Sprache in der Tragödie seien die letzten Zeilen des *Examen* zu *Cinna* zitiert: »[Die Notwendigkeit längerer Berichte über die Vorgeschichte der aufgeführten Handlung] ist für den Dichter verwickelter Stücke ... eine Belastung. In den einfachen gibt es sie nicht: während aber jene [die verwickelten] ohne Zweifel mehr Geist fordern für die Erfindung und ein größeres Können für die Durchführung, verlangen die anderen, da ihnen vom Stoff her nicht die gleiche Hilfe zuteil wird, mehr Kraft in den Versen, Gedanken und Empfindungen, die ihnen Halt gibt.« Ein Vergleich mit dem, was Racine (s. S. 169) in der Vorrede zu *Bérénice* über die gleiche Frage sagt, ist aufschlußreich.

32 Die Auszüge sind nur dem letzten Drittel dieses Traktats entnommen, da das übrige eine sehr gründliche Kenntnis nicht nur der Poetik des Aristoteles und der Literatur über den Katharsissatz voraussetzt, sondern auch des Inhalts vieler Stücke von Corneille und einiger seiner Zeitgenossen.

33 Im vorangehenden Abschnitt spricht Corneille über einzelne seiner Stücke, in denen er von Mythen und Geschichte überlieferte, besonders grausame Taten zur Schonung des Publikums abgemildert hat.

34 Die deutsch »Zwischenmusik« genannte Einlage zwischen den Akten hieß kurz »les violons«.

35 Die erste Aufführung von *Bérénice* fand 1670 statt, die Erstveröffentlichung 1671.

36 I, 56: »Ce ne sont que festons, ce ne sont qu'astragales« ist ein vielzitierter Vers, mit dem alle Arten von überreicher Verzierung, auch der Rede, gegeißelt werden.

37 Die Académie Française erteilte ihren Mitgliedern in der Sitzung vom 25. November 1713 den Auftrag, die Aufgaben zu spezifizieren, die nach Fertigstellung des *Dictionnaire* in Angriff genommen werden sollten. Es handelte sich insgesamt um eine Grammatik, eine Rhetorik, eine Poetik und eine Geschichte. Auch Fénelon bezog Stellung. Seine Antwort auf die Anfrage der Akademie (*Réflexions sur la*

Grammaire, la Rhétorique, la Poétique et l'Histoire, gewöhnlich kurz *Lettre à l'Académie* genannt), der die vorliegende Textstelle entnommen ist, traf im Frühjahr 1714 bei der Akademie ein und wurde am 26. Mai 1714 verlesen. Die definitive Fassung datiert vom 25. Oktober 1714 und wurde 1716 zum ersten Mal, ein Jahr nach dem Tod des Autors, gedruckt.

38 Im Jahr 1746 erschien anonym ein Band *Maximes* von Vauvenargues, der außerdem einige andere Schriften enthielt. Diese Publikation wurde von der Kritik kaum zur Kenntnis genommen, weshalb der Autor 1747 eine zweite Ausgabe der *Maximes* folgen ließ (^{3}1781). 1797 gab der Marquis Fortia d'Urban eine zweibändige Ausgabe heraus, die auch einige Inedita, darunter die Fragmente, umfaßte. Die Ausgabe, auf der die späteren aufbauen, erschien 1804 und leitete die eigentliche Vauvenargues-Kritik ein. Die erste kritische Ausgabe, die noch heute grundlegend ist, besorgte D.-L. Gilbert (Paris 1857) nach einem Manuskript, das 1871 beim Brand des Louvre vernichtet wurde.

39 Ramler folgend wird für *nombre*, dessen Bedeutungsfülle kein deutsches Wort entspricht, das lateinische *numerus*, das nicht nur »Zahl«, sondern unter anderem auch »Takt, Versfuß, Harmonie« und vor allem »Rhythmus« bedeutet, gesetzt.

40 Die *Unterredungen* bedürfen einiger einführender Erklärungen. Diderot gibt vor, daß die im *Natürlichen Sohn* dargestellten Ereignisse wirklich stattgefunden hätten. Dorval, die Hauptperson im Stück wie auch in den »Unterredungen«, habe sie in Form einer Komödie aufgezeichnet, die – im Beisein des als *Ich* auftretenden Gesprächspartners Diderot – von den an den Geschehnissen Beteiligten aufgeführt worden sei. Bei Lessing fehlt die bei Diderot über den einzelnen Gesprächsbeiträgen stehende Nennung des Sprechers (Moi–Dorval); die Äußerungen des Moi sind durch Anführungszeichen gekennzeichnet. Vom Stück braucht der Leser der Auszüge nur das Gerüst zu kennen: Dorval, der »natürliche Sohn« – ein Melancholiker, der unter den Umständen seiner Geburt leidet –, ist Gast im Hause seines Freundes Clairville. Der Konflikt ergibt sich aus der Neigung, die, ohne Wissen Clairvilles, zwischen dessen Verlobter Rosalie und

Dorval zu erwachen beginnt. Dorval will, von seinem Gewissen gequält, das Haus verlassen. Die Lösung wird durch die Ankunft von Rosalies Vater herbeigeführt, der lange Jahre, mehr oder weniger verschollen, in einem fernen Lande gelebt hat und sich nun als der »natürliche« Vater Dorvals herausstellt.

41 Barnwell ist die Hauptfigur in G. Lillos bürgerlichem Trauerspiel *The London Merchant* (1731).

42 Im Jahr 1763 erschien Marmontels *Poétique françoise*, die jedoch keine kohärente Abhandlung, sondern eine Zusammenstellung seiner Beiträge für die *Encyclopédie* war. Später erfolgte eine Überarbeitung, die 1787 unter dem Titel *Élémens de littérature* herauskam, wie das Werk heute im allgemeinen zitiert wird.

43 Im Jahr 1784 hatte die Berliner Akademie der Wissenschaften als Preisaufgabe die Frage nach den Gründen der Universalität der französischen Sprache gestellt. Der Preis für die beste Antwort ging an den bis dahin völlig unbekannten Antoine Rivaroli und begründete seinen Ruhm. Wir geben eine der bekanntesten Stellen aus dieser Schrift wieder.

44 André Chéniers theoretische Ideen haben an verschiedenen Stellen seines Werkes ihren Niederschlag gefunden. Zu nennen ist jedoch nach wie vor die 1899 von Abel Lefranc veröffentlichte und vom Herausgeber so benannte Abhandlung *Essai sur les causes et les effets...*, die um 1784/86 entstanden sein dürfte. Häufiger zitiert wird jedoch das Lehrgedicht *Invention*, welches der Dichter um 1787 in Angriff nahm, das sich wegen der metrischen Form jedoch weniger für eine Wiedergabe eignet.

45 Matthew G. Lewis, *The Monk*, London 1796.

46 Jouberts Werke wurden zu seinen Lebzeiten nicht veröffentlicht. Erst 1838 erschien auf der Grundlage von überlassenen Manuskripten eine von seinem Gesinnungsfreund Chateaubriand besorgte Auswahl seiner *Pensées*, die der Neffe des Autors, Paul de Raynal, nach Aufnahme weiterer Stücke 1842 (⁴1864) unter dem Titel *Pensées, Essais, Maximes et Correspondance* erneut herausgab.

47 Der Druck von *De l'Allemagne* wurde 1810 in der Druckerei Nicolle in Paris begonnen. Noch im Herbst des gleichen Jahres wurden die Druckfahnen von der napoleonischen

Zensur, die die Auswirkungen des Buches fürchtete, eingezogen. Es erschien definitiv erst 1813 in London und wurde binnen kurzem ins Englische und Deutsche übersetzt.

Verzeichnis der benutzten Texte

In der folgenden Aufstellung werden bei französischen Autoren, die von den Herausgebern ins Deutsche übersetzt wurden, die der Übersetzung zugrunde gelegten Textausgaben angegeben. Die Übersetzungen werden mit den Siglen EM (Elisabeth Gräfin Mandelsloh), FRH (Frank-Rutger Hausmann) und HSt (Hans Staub) gekennzeichnet. Wurden bereits erschienene Übersetzungen benutzt, werden diese vermerkt.

D'Aubignac

F. H. Abbé d'Aubignac, *La pratique du théâtre und andere Schriften zur Doctrine classique*, Nachdruck der dreibändigen Ausgabe Amsterdam 1715 mit einer einleitenden Abhandlung von H.-J. Neuschäfer, München 1971 (Theorie und Geschichte der Literatur und der Schönen Künste 13) – FRH.

Batteux

Seine Werke wurden schon zu Lebzeiten mehrfach herausgegeben. Die einzelnen Abhandlungen erschienen in dem *Cours de belles lettres* (1765), der unter dem Titel *Principes abrégés de littérature* (1777) nachgedruckt wurde. In Deutschland erschienen dementsprechend auch mehrere Übersetzungen (Bertram 1751; Schlegel 1751, ³1770), die den jeweiligen französischen Fassungen entsprechen. In der vorliegenden Auswahl wurde die Übertragung von K. W. Ramler benutzt, *Einleitung in die Schönen Wissenschaften*. Nach dem Französischen des Herrn Batteux, mit Zusätzen vermehrt, Leipzig ³1769 (4 Bände). – Der Text *Les Beaux-Arts* wurde unverändert in der Fassung Ramlers (Bd. I, 12–15, 16–19, 28–29, 34–35, 56–58, 59–62) wiedergegeben, der *Traité de la construction oratoire* folgt nur weitgehend der unvollständigen und gelegentlich vom Original abweichenden Übertragung Ramlers (dort Bd. IV, 124–131, 131 bis 132, 139–143, 166–169) unter Zuhilfenahme der französischen Ausgabe *Principes de la littérature*, Paris ⁵1774 (Nachdruck Genève 1967) – HSt.

Boileau

Leicht revidierte Fassung von: *Die Dichtkunst des Boileau Despreaux*, Französisch und Deutsch ... von Ferdinand Freyherrn von Sickingen-Hohenburg, Freiburg i. Br. 1786 – EM.

Chénier

André Chénier, *Œuvres complètes*, hrsg. von G. Walter, Paris 1958 (Bibliothèque de la Pléiade 57) – FRH.

Corneille

Pierre Corneille, *Trois Discours sur le Poème Dramatique*, hrsg. von Louis Forestier, Paris 1963 – EM.

Deimier

Pierre de Deimier, *L'Academie de l'Art Poëtique. Où par amples raisons, demonstrations, nouuelles recherches, examinations & authoritez d'exemples, sont viuement esclaircis & deduicts les moyens par où l'on peut paruenir à la vraye & parfaicte connoissance de la Poésie Françoise* ... Paris 1610 chez Iean de Bordeaux – FRH.

Deschamps

Œuvres complètes d'Eustache Deschamps, publiées d'après le manuscrit de la Bibliothèque Nationale par le Marquis de Queux de Saint-Hilaire (T. I–VI) et par Gaston Raynaud (T. VII–XI), Paris 1878–1903 [hier Bd. VII, 1891] – EM.

Diderot

Die Auszüge sind zwei Schriften Diderots entnommen. Die *Entretiens sur le Fils Naturel*, von Lessing *Unterredungen...* genannt, erschienen 1757 als Anhang zu Diderots erstem Theaterstück *Der natürliche Sohn*. – Die andere Schrift *De la poésie dramatique* verfaßte Diderot 1758 in Form eines Briefes an den Enzyklopädisten-Freund Baron Grimm, sie wird deshalb oft kurz als »Brief an Grimm« bezeichnet. Sie bildete gleichsam die Vorrede zu Diderots zweitem Stück *Le père de famille*, welches darin aber nur selten und beiläufig erwähnt wird. Hier wird die Übersetzung Gotthold Ephraim Lessings (1760) wiedergegeben (*Lessings Werke*. Vollständige Ausgabe in 25 Teilen, hrsg. mit Einleitungen und Anmerkungen ... von J. Petersen und W. v. Olshausen in Verbindung mit K. Borinski u. a., Berlin 1925; [hier Bd. 11]).

Du Bellay

Joachim Du Bellay, *La Deffence et Illustration de la Langue Françoyse*, hrsg. von Henri Chamard, Paris ³1966 – EM.

Dubos

Kritische Betrachtungen über die Poesie und Mahlerey, aus dem Französischen des Herrn Abtes Du Bos, Eines der Vierziger und beständigen Secretärs der französischen Akademie, 3 Bände, Kopenhagen 1760/61, in der Mummischen Buchhandlung; hier Bd. 2. [Übersetzer nicht genannt: Gottfried Benedikt Funck].

Fénelon

François de Salignac de la Mothe-Fénelon, *Lettre à l'Académie*, éd. critique par E. Caldarini, Genève 1970 (Textes littéraires français 158) – FRH.

Joubert

Joseph Joubert's Gedanken, Versuche und Maximen. Übersetzt von Franz Graf Pocci, München 1851.

Mairet

Jean de Mairet, *Silvanire*, hrsg. von R. Otto, Bamberg 1890 – EM.

Marmontel

Des Herrn Marmontels Dichtkunst. Erster Theil. Aus dem Französischen übersetzt und mit einigen Zusäzen vermehrt, Bremen bey Joh. Heinrich Cramer 1766 [Übersetzer nicht genannt: Gottlob Benedikt Schirach].

Montaigne

Michel de Montaigne, *Essais*, hrsg. von Maurice Rat, 3 Bände, Paris 1958 (Classiques Garnier) – EM.

Peletier du Mans

Beide Texte nach: André Boulanger, *L'Art poëtique de Jacques Peletier du Mans* (1555), publié d'après l'édition unique avec introduction et commentaire, Paris 1930 (Publications de la Faculté des Lettres de l'Université de Strasbourg 53) – EM.

Perrault

Parallele des Anciens et des Modernes en ce qui regarde les arts et les sciences par M. Perrault de l'Académie Française, hrsg. von H. R. Jauss, München 1964 (Theorie und Geschichte der Literatur und der Schönen Künste 2) – FRH.

Rabelais

François Rabelais, *Gargantua und Pantagruel*, übersetzt von Ferdinand Adolf Gelbcke, 2 Bände, Leipzig o. J. (1880).

Racine

Die erste Aufführung von *Bérénice* fand 1670 statt, die Erstveröffentlichung 1671. Text nach Jean Racine, *Théâtre complet*, hrsg. von Maurice Rat, Paris 1963 (Classiques Garnier) – EM.

Richelet

Pierre Richelet, *La Versification françoise*, Paris 1672 chez Estienne Loyson (Nachdruck Genève 1972) – FRH.

Rivarol

Antoine de Rivarol, *Discours sur l'universalité de la langue française*, éd. Hubert Juin, Paris 1966 – FRH. – Die Maximen wurden übernommen aus Ernst Jünger, *Werke*, Bd. 8 (Essays 4: Fassungen), Stuttgart: Ernst Klett Verlag (um 1963).

Ronsard

Beide Texte nach der Ausgabe Pierre de Ronsard, *Œuvres complètes*, Bd. 2, hrsg. von Gustave Cohen, Paris ³1958 (Bibliothèque de la Pléiade 46) – EM.

Marquis de Sade

D. A. F. Marquis de Sade, *Kurze Schriften, Briefe und Dokumente*. Aus der von Marion von Luckow herausgegebenen dreibändigen de-Sade-Ausgabe ... ausgewählt, zusammengestellt und mit einer Einführung versehen von K. H. Kramberg, Hamburg: Merlin-Verlag 1968. Die »Gedanken zum Roman« wurden darin von Jörg Joost übersetzt.

Sebillet (Sebilet, Sibilet)

Thomas Sebillet, *Art poétique françoys*. Edition critique avec une introduction et des notes par Félix Gaiffe, Paris 1910 – EM.

Madame de Staël

Deutschland. Von Anne Germaine Baronin von Staël-Holstein. Aus dem Französischen übersetzt (von Friedrich Bucholz, Samuel Heinrich Catel u. Eduard Hitzig), 3 Bände, Berlin bei J. E. Hitzig 1814.

Vaugelas

Remarques sur la langue françoise vtiles à ceux qui veulent bien parler et bien escrire. Paris ²1664 chez Louis Billaine – FRH.

Vauvenargues

Luc de Clapiers Marquis de Vauvenargues, *Œuvres complètes*, Bd. 1, hrsg. von Henry Bonnier, Paris 1968 – FRH.

Inhalt

Einleitung 3

Die Texte

Deschamps, L'Art de dictier (1392) 19
Rabelais, Pantagruel (1532) 24
Peletier du Mans, L'Art Poëtique d'Horace... (1544/45) 29
Peletier du Mans, L'Art Poëtique (1555) 32
Sebillet, Art poétique françoys (1548) 41
Du Bellay, La Deffence et Illustration ... (1549) . . 46
Ronsard, Abrégé de l'Art Poétique François (1565) . 82
Ronsard, La Franciade. Au lecteur ... (1587) 92
Montaigne, Essais (undatiert) 102
Deimier, L'Academie de l'Art Poëtique (1610) 106
Mairet, Silvanire ... Préface (1631) 112
Vaugelas, Remarques sur la langue françoise ... (1647) 115
D'Aubignac, La pratique du théâtre (1657) 120
Corneille, Trois discours ... (1660) 132
Racine, Bérénice. Préface (1671) 168
Richelet, La Versification françoise (1672) 171
Boileau, Art poétique (1674) 175
Perrault, Parallele des Anciens et des Modernes ...
  (1688–97) 183
Fénelon, Lettre à l'Académie (1714/16) 188
Dubos, Réflexions critiques ... (1719) 198
Vauvenargues, Fragments (undatiert) 203
Batteux, Les Beaux-Arts ... (1746) 206

Batteux, Traité de la construction oratoire (1763) . . 215
Diderot, Entretiens sur le Fils Naturel (1757) 225
Diderot, De la poésie dramatique (1758) 238
Marmontel, Élémens de littérature (1763/87) 249
Rivarol, Discours sur l'universalité ... (1784) 256
Rivarol, Notes, Maximes et Pensées (undatiert) . . . 260
Chénier, Essai sur les causes et les effets de la
 perfection ... (undatiert) 262
Marquis de Sade, Idée sur les romans (1799/1800) . . 268
Joubert, Pensées (undatiert) 276
Madame de Staël, De l'Allemagne (1810/13) 282

Anhang

Anmerkungen 293
Verzeichnis der benutzten Texte 303

Französische Literatur
in deutschen Übersetzungen

Anouilh: *Jeanne oder Die Lerche.* 8970
Balzac: *Oberst Chabert.* 2107 [2]
Bernanos: *Eine Nacht.* 8500
Boileau-Despréaux: *L'Art poétique / Die Dichtkunst.* Zweisprachig. 8523
Butor: *Fluglinien.* 9314
Chateaubriand: *Atala. René.* 976 [2]
Claudel: *Das Buch von Christoph Columbus.* 8495
Corneille: *Der Cid.* 487 – *Der Lügner.* 1217
Daudet: *Briefe aus meiner Mühle.* 3227 [3] – *Die wunderbaren Abenteuer des Herrn Tartarin aus Tarascon.* 1707 [2]
Diderot: *Jacques der Fatalist und sein Herr.* 9335 [4] – *Rameaus Neffe.* 1229 [2]
Dumas: *Die Kameliendame.* 245
Flaubert: *Herodias.* 6640 – *Die Legende von Sankt Julian dem Gastfreien.* 6630 – *Madame Bovary.* 5666 [5] (auch geb.) – *Salammbô.* 1650 [5] – *Ein schlichtes Herz.* 6590
Französische Erzähler der Gegenwart. 8816 [5]
Gide: *Die Pastoral-Symphonie.* 8051
Giraudoux: *Amphitryon 38.* 9436 [2] – *Undine.* 8902
Ionesco: *Die Stühle. Der neue Mieter.* 8656 [2]
La Rochefoucauld: *Maximen und Reflexionen.* 678
Maeterlinck: *Pelleas und Melisande.* 9427
Marivaux: *Das Spiel von Liebe und Zufall. Die Aufrichtigen.* 8604
Maupassant: *Bel-Ami.* 9686 [5] (auch geb.) – *Fettklößchen.* 6768 – *Der Schmuck. Der Teufel. Der Horla.* 6795
Mauriac: *Der Dämon der Erkenntnis.* 7802
Mérimée: *Carmen.* 1602 – *Mateo Falcone. Das Blaue Zimmer.* Zweisprachig. 9795

Molière: *Amphitryon.* 8488 – *Der Bürger als Edelmann.*
5485 – *Don Juan.* 5402 – *Der eingebildete Kranke.* 1177 –
Der Geizhalz. 338 – *Die gelehrten Frauen.* 113 – *George
Dandin.* 550 – *Der Menschenfeind.* 394 – *Les Précieuses
Ridicules / Die lächerlichen Preziösen.* Zweisprachig. 460 –
Scapins Streiche. 8544 – *Die Schule der Frauen.* 588 –
Tartuffe. 74
Montaigne: *Die Essais.* 8308 [5]
Murger: *Boheme.* Szenen aus dem Pariser Künstlerleben.
1534 [5]
Musset: *Der Sohn des Tizian.* 6720
Nerval: *Aurelia. Sylvia.* 7958
Ollier: *Der Neue Zyklus. Das Ohr an der Wand. Der Buckel
im Schnee.* 9798
Perec: *Die Maschine.* 9352
Racine: *Berenize.* 8909 – *Phädra.* 54
Rimbaud: *Une Saison en Enfer / Eine Zeit in der Hölle.*
Zweisprachig. 7902 [2]
Robbe-Grillet: *Die Jalousie oder die Eifersucht.* 8992 [2]
Rodenbach: *Das tote Brügge.* 5194
Rolland: *Peter und Lutz.* 7667
Rostand: *Cyrano von Bergerac.* 8595 [2]
Rousseau: *Emile oder Über die Erziehung.* 901 [10]
Saint-Exupéry: *Durst.* 7847
Sartre: *Die ehrbare Dirne.* 9325
Scribe: *Das Glas Wasser.* 145
Staël: *Über Deutschland.* 1751 [5]
Stendhal: *Die Äbtissin von Castro. Vanina Vanini.* 5088 [2]
Tocqueville: *In der nordamerikanischen Wildnis.* 8298 [2]
Voltaire: *Candid.* 6549 [2]
Zola: *Das Fest in Coqueville. Die Überschwemmung.* 4142 –
Germinal. 4928 [7] (auch geb.) – *Thérèse Raquin.* 9782 [4]
(auch geb.)

Philipp Reclam jun. Stuttgart